En una cultura saturada de contenido sexualizado pero carente de conversaciones reales acerca de la intimidad y la salud sexual, la Dra. Stephanie Covington y le Dre. Vanessa Carlisle ofrecen una clase maestra poderosa y esclarecedora acerca de cómo aceptar de brazos abiertos nuestra sexualidad y volver a conectarnos con nuestro verdadero yo en la recuperación.

Candice Norcott, PhD, psicóloga clínica con licencia, profesora asociada y directora clínica del Programa de salud mental de Obstetricia y ginecología en la University of Chicago

Como mujer con muchos años de recuperación, sé con cuánta frecuencia nuestro cuerpo, sexualidad y placer se hacen a un lado en la conversación sobre la sanación. *Despierta tu sexualidad* es una invitación valiente y necesaria para revindicar lo que la adicción, el trauma o la vergüenza puedan haber silenciado. Se dirige a nuestra experiencia de vida y se centra en la intimidad (no solo en el sexo) como un aspecto esencial de la recuperación. Les autores nos recuerdan que la recuperación puede incluir todo lo que somos, además de que tenemos derecho a reivindicar nuestro placer, conexión y pertenencia.

Dawn Nickel, PhD, fundadora de la SHE RECOVERS Foundation

Despierta tu sexualidad pone a las mujeres y a las personas no binarias en el centro de un tema que con frecuencia nos excluye: cómo prosperar como seres humanos sexualmente auténticos y vibrantes, independientemente de las especificidades. Mediante preguntas provocadoras, historias personales, análisis culturales y ejercicios prácticos, Covington y Carlisle guían a las lectoras a través de una ruta gentil, poderosa y sanadora de autodescubrimiento sexual.

August McLaughlin, autor, periodista
y anfitrión/productor de *Girl Boner Radio*

El libro *Despierta tu sexualidad: Una guía hacia la conexión y la intimidad después de la adicción y el trauma*, de Stephanie Covington y Vanessa Carlisle, les brinda a las lectoras consejos e historias que exploran el yo sexual y sensual, especialmente para quienes experimentaron abuso sexual en la infancia o agresión sexual en la adultez, y que reivindican el yo interior y lo integran con el mundo exterior. Este libro nutre a las lectoras para empoderar un sentido de autenticidad y autoconciencia sexual. Desarrollar la compasión por una misma en la propia recuperación es fundamental. Para esta sobreviviente de abuso sexual en la infancia que se ha transformado en una impulsora sexual, ¡este libro es una guía positiva que promueve una jornada a disfrutar durante toda la vida!

Cynthia Moreno Tuohy, BSW, NCAC II, CDC III, SAP,
exdirectora ejecutiva y expresidenta de la NAADAC,
autora de *Rein In Your Brain: From Impulsivity to Thoughtful Living in Recovery*

Despierta tu sexualidad es el libro que necesitaba cuando estaba iniciando mi sobriedad y, tras diez años de recuperación, aún me resulta útil. Covington y Carlisle tienen una perspectiva inclusiva que le aporta matices a la intersección del trauma y la intimidad.

Tawny Lara, autora de *Dry Humping: A Guide to Dating, Relating, and Hooking Up Without the Booze*

Despierta tu sexualidad es una guía sabia y gentil para las mujeres que están en el camino de la recuperación sexual. Con el respaldo de décadas de investigación y basadas en experiencias de vida, Covington y Carlisle les abren la puerta a las lectoras a un proceso trasformador de autorreflexión. Todas reconocerán partes de sí mismas en las historias de las mujeres y las personas no binarias que han desarrollado la autocompasión y han aprendido a aceptar de brazos abiertos su propio placer. Con ejercicios útiles y abundante motivación en todo el proceso, este libro es una lectura indispensable para quienes queremos una conexión e intimidad más profundas en nuestra vida sexual.

Lisa Cypers Kamen, MA, Adv. CASAC, CADC II,
Harvesting Happiness Lifestyle Management Consulting

Les Drs. Covington y Carlisle guían a las lectoras en su reconexión consigo mismas, mientras deconstruyen los mitos y aumentan la esperanza y el placer de las sobrevivientes. Este libro es una herramienta necesaria para cualquier persona que quiera experimentar las conexiones entre la sexualidad, la sanación y la recuperación.

Theodore Burnes, PhD, profesor de Educación clínica y psicólogo clínico con licencia de la University of Southern California

Covington y Carlisle equilibran exploraciones honestas de historias sexuales hirientes y búsqueda de la seguridad sexual con una invitación a explorar los placeres sexuales. *Despierta tu sexualidad* es una lectura esencial en el contexto de tantos programas de consumo de drogas en los Estados Unidos que aún necesitan despertar su curiosidad acerca de la vida sexual intensa y esencial de las personas que tratan.

Douglas Braun-Harvey, MFT, CST-S, cofundador de The Harvey Institute

Despierta
TU SEXUALIDAD

Una guía hacia la conexión y la intimidad después de la adicción y el trauma

STEPHANIE S. COVINGTON, PhD, LCSW
VANESSA CARLISLE, PhD

Hazelden
Publishing

Hazelden Publishing
Center City, Minnesota 55012
hazelden.org/bookstore

Impreso en los Estados Unidos de América

ISBN: 978-1-63634-107-1
ISBN de la versión electrónica: 978-1-63634-109-5

Los datos de publicación para el catálogo de la Biblioteca del Congreso se encuentran en la Biblioteca del Congreso.

Nota del editor
Hazelden Publishing ofrece información diversa sobre la adicción y las áreas relacionadas. Nuestras publicaciones no necesariamente representan los programas de la Hazelden Betty Ford Foundation ni son voceras de ninguna organización de Los Doce Pasos.

Las historias que se comparten en este libro se utilizan con el consentimiento de las personas involucradas.

Las lectoras deben saber que los sitios web mencionados en este trabajo pueden haber cambiado o desaparecido entre el momento en que se escribió el libro y su lectura.

29 28 27 26 1 2 3 4 5 6

Directora de arte: Terri Kinne
Diseño de la portada y el interior: Sara Streifel, Think Creative Design
Traducción y composición tipográfica: Alta Language Services, Inc.
Editora de desarrollo: Andy Lien
Editora de producción: Betty Christiansen

Dedicado a las clientas, colegas, amigas y seres queridas que con gran valor han compartido sus historias y experiencias con nosotres.

CONTENIDO

PARTE 3 EL PODER DE LA ELECCIÓN: RECUPERACIÓN CONTINUA

PARTE 4 DESPERTAR A LA INTIMIDAD

PRÓLOGO

Hace algunos años, me invitaron a dar una conferencia en Chicago llamada "She Recovers" (Ella se recupera), una maravillosa reunión de mujeres y personas no binarias de todos los rincones de los mundos de la adicción y la recuperación.

A la hora de la cena, tuve la suerte de que me sentaran al lado de una mujer llamada Stephanie Covington, a quien prestaban homenaje esa noche por sus años de trabajo incansable a nombre de las personas adictas femeninas, transgénero y no binarias, en particular dentro del sistema carcelario. En los círculos de recuperación en los que me muevo, Stephanie es casi una heroína venerada (mejor conocida por su brillante libro *A Woman's Way Through the Twelve Steps*/La mujer y su práctica de los Doce Pasos, que ha ayudado a muchas de mis amigas a lograr la sobriedad). Para mí, fue increíblemente emocionante conocer a alguien cuyo trabajo ha sido tan importante a lo largo de los años para miles y miles de adictos en recuperación. Además, fue muy gratificante verla recibir no solo un merecido homenaje, sino también el amor y la gratitud de todas las personas presentes esa noche.

Stephanie y yo nos caímos bien de inmediato y pasamos la velada hablando de nuestra pasión común por la defensa y la recuperación de la adicción, además de compartir un poco de nuestras propias batallas y victorias personales. Después de escuchar mi presentación (en la que hablé abiertamente sobre mi historia de adicción al sexo y el amor y sobre la serenidad que encontré mediante Los Doce Pasos), Stephanie mencionó que ella y su coautore, Vanessa Carlisle, estaban trabajando en un libro sobre la sexualidad saludable en el contexto de la recuperación de la adicción y el trauma.

Lo que Stephanie me contó del proyecto me dejó cada vez más intrigada. De inmediato supe que este libro estaba destinado a convertirse en un valioso recurso, en especial para las mujeres, las personas queer y trans (muchas de las cuales han sufrido y luchado para encontrar rutas seguras, honestas y placenteras para su propia expresión sexual, a pesar del abuso, la negligencia, la explotación, la opresión, la falta de información y los mensajes crueles y distorsionados de sus padres, sus iglesias, los medios de comunicación y, por supuesto, el patriarcado). Somos tantas las que hemos sido lastimadas y confundidas por nuestras familias y nuestra cultura que me recuerda una frase de una canción de Simon y Garfunkel: "I don't know a soul who's not been battered / I don't have a friend who feels at ease" (No conozco a un alma que no haya sido maltratada / no tengo un solo amigo que se sienta en calma).

De hecho, ¿cuál de nosotras se siente en calma... y cómo encontramos nuestro camino hacia la satisfacción y la paz?

Le dije a Stephanie: "Necesitamos este libro *¡para ayer!*", pensando de inmediato en todas mis hermanas de recuperación, mis compañeras y ahijadas que podrían beneficiarse con un texto de este tipo. Ella se rió y me dijo que tendría que esperar un poco, pero que el libro saldría sin duda.

Pues bien, ya el libro llegó y es aún más completo y enriquecedor de lo que podría haber soñado.

El libro que tienes en tus manos no solo habla de la adicción y del trauma sexual (aunque estos dos temas se abordan con detalles minuciosos, cuidadosos y profundamente inteligentes); también habla del placer. Habla de nuestro *derecho* al placer, independientemente de lo que hayamos hecho en el pasado o de lo que nos hayan hecho. Habla de la honestidad, la seguridad, la experimentación y la transparencia que merecemos vivir, tanto dentro de nuestras relaciones como de nuestras propias psiques privadas. Habla de cómo establecer límites, de cómo entender lo que la agresión y el abuso nos hacen a nivel físico y psicológico, de cómo *sentir* y de cómo ser sexuales aunque estemos sobrias, tal vez por primera vez en la vida, o al menos en la memoria reciente. Habla de definir (y redefinir) la sensualidad, la intimidad y el compromiso, de una forma que sea fiel a nuestra mente, nuestro cuerpo y nuestro espíritu.

También me encanta que el libro brinde un homenaje a las diferentes formas de ser, vivir y sentir. Las autoras comentan con todo respeto la monogamia, el poliamor, el divorcio, la anorexia sexual, el trabajo sexual, el sexo hétero y queer, la bisexualidad, las experiencias sensuales de las personas con discapacidad, los cuerpos más grandes y los cuerpos maduros. Incluso comentan mi tema sexual favorito en la actualidad: cómo encontrar la satisfacción erótica sin una pareja.

A nadie se juzga en estas páginas; todas las personas son bienvenidas y todas son comprendidas.

¡Y cuán necesaria es esa comprensión—para todas nosotras!

En estas páginas, les autores presentan una definición hermosa de la *adicción*, una que no había escuchado nunca. Llaman la adicción "la negligencia crónica de ti misma en favor de algo o alguien más". Explican que, mucho antes de descuidarnos a nosotras mismas, con mucha frecuencia fuimos descuidadas y abusadas por otras personas. ¿Dónde más podríamos haber aprendido a tratarnos tan mal? Y ¿cómo esa falta de respeto por nosotras mismas podría no traducirse en sufrimiento, confusión y conductas nocivas sexuales? Escriben: "a veces nos perdemos tanto en ser sexuales tal y como nuestra pareja quiere que seamos, o en la forma que nos enseñaron que deberíamos ser, o en la forma que hemos visto en películas o programas, o de la única forma que conocemos, que no somos capaces de sentir lo que nos brinda verdadero placer. Cuando nos desempeñamos sexualmente para los demás más de lo que nos involucramos de manera auténtica con lo que le gusta o no le gusta a nuestro cuerpo, podemos perdernos y desequilibramos".

Y si le agrega sustancias psicotrópicas a la mezcla, o conductas compulsivas perjudiciales, una persona puede perderse aún *más* e incluso desequilibrarse aún *más*.

Sin embargo, es posible encontrar esperanza, tanto dentro de estas páginas como en nuestras propias jornadas de recuperación.

Lo que más aprecio en este libro es la forma cuidadosa en que las autoras constantemente llevan la conversación a *tu* cuerpo, a *tus* preferencias, a *tus* deseos, necesidades, curiosidades y esperanzas. Cuando trabajo con recién llegados a la recuperación de Los Doce Pasos, a menudo les digo que hay tantas formas de lograr la sobriedad como había de drogarse y tantos estilos de recuperación como personas que se sienten mejor. Nadie tiene las respuestas para otra persona y este libro honra esa verdad con una delicadeza poco común. Estas páginas nos recuerdan que no existe la tal "normalidad" sexual y que podemos cambiar de idea y conducta cuantas veces sea necesario para encontrar nuestro verdadero yo. Además, no existe una regla de oro que debamos seguir para volvernos "buenas en la cama" ni una meta corporal que debamos alcanzar para que se nos permita acceder al placer. No. Podemos despertar al milagro de nuestro propio ser aquí y ahora, en esta forma actual, en este exacto momento.

¡Qué bálsamo es ver este mensaje de autoaceptación e inclusión sagrada, en especial, en el contexto de la recuperación! Soy miembro de *todos* los programas de Los Doce Pasos que abordan los temas de relaciones y, tras años sentada en sitios llenos con mis compañeros de dependencia, propiciadores crónicos, gente que se abandona de forma tóxica, complacientes desesperados, anoréxicos emocionales y quienes se han entregado tanto que ya perdieron la cuenta, he llegado a una conclusión.

La solución siempre parece ser: *concéntrate en ti.*
Así es como mejoramos.
Concéntrate en ti.

Aprender a sentir nuestros propios sentimientos, encontrar nuestras propias opiniones, expresar nuestros propios deseos y hablar con nuestra propia voz. Esto es la recuperación. Y este libro te muestra cómo encontrar esa representación, esa dignidad, esa apropiación literal de ti misma, tanto dentro de tu recuperación continua como dentro de los detalles específicos de tu propia vida sagrada.

Quiero decirte una última cosa antes de que pases la página y te sumerjas en esta jornada sagrada a tu propio ritmo. (Y, por favor, tanto en la lectura como en el sexo, ¡sigue siempre tu propio ritmo!). Admiro el hecho de que Stephanie y Vanessa decidieran incluir detalles de sus propias historias de adicción y experiencias sexuales en estas páginas. No tenían que hacerlo, pero decidieron hacerlo. Esta elección me parece a la vez rara y justa: que las autoras de un libro sobre intimidad y adicción compartieran tanto de sí mismas, en vez de observar el tema de forma analítica, desde la posición segura, fría y externa de "expertas". Ese nivel de honestidad y hermandad es exactamente lo que más amo del proceso de recuperación. Ninguna de nosotras mejora de forma aislada y nadie en este campo debería presentarse como experto. Después de todo, la única experta en tu propio cuerpo eres tú. ¡Cuánto aumenta la sanación cuando toda la gente comparte igualmente desde su propia experiencia, fortaleza y esperanza, sin que nadie le diga a nadie lo que es correcto o incorrecto! Todas estamos aquí para iluminarnos entre nosotras, a medida que buscamos nuestro propio camino.

Motivada por la apertura de las autoras, también me ofrecí como voluntaria para que me entrevistaran para este proyecto. Es un honor que parte de mi historia se cuente aquí, entrelazada con las experiencias de tantas otras.

En otras palabras: no solo estoy feliz de respaldar este libro, sino también de formar parte de él.

Amigas, les deseo que estén seguras.

Qué estén bien, qué sean felices y que conozcan la paz y el placer.

Más que todo, que se conozcan a ustedes mismas.

—*Elizabeth Gilbert*

INTRODUCCIÓN
Este es el momento

Este libro es para ti si alguna de las siguientes alternativas se aplica a tu caso:

- Estás realizando algún tipo de recuperación: podrías haber experimentado un trastorno de consumo de drogas, un trastorno alimenticio, conductas compulsivas o adictivas con gastos, apuestas, tiempo con dispositivos electrónicos, autolesiones, trabajo, relaciones, sexo o cualquier cosa que les hayan hecho daño, a ti y/o a tus seres queridos. Has llegado a un punto en el que sabes que la recuperación sexual también es importante para tu bienestar.
- Parece que ha pasado una eternidad desde que sentiste un verdadero placer sexual, o tal vez nunca lo has sentido.
- Cuando eras niña, te daba miedo hacer preguntas sobre el sexo o el género porque tenías la impresión de que las consecuencias serían negativas. En tu vida adulta, evitas o te pone nerviosa hablar de la sexualidad.
- Has sobrevivido a un trauma sexual: abuso sexual, agresión sexual, violación o cualquier otra forma de violencia sexual, incluido el acoso sexual en tu lugar de trabajo.
- No te sientes cómoda teniendo contacto sexual sin alcohol u otra droga.
- El sexo con tu(s) pareja(s) a menudo no es agradable o te genera pensamientos y/o recuerdos invasivos.

- No has tenido a ninguna pareja sexual nueva desde que empezaste la recuperación y te pone nerviosa volver a intentarlo.
- Pasaste por una relación que disminuyó tu autoestima y te hizo sentir que no eres deseable.
- Tu sexo a solas, o masturbación, no es satisfactorio. Tal vez evitas tocarte y explorar tu propio cuerpo.

Este libro se destina a todos los tipos de mujeres que han sobrevivido a algo difícil y quieren sentirse mejor. Nos centraremos en las experiencias de mujeres y personas no binarias que han pasado por un trauma, se están recuperando de formas nocivas del consumo de drogas o conductas compulsivas, y están buscando una conexión nueva y auténtica con su sexualidad.

Muchas de nosotras hemos consumido drogas para adormecer el dolor emocional de experiencias traumáticas. Muchas de nosotras nos hemos distraído de nuestro dolor mediante conductas que se salen de control y terminan haciéndonos más daño.

Un trauma podría ser un evento singular, como una agresión sexual, o una serie de presiones a lo largo del tiempo, como el estrés tóxico asociado a experimentar racismo, no tener suficiente dinero para satisfacer las necesidades básicas, vivir en un cuerpo que no corresponde con lo que se considera "normal", o crecer en un entorno en el que las chicas, las mujeres y las personas no binarias, transgénero y con género expansivo son tratadas como menos importantes que los chicos y hombres cisgénero que las rodean.

Todas necesitamos mecanismos para enfrentar las cosas y mantenernos vivas cuando el mundo a nuestro alrededor desmotiva nuestra existencia humana esencial. Algunos de nuestros mecanismos para enfrentar las cosas nos nutren y respaldan, mientras que otros podrían darnos un alivio temporal pero contribuyen con nuestro sufrimiento a largo plazo. La recuperación implica una transición de hábitos destructivos a otros más positivos para enfrentar las cosas.

Raramente, esto es algo que hacemos solas. Todas necesitamos conexión y pertenencia para hacer estos cambios.

Tú eliges despertar tu sexualidad porque estás lista para experimentar la plenitud de la vida. Te ocurre cuando decides que estás lista para disfrutar la creatividad y el placer de tu cuerpo único. Ese momento puede ser ahora.

Aunque en este libro incluimos las historias de mujeres y personas no binarias que se están recuperando de la adicción y el trauma, no tienes que estar luchando con el consumo de drogas para reconocer los temas que comentamos. Todas las mujeres y las personas con género expansivo que vivimos bajo el patriarcado nos estamos recuperando de algo.

Parte de la conexión con tu sexualidad es encontrar la forma en que piensas y te sientes acerca de tu género y tu cuerpo. Otra parte es cómo quieres que te vean, te sientan y te conozcan.

Nuestro público intencional es cualquier persona que se identifique con la palabra *mujer*. Les damos la bienvenida a las mujeres cisgénero, a las mujeres transgénero, a las personas no binarias que se identifican con las experiencias y los desafíos de las mujeres, y a quienes tal vez aún no tengan etiquetas o prefieran no usarlas.

El género y la sexualidad existen en sus propios espectros, y la variedad es lo más normal en el mundo. Las mujeres heterosexuales, las mujeres bisexuales, las mujeres lesbianas, las mujeres pansexuales y las mujeres queer, questioning y asexuales se verán representadas en este libro.

Lo que todas tenemos en común es la forma en que nuestra sociedad no ha sido diseñada para estimular nuestra participación plena, segura, creativa y entusiasta. Esta realidad persiste a pesar de las múltiples victorias que han logrado a lo largo de décadas los movimientos de mujeres y queer en favor de los derechos y la liberación.

Otra palabra a destacar es *adicción*. Tanto les coautores como muchas de nuestras clientas y amigas usan esta palabra fácilmente a partir de sus propias experiencias y aún suele utilizarse en contextos institucionales. La "medicina de adicciones" es un campo creciente y la mayoría de los centros de tratamiento, los lugares de rehabilitación y los grupos de recuperación usan el término, incluso si también emplean *trastorno por consumo de sustancias* (TCS) y *trastorno por consumo de alcohol* (TCA).

Mucha gente también usa la palabra *adicción* o *proceso adictivo* para referirse a conductas fuera de control. Se trata de conductas que no están relacionadas con sustancias, como los trastornos alimenticios, los juegos fuera de control, los gastos compulsivos, etc. Las investigaciones actuales están dilucidando la complejidad de estas experiencias. Nuestras historias cada vez se cuentan más. Aun así, las opciones de tratamiento esencialmente son iguales.

Otra distinción que suele hacerse es entre adicción y compulsión. Por ejemplo, el lavado de manos compulsivo asociado con el trastorno obsesivo compulsivo (TOC) es visto de una forma muy diferente de la necesidad abrumadora que puedes sentir de beber alcohol después de que te vuelves dependiente de él.

Algunas personas prefieren evitar por completo las palabras *adicción* y *sobriedad*. En los círculos de reducción de daños, no se requiere la abstinencia de las sustancias para que los clientes reciban tratamiento y atención. La filosofía de reducción de daños ofrece estrategias para reducir las consecuencias negativas asociadas con el consumo de drogas, sin exigir la sobriedad total ni la identificación con el término *adicción*.

Estas conversaciones y distinciones son importantes. Al mismo tiempo, con frecuencia les falta una pieza de información clave: un gran porcentaje de las mujeres que desarrollan adicciones y conductas compulsivas, incluidas las asociadas con el TOC y otras afecciones de salud mental como la ansiedad y la depresión, son sobrevivientes de trauma. A menudo, el trauma está en la raíz de todo.

En este libro, usaremos diversos términos para referirnos a los trastornos por consumo de drogas y las conductas compulsivas o adictivas. Nuestro objetivo es transmitir la complejidad de estas experiencias y las características importantes que comparten. Buscamos usar el lenguaje más claro, más descriptivo, más auténtico para las personas representadas y el menos estigmatizador.

En general, la definición de *adicción* que usamos es "la negligencia crónica de ti misma en favor de algo o alguien más".

El contexto es fundamental: algunos términos son más apropiados para hablar de las tendencias significativas entre mucha gente y otros términos reflejan la experiencia individual de quien habla. A medida que la terminología cambia, necesitamos actualizar nuestras conversaciones para que así lo reflejen. Esperamos que nuestro lenguaje te ayude a sentirte vista e incluida, aunque comentemos una experiencia que tal vez no hayas tenido personalmente.

Para empezar, ¿por qué despertar tu sexualidad? Si has estado asustada, confundida, avergonzada o desconectada de tu yo sexual durante mucho tiempo, podría parecer imposible sentir tu propio placer de forma segura. Te aseguramos que no es así. Nuestro objetivo es ayudarte a sentir más placer y conexión con mayor frecuencia, de una forma que te respalde y te sostenga, con o sin pareja.

Tu relación con tu propio cuerpo, placer y sexualidad está plenamente vinculada a tu recuperación, tus relaciones con las personas presentes en tu vida y tu capacidad de seguir construyendo la vida que quieres. Una relación íntima contigo misma crea la base de la intimidad con otras personas. Tomar tiempo y realizar este trabajo te permite sanar el dolor del pasado y sentirte más plena en el presente.

Recuerda: el primer paso hacia el cambio es la conciencia. Solo podemos cambiar las cosas de nuestra vida de las que somos conscientes.

Este libro podría servir de validación de lo que ya sabes y sientes y, a medida que lo leas, podrías sentirte afirmada y más empoderada. O podrías descubrir que necesitas leerlo lentamente y digerir el material parte por parte porque despierta recuerdos dolorosos y desafía tus creencias. Esperamos que este libro te sugiera nuevas ideas, resalte aspectos de tu propia vida que necesitan atención y que abra comprensiones completamente nuevas de tu cuerpo, tu placer y tus conexiones con los demás.

Al leer *Despierta tu sexualidad*, estás eligiendo ser consciente de tu sexualidad auténtica y singular y conectarte con ella tal y como existe en el presente. Al aumentar tu conexión con tu sexualidad, lo que incluye las sensaciones de tu cuerpo y tus necesidades emocionales, también estás renovando el poder personal de la elección consciente. Esto transformará todas tus relaciones, ya sea que se trate de parejas sexuales o no.

En las siguientes páginas, comentaremos el valor de estar en un grupo terapéutico que refleje tu experiencia, como un grupo para sobrevivientes de agresión sexual, un grupo para personas que se están recuperando de trastornos alimenticios, un grupo de apoyo para el luto, o un grupo de recuperación para personas que luchan contra el consumo de alcohol y otras sustancias. Te exhortamos a buscar una comunidad además de realizar la exploración privada de tu sexualidad aquí. Aunque los Alcohólicos Anónimos y los grupos de Los Doce Pasos son los más conocidos, reconocemos que hay tantos caminos hacia la sanación como personas, y no promovemos ningún programa particular.

Tú decides tu versión de la salud y la plenitud. Solo tú sabrás si necesitas buscar terapia, medicamentos, una clase de baile, un diploma, atención con internamiento, acupuntura, una ceremonia cultural o cualquier otra modalidad. La mayoría de nosotras descubrimos que necesitamos una combinación de recursos y algunos de ellos deben ser prácticas continuas. La recuperación exige tiempo y esfuerzo. La recuperación sexual podría brindarte desafíos nuevos y diferentes, y te resultará útil separar tiempo todos los días o semanas para trabajar con este material.

Las mujeres y las personas con género expansivo experimentan daños debido al sexismo, la misoginia, la violencia de género, la homofobia y la transfobia. Creemos que la recuperación de nuestros cuerpos, géneros y sexualidades diversos es un componente clave de nuestro bienestar y un paso en dirección a una mayor seguridad para todas.

Este libro pretende ayudar a conectarte con tu sexualidad singular mediante las historias de otras personas. Una nota sobre el contenido: hablaremos de vulvas y de otra anatomía femenina, la socialización de personas asignadas como femeninas al nacer y las experiencias de chicas y mujeres, incluidas personas no binarias y mujeres transgénero, tanto a nivel social como sexual. Algunas de estas experiencias son muy dolorosas, y otras están cargadas de esperanza y placer, y te ofrecen puertas hacia tu propio crecimiento.

Las historias incluidas aquí provienen de mujeres y personas no binarias que hemos conocido personalmente, con las que hemos trabajado en terapia y coaching, y a las que hemos encontrado a lo largo de nuestros años combinados. Hemos cambiado detalles, fechas y nombres para proteger las identidades individuales, y hemos elaborado historias que integran las experiencias de mujeres reales para ayudar a arrojar luz sobre las inquietudes comunes y los caminos para seguir adelante.

Lo que te ofrecemos aquí es una exploración delicada de las formas en que la sexualidad puede ser una fuerza positiva en tu vida.

En la parte 1, volverás a conocer tu cuerpo, tus sentimientos y tus recuerdos y, conscientemente, te involucrarás con tu experiencia de deseo y placer. En la parte 2, repasarás tu historia y obtendrás una comprensión profunda de cómo se ha conformado tu yo sexual y los cambios que estás realizando en este momento. En la parte 3, practicarás la articulación de lo que quieres, lo que te gusta y lo que no te gusta, y explorarás tus convicciones y valores actuales acerca del sexo; y todo ello sin perder de vista tu propio placer. En la parte 4, desarrollarás las habilidades de conexión e intimidad, contigo misma y con los demás. Si deseas avanzar en tu exploración, puedes elegir completar el *Cuaderno de trabajo de Despierta tu sexualidad* junto con o después de leer este libro, ya sea en grupo o por tu cuenta. Sugeriremos muchos otros recursos en todo el proceso.

La meta de la recuperación es vivir de forma plena y completa y tu recuperación sexual es parte de la plenitud de tu vida. Mientras luchabas con conductas compulsivas, consumo problemático de drogas o síntomas de trauma (como la depresión, la ansiedad, la disociación y otros), probablemente hubo momentos en que te sentiste aislada y abandonada. Al elegir reconocer y despertar tu sexualidad, estás iniciando una jornada interior para volver a conectarte con tu mejor amiga: tu yo personificada.

El mismo mundo que nos hace daño también está lleno de maravillas y misterio. Tu sexualidad singular es poderosa y puede brindarte alegría, placer y una confianza profunda en ti misma. No es algo que pasa de la noche a la mañana, pero vale la pena el esfuerzo.

PARTE

1

Sentimientos: La jornada interior

Estar juntas sexualmente es una forma de que las personas hagan varias cosas: se aproximen, establezcan un vínculo o una conexión, eviten la soledad, se diviertan, jueguen, interrumpan el aburrimiento, cumplan con un deber... La lista es interminable. Pero, cuando nuestra sexualidad está definida o influenciada por la culpa, la vergüenza, el trauma o la adicción, las expresiones de la sexualidad pueden sentirse desconectadas de nuestros deseos y sentimientos.

Cada una de nosotras tiene una vida interior y una vida exterior. Nuestra vida interior es lo que somos y cómo nos sentimos por dentro; nuestra vida exterior es nuestra forma de interactuar con los demás. Cuando vivimos en adicción activa o nos consume el dolor del trauma, nuestra vida interior y nuestra vida exterior están desequilibradas. No siempre actuamos siguiendo nuestros sentimientos y, a menudo, ni siquiera sabemos cuáles son. Nuestro sufrimiento podría ser tan profundo que no podemos experimentar nuestra gama completa de sentimientos. Una parte de la recuperación es lograr que nuestra vida interior y nuestra vida exterior se reflejen mejor entre sí, además de experimentar una gama más amplia de sentimientos.

¿Qué tan bien conoces tu yo sexual en la actualidad? ¿Cuándo fue la última vez que examinaste honestamente tus creencias o supuestos acerca de lo que necesitas y lo que quieres? ¿En qué piensas cuando ves tu cuerpo en el espejo? ¿Qué sabes sobre cómo lucen y se sienten tus genitales? ¿Cuál es tu rango de respuesta sexual? Muchas personas no han explorado profundamente sus creencias y supuestos sobre sus cuerpos, sus actividades sexuales, su yo erótico y su capacidad de sentir placer.

Hay muchos motivos por los que elegimos no concentrarnos en estas preguntas, pero hay dos razones que surgen con más frecuencia. La primera es la sensación de que no es *seguro* despertar nuestra sexualidad. La segunda es que la recompensa por ponerle atención a nuestra sexualidad no es obvia ni está garantizada. En otras palabras, es demasiado asustador o el esfuerzo no vale la pena.

Cuando eras niña, ¿recuerdas jugar en el pasamanos? Para balancearte y avanzar, tenías que soltar la barra de la que te sostenías para alcanzar la siguiente. Había un momento en el que no te sostenías de nada. El impulso de avanzar era lo que impedía que te cayeras.

Cuando somos niñas, podemos aprender a confiar en este movimiento. Pero algunas podrían contenerse, con miedo a soltar la barra que tienen detrás, y quedar inmóviles. Cuando dejamos de avanzar, nos estancamos o caemos. Algunas empezamos de nuevo; otras, frustradas por nuestra falta de progreso, podríamos elegir evitar y no volver a realizar la actividad. Las oportunidades de cambio y crecimiento se detienen.

Ahora, tú eres quien está en movimiento. Tienes que soltar la barra para avanzar. Hay un momento en el que no te sostienes de nada. Y no te caes. Tu impulso (tu movimiento hacia adelante) te lleva a la siguiente barra. Este es el proceso de transformación, la experiencia de transición y cambio. Estamos aquí para motivarte a agarrarte de la próxima barra y balancearte hacia la siguiente.

Tu interés por saber más de tu yo sexual, aunque sea tentativo, es la señal más segura de que estás lista para avanzar hacia una exploración honesta de tus sentimientos. Confía en que tu movimiento hacia adelante te hará avanzar y disfruta ese momento de transición.

En los próximos capítulos, exploraremos algunos elementos de la recuperación inicial. Incluyen lo siguiente:

- **Reflexionarás sobre los efectos de la socialización en tu vida.** ¿Cuáles impactos tienen en ti las creencias y los supuestos que te rodean? ¿Qué te enseña tu entorno social a sentir con respecto a ti misma?
- **Tratarás de hacer las paces con tu cuerpo,** tal y como es, al menos por ahora. Parte de ser sexual es lo que haces con tu cuerpo. Si no te sientes cómoda o familiarizada con tu cuerpo, tu sexualidad se verá afectada. Esto no significa que no puedas experimentar una conexión o placer profundos aunque te sientas insegura, vivas con dismorfia (preocupada por defectos autopercibidos), o experimentes disforia de género (angustia asociada con la incongruencia entre el sexo asignado al nacer y la identidad de género). Significa que aunque tengas la intención de hacer cambios en tu cuerpo, le ofrecerás atención y aceptación en el proceso.
- **Aprenderás sobre tus genitales.** ¿Qué tan importante es la estimulación genital para tu yo sexual? ¿Te gustan tus genitales, les temes, te sientes intimidada por ellos, te confunden, te enorgullecen o tratas de no pensar en ellos?
- **Iniciarás una práctica de autoplacer.** Sí, puede incluir la masturbación, pero abarca mucho más. Una práctica de autoplacer puede ser autónoma o un paso en tu proceso hacia una

intimidad más profunda con otras personas. Cuando puedes brindarte un toque amoroso, aumenta tu capacidad de recibirlo de una pareja y de saber lo que quieres de una pareja.

- **Te volverás consciente de tus sentimientos sexuales,** que existen separadamente de tu pareja o de cualquier otra persona. Tu vida erótica y tu energía sexual existen por derecho propio.

Trata de conectarte con los sentimientos que estos objetivos despiertan en ti. Podrías sentirte temerosa de explorar tus sentimientos acerca de la sexualidad, en especial si has estado desconectada de ellos a lo largo del tiempo. Identificar y conectarte con tus sentimientos requiere mucho valor. A veces, nuestra capacidad de sentir deseo y excitación sexual disminuye debido a medicamentos, menopausia, lesiones, estrés u otra serie de motivos que surgen en la vida y en la recuperación. Practicaremos la atención al placer sensual sin exigir una respuesta sexual y partiremos de ahí.

No tienes que eliminar tu miedo para ser honesta con respecto a tus sentimientos sexuales. El valor es actuar con honestidad a pesar del miedo, sabiendo que la recompensa del autoconocimiento auténtico te hará avanzar en tu proceso de cambio. Estas recompensas tienen un ritmo e impulso completamente propios —completamente tuyos.

Así que hace falta valor. Por favor, sé gentil y ten paciencia contigo misma y déjate avanzar a tu propio ritmo.

CAPÍTULO 1

El pasado en el presente

Las mujeres, total y definitivamente, hemos sido avergonzadas y oprimidas para evitar que nos conectemos con nuestro verdadero yo sexual.

Emily Nagoski, "My Lying Vagina, and the Lying Liars Who Lie About Her"

¿QUÉ SIGNIFICA ser una persona sexual en nuestra sociedad? ¿Qué significa tener esta cosa compleja llamada sexualidad integrada en nuestra vida de forma significativa? ¿Cuál es tu experiencia singular del placer, y cómo la cultivas de una forma que te haga sentir feliz de estar viva?

Estas son preguntas importantes. Resultan aún más difíciles porque casi nunca las hacemos, mucho menos encontramos respuesta para ellas. Nuestra intención es ayudarte a aprender a responder estas preguntas por tu cuenta.

En nuestro trabajo, hemos sentido la profundidad del dolor que muchas mujeres y personas no binarias sienten sobre su sexualidad. A veces, nos sentimos abrumadas por el desconsuelo, debido a las dificultades que muchas de nosotras enfrentamos por causa de la violencia, la adicción y los efectos de los traumas de la infancia. Sin embargo, en general, tenemos esperanza. La esperanza proviene de nuestra propia recuperación y autodescubrimiento, así como de años apoyando a cientos de personas a crecer en su propia comprensión y amor propio, ya sea en grupos de recuperación, programas de tratamiento, clases de educación sexual y en terapia y coaching individual. La experiencia nos ha enseñado que es posible enfrentar lo que te resulta desconocido o doloroso de tu propia sexualidad y crecer en una relación nueva y amorosa con esta parte tuya.

Nuestra propia imagen sexual

El tema de la sexualidad por lo general produce una reacción paradójica: estamos ansiosas por conocerlo, pero nos da miedo lo que podríamos encontrar. ¿Cómo llegamos a ese estado de confusión acerca de algo tan básico para la existencia humana?

Nuestros sentimientos y acciones presentes no existen en un vacío. Se desarrollan a partir de y reciben la influencia de todo lo que nos ha ocurrido en el pasado. Al trabajar con nuestro pasado y mencionar todo lo que nos ha sucedido (nuestra socialización de género dentro de nuestra familia, las experiencias de nuestra infancia, nuestras experiencias sexuales en la adolescencia, las parejas que elegimos, nuestra conducta sexual antes de la decisión de iniciar la recuperación) podemos avanzar a un nuevo nivel de expansión y libertad sexual. Cuando esto ocurre, nuestros sentimientos y acciones sexuales surgen del momento presente, no de la mezcla de mensajes, dolor, confusión o disociación que hayamos tenido antes.

Nuestra propia imagen sexual empieza a formarse en nuestro hogar con los mensajes que recibimos cuando somos niñas acerca del género y los cuerpos: qué significa ser hombre o mujer, y si nuestra familia honra la expresión no binaria, transgénero y con expresión de género. Recibimos mensajes explícitos, o afirmados verbalmente, e implícitos, o no dichos. Por ejemplo, muchos niños han experimentado afinidad por un juego, un juguete o un color, y se les ha dicho que no pueden disfrutar su preferencia porque "eso no es para ti, es cosa de chicos/chicas". Este es un mensaje explícito acerca de la conducta de género apropiada. Un mensaje implícito ocurre cuando, en una reunión familiar, las mujeres empiezan a limpiar después de comer, mientras los hombres se relajan y conversan en otra habitación.

Después del entrenamiento sobre las reglas de género en casa, los niños aprenden acerca de la sexualidad y el sexo. Si tus padres o los responsables de tu cuidado parecían confundidos, avergonzados o incómodos de hablar de sexo o incluso de pensar al respecto, tu identidad sexual se vio afectada. Tuviste que buscar respuestas en otro lugar: otros niños o adolescentes, materiales pornográficos escondidos, películas, internet. No estás sola. Tampoco estás sola si aprendiste sobre el sexo mediante experiencias confusas o traumáticas con un(a) chico(a) mayor o un(a) adulto(a) que debía haberte cuidado.

Incluso quienes recibieron ejemplos maduros y amorosos de la sexualidad en su hogar cuando eran niñas podrían tener dificultades para explorar su propia sexualidad al convertirse en adultas debido a los mensajes culturales tan confusos fuera de su casa. En otras palabras, independientemente de cómo hayas crecido, es probable que te hayas visto afectada por lo que la autora Dra. Emily Nagoski llama las "mentiras culturales" sobre el sexo. Estas mentiras han surgido a partir de años de investigaciones sobre la sexualidad que reconocían solo un género binario masculino/femenino, asumían que las mujeres eran lo mismo que los hombres o presentaban las diferencias de las mujeres como deficiencias. También hay mentiras culturales de omisión y silencio, en las que a las víctimas de trauma sexual en la infancia se les enseña a sentirse avergonzadas y a guardarse sus historias.

Al mismo tiempo, se espera que todas seamos buenas para el sexo, aunque irónicamente es una actividad que se supone que no debemos ver en persona. Aprender a ser "buena para el sexo" viendo pornografía no funciona para la mayoría de la gente, en buena parte porque el porno está diseñado para ser entretenido y excitante, no educativo.

Para la mayoría de nosotras, la adolescencia conlleva cambios físicos y emocionales confusos e intensos que se mezclan con imágenes y mensajes del mundo exterior. Como resultado, la mayoría de nosotras está convencida de que no lo estamos haciendo "bien", que las demás tienen un secreto que no conocemos, que hacemos demasiado o muy poco, que no somos "buenas" o que somos "malas" para eso o que sabemos o no sabemos cómo complacer a la pareja. Se supone que seamos competentes y nos guste el sexo, pero no se supone que sepamos nada al respecto. Se trata de algo sucio de lo que se supone que no debemos hablar, sin embargo, también se supone que debemos guardarlo para la persona amada. ¡Obviamente tenemos que estar confundidas!

La verdad es que, aunque nacemos con genitales y la capacidad de sentir placer, tenemos que aprender a identificar y expresar nuestra propia sexualidad. Para la mayoría de nosotras (especialmente quienes hemos consumido drogas o alcohol para anestesiarnos), esto significa empezar a desaprender una buena parte de lo que hemos aprendido sobre la sexualidad.

Podemos empezar a desenredar nuestros mensajes mezclados al compartir nuestras experiencias. La mayoría de nosotras aún tiene dificultades para hablar tranquilamente acerca del sexo, lo que ocurre en realidad y cómo se siente. Aumentar nuestra capacidad de hablar de sexo de forma auténtica es esencial para nuestra recuperación sexual. Cuando no podemos hablar de sexo, cuando tenemos que mantener nuestros sentimientos, pensamientos y experiencias sexuales en secreto, es más probable que nos avergoncemos de ellos. Y, mientras nos sintamos avergonzadas, sentiremos que hay algo malo con nosotras y nos vamos a bloquear. Necesariamente, nuestro crecimiento se verá limitado. Solo cuando sacamos nuestro yo sexual fragmentado de ese lugar oculto, silencioso y secreto, y escudriñamos las piezas, podemos empezar a darnos cuenta de la posibilidad de integración y expansión. Este también es un potencial con el que nacemos y que verdaderamente podemos dominar.

Verdaderas conversaciones sobre sexo

Cuando somos capaces de hablar con alguien en quien confiamos acerca de la sexualidad, ocurre algo maravilloso: lo que antes pensábamos que era una patología individual (es decir, lo que había de malo solo con nosotras o con nuestra familia) se inserta en un contexto más amplio. Vemos que muchas otras personas también fueron criadas para hacer y sentir lo que nosotras hacemos y sentimos. Empezamos a ver las limitaciones de las provisiones que nuestra sociedad les ofrece a las mujeres. Logramos tener compasión por nosotras mismas. Hemos hecho elecciones difíciles mientras vivimos en un clima social diseñado para que sea casi imposible sentirnos bien con nosotras mismas sin una intención clara ni respaldo adecuado.

En nuestra experiencia, una forma eficaz de pasar por un proceso de recuperación sexual es en un grupo, en especial uno para mujeres, personas no binarias y participantes con género expansivo. Algunos grupos son conducidos por personas con experiencias similares que comparten entre sí y se brindan apoyo y retroalimentación. Algunos grupos cuentan con terapeutas, coaches u otros líderes calificados como facilitadores. Algunos son en persona, otros en línea. Si aún no participas en ninguno, puedes empezar a investigar sobre grupos de recuperación en tu área. Siempre deberías sentirte libre para probar en grupos diferentes, cambiar de opinión y buscar el más adecuado.

Los grupos pueden ser muy poderosos, pero no son la única forma de empezar a hablar de forma auténtica sobre nuestra sexualidad. Puedes elegir compartir tus sentimientos con amigos, en terapia individual con orientadores profesionales, mediante coaching de sexualidad y con una pareja de confianza, o en un cuaderno de trabajo o un diario.

Este libro te dará la oportunidad de escuchar a varias mujeres comentar sobre su historia y recuperación sexuales. Esperamos que te identifiques con una o más de sus experiencias. También esperamos que veas cómo las experiencias de otras personas, diferentes de las tuyas, pueden contribuir con tu comprensión de ti misma y de tu comunidad en general. Estas son algunas de las personas cuyas voces escucharás en este libro:

Michelle: Hacerle frente a todo

Michelle tiene treinta y nueve años, cabello castaño ondulado por debajo de los hombros y una apariencia sencilla y natural. Es una mujer alegre, organizada, blanca, de clase media, heterosexual, casada y madre de dos niños. Michelle se mira al espejo con ojos de lince para buscar arrugas nuevas, kilos "extra" y canas.

Durante décadas, la madre de Michelle se encargó de llevar las riendas del hogar, mientras el padre bebía antes, durante y después del trabajo. Como no era físicamente violento y sus necesidades y deseos materiales estaban satisfechas, Michelle siempre se ha considerado afortunada y cree que su infancia en una familia alcohólica "no era tan mala".

Unos años antes de casarse con Chris, Michelle fue agredida sexualmente por un compañero de trabajo, en el bufete donde trabajaba como asistente legal. Presentó una queja en el departamento de Recursos Humanos pero no hubo ninguna consecuencia. Esto la desmotivó a presentar una denuncia policial. Aunque la experiencia la aterrorizó, en ese momento solo se lo contó a una amiga, por la preocupación de que otra gente en el trabajo pensara que se merecía la agresión. Pensó que podrían creer que ella había seducido a su compañero porque él había mostrado interés por ella durante varios meses. Su amiga la ayudó a renunciar y conseguir otro empleo. Michelle aún se esfuerza por no estar sola en una habitación con un hombre que no sea su esposo. "¿Para qué arriesgar?", comenta mientras se encoge de hombros.

Michelle se enamoró de Chris, un desarrollador de software, y se casaron y tuvieron a su primer hijo en un periodo de un año. Dos años después, vino el segundo niño. Ambos niños son saludables y la madre y la hermana de Michelle la ayudaron cuando los bebés nacieron. En la pandemia de COVID-19, Michelle y Chris tuvieron que quedarse en casa con sus hijos pequeños y ella se dio cuenta de que lo disfrutaba más que trabajar en una oficina. Como Chris ganaba más dinero que antes, decidieron que Michelle podría quedarse en casa hasta que los niños fueran a la escuela primaria.

Sin embargo, cuando Chris volvió a la oficina, Michelle descubrió que ser madre a tiempo completo era mucho más estresante. Empezó a tomar un medicamento recetado diariamente para la ansiedad. Su hábito de tomar una copa de vino por las noches aumentó a dos, tres y, con frecuencia, la botella completa o más. Sus amigas y ella bromeaban sobre ser #mamásdevino, y Michelle empezó a agregarle a su rutina nocturna un medicamento contra la ansiedad de acción inmediata y una píldora para dormir, recetados por su médico general. Ella le dijo al médico que consumía de una a tres bebidas por semana.

Michelle se siente orgullosa de su hermoso hogar y sus niños sanos y felices y sabe que, desde afuera, su vida parece perfecta. La mayoría de los domingos, Michelle participa con sus amigas de un "desayuno con alcohol" y suele volver a casa embriagada. Con frecuencia, pierde la conciencia y en la noche se siente mal durante horas.

Hace poco, cuando Michelle pasó por una resaca especialmente desagradable después de uno de esos desayunos, Chris estuvo sin hablarle varios días. Por fin, ella logró que le hablara y él se puso inusitadamente molesto. Le dijo a Michelle que ella se estaba volviendo igual a su padre y que él estaba harto de eso. Michelle se sintió lastimada, enojada y se puso a la defensiva. Consideraba que su bebida estaba bajo control porque raramente bebía antes de poner a los niños en el auto, algo que su padre hacía todo el tiempo. No bebía apenas se despertaba y había días en que no bebía tanto. Se concentró en lo molesto que estaba Chris y le dijo que era un controlador.

Ahora, Michelle y Chris tienen una rutina nocturna aislados, en la que cada uno se concentra en su pantalla en cuartos separados antes de dormir. Ella no quiere hacer las cuentas de cuántas semanas o meses han pasado desde la última vez en que se conectaron sexualmente. A Michelle le avergüenza admitirlo, pero su miedo al rechazo y su defensiva son tan fuertes que no se atreve a acercarse a Chris, incluso para tener un contacto afectivo que no sea sexual. Si Chris no toma la iniciativa, Michelle se siente atrapada en un ciclo de querer tener una conexión pero sentir un abismo entre ellos que no sabe cómo atravesar. Al mismo tiempo, no se masturba ni disfruta su cuerpo de ninguna otra forma.

Michelle sigue consumiendo alcohol y medicamentos recetados para calmar su ansiedad por las noches y también ha empezado a comprar más cosas: se conecta a internet y hace clic en anuncios de ropa y artículos para el hogar que le dice a Chris que son "para los niños", "para ayudar en la casa" o "porque los necesito". Ya no logran pagar la tarjeta de crédito todos los meses, pero Michelle no puede dejar de comprar y los paquetes siguen llegando a la casa. Le dice a su médico que necesita más medicamentos pero él responde que le preocupa la cantidad que ella consume y que no puede tener más medicamentos de acción inmediata contra la ansiedad antes de la receta del mes siguiente. Así que Michelle bebe aún más, en altas horas de la noche, cuando todos duermen.

Por fuera, su familia sigue pareciendo perfecta pero, por dentro, a Michelle le cuesta mucho hacerle frente a todo. Sugiere que hagan terapia de pareja, con la esperanza de que puedan arreglar la relación antes de que todo empeore. Chris acepta. Michelle le cuenta a una amiga cercana que está lista para probar cosas nuevas en su matrimonio, pero no le ha contado a nadie sobre el conflicto que tienen por la bebida, el consumo de medicamentos recetados y los gastos de ella.

Nova: La sobriedad no es tan sexy

Los padres de Nova eran aventureros que se conocieron en el festival Burning Man a fines de los 90 y pasaron los siguientes meses juntos, atrás de sus bandas favoritas, hasta que el embarazo avanzado de la madre de Nova le impidió acampar en una tienda con comodidad. Los padres jóvenes e idealistas se unieron a una comunidad espiritual intencional, donde Nova nació. El padre de Nova era mexicano y había emigrado a los Estados Unidos cuando era un niño. La madre de Nova, una mujer blanca, autoproclamada hippie, de un pequeño pueblo de New England, un día abandonó la comunidad espiritual y le dejó al padre toda la custodia de Nova. Nova comenta sobre su madre: "La quiero como amiga. Pero no me crió, así que la llamo 'Mamá' apenas por gentileza". Nova fue criada en un hogar no tradicional con cerca de veinte personas.

Nova tuvo poco contacto con la sociedad en general hasta la adolescencia porque la comunidad intencional era autosuficiente y educaba a los niños en casa. Se le enseñó sobre su cuerpo, el sexo y la procreación sin vergüenza y se sintió cómoda en su exploración sexual en la adolescencia con chicos y chicas.

Cuando la comunidad se disolvió y Nova tuvo que entrar a una secundaria pública, le impactó cómo los estudiantes se trataban entre sí. "Fue la primera vez que alguien me hizo sentir que mi piel de color era un problema enorme", recuerda. Los otros estudiantes no la aceptaban y pasaba mucho tiempo sola o con uno o dos "raritos" más. Ella pasaba de grado pero tenía que trabajar para mantenerse. Su padre casi nunca estaba en casa porque realizaba trabajos temporales y en su tiempo libre viajaba.

Ahora, a sus veintinueve años, Nova conoce mejor lo que es vivir en el mundo "predeterminado". Tras graduarse de la secundaria, pasó casi dos años en lo que ella ahora llama "una especie de limbo". Le costaba conformarse con las exigencias de los empleos mal pagados, encontrar viviendas estables y pagar las cuentas básicas. Cuando Nova tenía diecinueve años, su compañera de casa la llevó a una audición en un club de striptease y ya lleva seis años trabajando allí como bailarina.

Nova aprendió trucos difíciles de pole dance y rápidamente ganó notoriedad en el club. Se siente muy contenta con su cuerpo y sus habilidades y tiene muchos seguidores en las redes sociales que responden a su belleza, sus reflexiones sobre la vida y la espiritualidad, así como su personalidad jovial. El horario flexible le brinda a Nova libertad para seguir sus intereses creativos y desarrollar más conexiones sociales.

Nova dice que, al principio, sentía "mucha presión para enfiestarse con los clientes" y desarrolló hábitos destructivos para lidiar con ella. Muchas noches, bebía al mismo ritmo de los hombres que entretenía hasta perder el conocimiento y se despertaba en su casa sin saber cómo había llegado o, lo que era peor, con alguien con había tenido sexo sin consentimiento consciente. Nova siguió el consejo de otra bailarina del club y agregó cocaína y metanfetaminas para evitar perder la conciencia.

Se sentía físicamente más segura si se mantenía despierta, pero también se volvió cada vez más paranoica, retraída y preocupada por manejar las resacas y bajonazos, además de ocultar su consumo de drogas de los curiosos. Debido a que la delgadez era muy valorada en el club, al principio le decían a Nova que se veía muy bien, aunque su pérdida de peso era un síntoma de la adicción activa. Después de tres años en esa montaña rusa, Nova recuerda que "otra chica del club literalmente me puso el dedo en la cara y me dijo que tenía que estar sobria". Nova agrega, "Yo sabía que tenía razón. Fui con ella a una reunión". Aunque Alcohólicos Anónimos fue su punto de entrada a la recuperación, Nova se sintió excluida por el lenguaje y algunas de las ideas. Le preguntó a su amiga si había algo más. "Empieza algo", le respondió su amiga.

Una vez que superó las primeras semanas difíciles de la abstinencia, Nova fundó una comunidad sobria en línea para mujeres que trabajan en los sectores para adultos: trabajadoras sexuales, artistas de clubes de striptease, modelos de cámaras web y actrices de pornografía que necesitan una alternativa a la recuperación tradicional. Se reúnen una vez por semana y se ofrecen apoyo entre todas. Por suerte para Nova, algunas de las participantes habían pasado por la abstinencia a la adicción a las anfetaminas y pudieron aconsejarla sobre las ansias de consumo.

En el club, Nova se hizo amiga de otras bailarinas sobrias o con curiosidad sobre la sobriedad y pidió la ayuda de los cantineros para que le prepararan cócteles sin alcohol cuando entretenía a los clientes. Poco a poco aprendió a crear mejores límites con los clientes. Leyó literatura sobre la recuperación, practicó meditaciones diarias y empezó a sentirse más sana. Ahora, las bailarinas más jóvenes acuden a Nova en busca de consejos y apoyo.

Una consecuencia de la sobriedad que Nova no esperaba es que dejó de salir con otras personas y de crear espacio para la conexión sexual en su vida personal. "Solía sentirme muy relajada acerca del sexo", comenta, "pero me acostumbré a beber y drogarme para que ocurriera. Quiero la seguridad que tenía cuando era más chica pero no sé cómo lograrlo. Sé cómo actuar sexy; ¡lo hago para vivir! Pero, en el fondo, no me *siento* tan sexy en mi interior. Es una actuación para los clientes. No estoy segura de quién soy sexualmente, o qué quiero, o incluso si tengo sentimientos sexuales reales propios".

Tamara: De vuelta al punto de partida

Tamara es profesora titular de historia y estudios afroamericanos en una universidad grande, donde ha obtenido numerosos premios de enseñanza. Al principio de su carrera, publicó su disertación con una editora académica y aún se usa en los cursos de historia de varias universidades. Con frecuencia, se refiere públicamente a sus experiencias de incorporación selectiva (tokenismo) y misogynoir (la fuerza combinada del racismo contra las personas negras y la misoginia dirigida hacia las mujeres negras) en conferencias para mujeres en el entorno académico. Entre la escritura, la enseñanza, la mentoría de estudiantes, la participación en comités y la presentación en conferencias, el trabajo de Tamara ocupa la mayoría de su tiempo y atención.

A sus sesenta y tres años, a regañadientes, Tamara está soltera de nuevo, tras un divorcio difícil de su esposa. Anne, su madre, se mudó a la pequeña casa de Tamara, con la intención de reducir costos por su creciente necesidad de cuidados. Anne es cristiana devota y nunca se ha sentido cómoda con la orientación sexual de Tamara, aunque siempre fue gentil y respetuosa con Alisha, la exesposa de Tamara. Anne y Tamara conviven de forma amigable, pero Tamara siempre está consciente de la desaprobación de su madre.

"Amo a Mamá, pero mi espíritu se encoge cuando estoy cerca de ella", le dice Tamara a su terapeuta. "Ella sería la mujer más feliz del mundo si yo cediera y encontrara a un buen hombre. Aún habla al respecto como si fuera posible. Estoy tan cansada...".

Hace algunos años, Tamara tuvo un grave accidente automovilístico y le recetaron un analgésico opioide mientras se recuperaba de una serie de cirugías en la espalda. Siente dolor crónico y toma una combinación de opioides recetados, ibuprofeno de venta libre y un anticonvulsivo para el dolor en los nervios. Hay días en que necesita un bastón para caminar en el campus.

Durante años, sus medicamentos han adormecido el terrible dolor de las lesiones, pero también han contribuido con que se sienta cada vez más desconectada de su cuerpo. La menopausia tampoco ayudó y Tamara perdió todo el interés por el sexo, lo que lastimó a Alisha y contribuyó a los problemas de su matrimonio. Antes del accidente, Tamara recuerda que sentía más alegría por su cuerpo. "Si me invitaban a una fiesta, yo era capaz de quedarme en la pista de baile hasta que apagaban las luces para irnos".

En la terapia, Tamara habla del luto: su divorcio, su dolor físico creciente, las marcas del envejecimiento de su madre. Teme envejecer sin compañía, pero también se siente completamente abrumada por la posibilidad de salir con otra persona. ("¿Qué se supone que haga, que vaya a un bar y lleve a una mujer a mi casa para que conozca a mi mamá?"). Antes de conocer a Alisha, Tamara había salido con pocas mujeres y se sentía una extraña, incluso entre sus amigas lesbianas.

Tamara puede enumerar todos los problemas que enfrenta pero se siente frustrada por la sensación de que no hay nada que pueda hacer para cambiar su situación. Cuando se le pregunta qué quiere, responde rápidamente "amor y compañía", pero luego dice que siente que tendría que recorrer una distancia imposible para obtenerlos.

Tras seis meses de terapia concentrada en las dificultades cotidianas de su trabajo, el dolor de espalda, el adaptarse a vivir con su madre y lidiar con los efectos colaterales de su divorcio, hubo una crisis en su casa. Anne fue al baño, se cayó y no pudo levantarse del suelo. La llamó pero no pudo despertar a Tamara. Anne pasó horas en una posición dolorosa, con la cadera fracturada. Cuando Tamara por fin se despertó de su profundo sueño medicado y logró ayudarla, Anne sentía un dolor terrible, se había orinado en la ropa y necesitó una ambulancia.

En la terapia, Tamara confiesa que necesitó conseguir analgésicos "extra" que le compró a un estudiante para manejar su dolor. Ha aceptado el hecho de la dependencia física después de que un médico le dijo que pasaría el resto de su vida consumiendo narcóticos para el dolor de espalda. No obstante, siempre se había tomado los medicamentos de acuerdo con la receta. Hasta el año pasado. Algo cambió. Está segura de que si no hubiera estado tan medicada esa noche, habría podido ayudar a su madre de inmediato. En vez de ello, había perdido la conciencia. Tamara se siente temerosa, avergonzada, sola y fuera de control.

Ash: Adversidad, Recuperación, Recaída, Repetición

Ash tiene treinta y tres años y es especialista en recuperación de adicciones en un pequeño centro de tratamiento. Ash se asumió como persona no binaria y empezó a usar los pronombres elle/le en su primera admisión en un centro de rehabilitación, hace siete años. Debido a una recaída, Ash lleva tres años de sobriedad, pero su historia de recuperación empezó mucho antes de que entrara en rehabilitación por primera vez.

Ash sufrió abusos sexuales de su padrastro desde los cuatro hasta los diez años, cuando le contó a una maestra lo que le sucedía. Sacaron a Ash de su hogar. La madre de Ash era adicta a la heroína y no pudo crear un hogar seguro al que Ash pudiera regresar. Ash recuerda que su madre le dio su primer cigarrillo y trago de cerveza cuando tenía seis años.

Pasó de un hogar de acogida a otro y, finalmente, estuvo dos años en un hogar grupal para chicas hasta cumplir los dieciocho años. En el hogar, Ash tuvo una relación sexual con un hombre del personal que le daba más libertades que a las otras chicas. "Yo no era popular", recuerda Ash. "Pero, de todos modos, nunca sentí que encajaba con las chicas, así que no me importaba".

"Me sentía culpable por mis hermanitas", comenta Ash, "porque aún vivían con ese monstruo y yo no pude protegerlas". Cuando la madre de Ash falleció, sus hermanas también fueron a hogares de acogida y Ash no tiene contacto con ellas.

Ash dice que tiene "basura en la cabeza", puesto que consumía cualquier droga que le ofrecieran, aunque consumía con regularidad alcohol y heroína al final de la adolescencia y en sus veinte años. "No es que yo sustituía una droga por otra", comenta Ash a su grupo de compañeros, "es que las consumía todas, en cualquier momento".

Ash cuenta que vivía con un pequeño grupo de jóvenes que consumían drogas. Se turnaban para drogarse en una habitación de un motel de estancia prolongada y la mayoría de ellos estaba involucrada en trabajo sexual en la calle y venta de drogas. "Solo yo trataba de mantener un empleo legal", recuerda Ash, "porque tenía mi ID y referencias del hogar grupal. Pero no lograba conservar ninguno de esos empleos, ni siquiera siendo gerente". Ash recuerda que, en esa época, tenía "mucho sexo que realmente no quería, pero me conseguía algo que necesitaba".

Finalmente, Ash terminó en prisión por conducir bajo los efectos de las drogas y sin licencia. Como no pudo pagar la fianza, pasó tres meses en la cárcel. Fue la primera vez que pensó que la recuperación podría ser una posibilidad porque "las reuniones de AA eran una de las pocas cosas que hacíamos". Al salir de la prisión, pasó un tiempo en rehabilitación con internamiento. Fue cuando Ash encontró el valor para asumirse como persona no binaria. Más tarde, Ash pudo quedarse con una amiga que no enfrentaba problemas de adicción y siguió yendo a las reuniones.

"Nunca le conté a mi madrina sobre el abuso", recuerda. "Así que, cuando llegamos al Paso Cuatro, empecé a entrar en pánico y ella no entendía el motivo". El Paso Cuatro les pide a los participantes que hagan "un inventario moral minucioso y audaz de nosotros mismos". Los programas más tradicionales de Los Doce Pasos requieren que las personas vean específicamente su conducta sexual y asuman la responsabilidad de los daños que puedan haber causado.

Como le sucede a mucha gente que ha sido victimizada sexualmente, para Ash este proceso fue un disparador y dejó de asistir a las reuniones durante su trabajo en el Paso Cuatro. Sintió que había obtenido todo lo que necesitaba del programa y que ya estaba en el camino correcto, y pudo mantener la sobriedad por su cuenta durante un tiempo.

Tres años más tarde, Ash estaba en una relación más saludable que las que había tenido antes, pero enfrentaba ataques de pánico y pesadillas. Cuando el estrés de la vida cotidiana se elevó demasiado, la conducta de Ash se volvió errática. Al principio solo Ben, su pareja, notó la diferencia pero con el paso del tiempo resultó innegable.

Ash llegó al trabajo de Ben inesperadamente, llorando de forma incontrolable. Se había convencido de que le acosaban y seguían, pero Ben no vio a nadie con la descripción que Ash le dio. Una noche, Ben se asustó. Ash gritaba y amenazaba dispararse o dispararle a Ben, así que él llamó a la policía.

Hospitalizaron a Ash setenta y dos horas para una evaluación psiquiátrica involuntaria, le suministraron fuertes medicamentos antipsicóticos y de estabilización del estado de ánimo y le dieron alta sin un plan de atención continua. Su empleo de medio tiempo no ofrecía seguro de salud y nadie llamó para darle seguimiento a Ash.

En un mes, con la abstinencia de los medicamentos, buscó alivio en las sustancias conocidas. Ben estableció un límite y terminó la relación, y le pidió a Ash que se mudara. Ash pasó una semana viviendo en su auto, consumiendo drogas todo el tiempo, hasta que "algo se quebró por dentro. Mi enojo no era contra Ben; era contra mi padrastro. Me permití llorar y gritar un rato. Luego, caminé hasta una iglesia donde yo sabía que había reuniones de Alcohólicos Anónimos por las noches y me senté por fuera hasta que abrieron las puertas".

Esta vez, Ash lleva tres años de sobriedad y es ejemplo para sus clientes en el centro de tratamiento donde trabaja, lo que impulsa su determinación de mantenerse en recuperación. "Sé que tengo que ver mi infancia de una forma nueva", comenta. "Hay una caja de sentimientos que cerré con candado hace tiempo. Pensé que tenía que dejarla cerrada porque si no me iba a morir. Pero mantenerla cerrada también me estaba matando". La recuperación sexual asusta a Ash, pero sabe que es una parte importante de la jornada que tiene por delante.

Descubrir nuestro yo sexual

Michelle, Nova, Tamara y Ash enfrentan sus experiencias singulares y luchan contra los mensajes confusos que recibieron en su infancia y adolescencia, tanto de parte de sus familias como de la sociedad. Hablamos de mensajes sobre su valor como seres humanos y sobre la forma en que su género y sexualidad afectaban su valor. Ahora, tienen un camino por recorrer.

Michelle aprendió desde pequeña que la apariencia física es importante, pero recibió mensajes confusos acerca de la sexualidad: es importante preocuparte por cómo luce tu cuerpo pero solo un hombre, tu marido, debe notarlo y él es quien debería decidir cuándo y cómo ocurre el sexo. De forma consciente, Michelle no quería replicar el alcoholismo de su propia familia de origen y no hay duda de que se siente sexualmente más consciente que su madre. No obstante, se siente atrapada, tratando de cumplir con las enormes expectativas tácitas de ser una buena esposa y madre, mientras niega el impacto de sus experiencias traumáticas pasadas. Por eso, maneja su propio estrés y ansiedad con pastillas. La solución inconsciente de Michelle ha sido desconectarse de sí misma y de su sexualidad mediante sustancias que insensibilizan las respuestas de su cuerpo y reprimen el dolor acumulado de sus experiencias fragmentadas.

A diferencia de Michelle, que fue criada para criticar su propio cuerpo, Nova fue socializada para sentirse segura de su sexualidad y ser igualitaria con sus compañeros de la comunidad intencional donde creció. Su padre y los otros adultos que convivían con ella se esforzaron por criar a Nova en una atmósfera permisiva que estimulaba la exploración y la apertura. Por ello, Nova se siente cómoda con la sexualidad física. Sin embargo, ha descubierto que le falta una conexión personal con sus propios deseos, ganas, necesidades y fantasías. Es experta en la creación de experiencias eróticas memorables para los clientes y es una buena amiga y mentora en su comunidad, pero la recuperación ha revelado un espacio en el que necesita autoconciencia. Está empezando a reconocerlo y le gustaría reconectar su vida emocional con su cuerpo y su actividad sexual.

Tamara creció sin palabras para identificar sus sentimientos y experiencias y siempre sintió que era una extraña en su familia cristiana antigay. Aun así, le tiene un amor profundo a su madre, que vive con ella y experimenta un nuevo nivel de dependencia física a medida que envejece. Tamara también lleva años trabajando en su propia discapacidad y ha logrado tener mucho éxito en su carrera, a pesar del racismo, el sexismo y el discapacitismo en su lugar de trabajo. Todavía le duele su divorcio y no está completamente segura del motivo por el que su matrimonio terminó. Le cuesta sentir una conexión profunda, adulta y humana, y ha desistido de esperar que vuelva el placer sexual.

La primera vez que Ash logró la sobriedad, pudo conectarse con una identidad de género más auténtica en su interior, y tuvo el valor y el apoyo para asumirse como persona no binaria. Mediante una serie de recaídas y consecuencias crecientes de su consumo de alcohol y drogas, Ash ha entendido que su trauma sexual de la infancia necesita más atención sanadora para que su recuperación progrese. Ash es capaz, conoce la empatía y la introspección. No obstante, también conoce la impulsividad y las autoagresiones. Las consecuencias en la salud mental de sus experiencias infantiles han tenido efectos de amplio alcance en su vida y Ash buscar crear hábitos y patrones más saludables.

Comprender nuestra identidad de género, independientemente de que sea clara y fija (como es el caso de muchas mujeres cisgénero), de que sea diferente de lo que nos enseñaron cuando éramos niñas, o de que sea fluida, expansiva o cambiante, es un proceso que puede suceder junto con el trabajo de comprender nuestra sexualidad. Incluso para quienes tienen muy claro su género, es muy valioso mirar la socialización que recibimos desde que alguien decide que "¡es niña!" o "¡es niño!". El género y la sexualidad interactúan y se afectan entre sí, y tu experiencia del género es una parte bienvenida del descubrimiento de tu yo sexual.

El mensaje implícito en todas las experiencias que encontrarás en este libro es que la sexualidad es mucho más que la conducta sexual. La sexualidad puede ser un proceso de descubrimiento para toda la vida, una parte importante de quienes somos y de cómo estamos en el mundo, independientemente de cuánto deseo sintamos o no y de si tenemos pareja. A medida que avances con estas y otras mujeres y personas con género expansivo en sus jornadas personales de recuperación sexual, esperamos que empieces a ser consciente de los componentes de tu propia sexualidad: su complejidad, su historia y su singularidad. Estos son tus legados: reivindícalos y explóralos.

CAPÍTULO 2

Falta de autenticidad y contradicciones

Nos han ocultado la verdad sobre nuestro cuerpo o la han distorsionado; nos han mantenido en la ignorancia de nuestros lugares más íntimos. Han castigado nuestros instintos... también ha sido difícil separar las mentiras de nuestra complicidad de las mentiras que creímos.

Adrienne Rich, *On Lies, Secrets, and Silence: Selected Prose 1966–1978*

LA FALTA de autenticidad sexual viene con muchas caras. Podrías fingir que no entiendes un chiste. Podrías afirmar que has tenido menos parejas de las que has tenido en realidad. Podrías "olvidar" llevar protección de barrera (condones, diafragma, barreras bucales) a una cita, aunque tuvieras la intención de tener sexo. Podrías emborracharte, a sabiendas de que es más probable que inicies o permitas el sexo de esa forma. Podrías fingir un orgasmo para complacer a tu amante. Podrías seguir participando en un acto sexual aunque preferirías no hacerlo. Una actuación para complacer a otra persona: a menudo de eso se trata.

Participar en sexo que no preferimos no es necesariamente el principal problema. A veces, tenemos sexo para garantizar nuestra seguridad porque estamos con una persona que no sabemos si será comprensiva y gentil en caso de que digamos que no. A veces, una actuación sexual es parte de nuestra forma de ganarnos la vida, como es el caso de Nova que baila en un club de striptease. A veces, probamos algo nuevo con una pareja que nos lo pide, y no nos encanta. Tener experiencias sexuales que no preferimos puede ser una herramienta valiosa para nuestra sobrevivencia o autoconocimiento. Lo que importa en la recuperación es qué tan conscientes somos de nuestra participación en actividades sexuales que no preferimos, por qué lo hacemos y hacer el balance de cómo nos afecta.

A veces nos perdemos tanto en ser sexuales de la forma en que nuestra pareja quiere que seamos, o de la forma que nos enseñaron que deberíamos ser, o de la forma que hemos visto en películas o programas, o de la única forma que conocemos, que no somos capaces de sentir lo que nos brinda verdadero placer. Cuando nos desempeñamos sexualmente para los demás más de lo que nos involucramos de manera auténtica con lo que le gusta o no le gusta a nuestro cuerpo, podemos perdernos y desequilibramos.

Esto no quiere decir que es un problema ser generosas con nuestra pareja. Todo lo contrario. *El placer referido*, o el disfrute que sentimos cuando nuestra pareja está experimentando su propio placer, es algo real. La atención, la generosidad y la alegría de "dar" son expresiones amorosas de la sexualidad, cuando se ofrecen y sienten libremente.

Lo que buscamos es la autoconciencia, de modo que nuestra sexualidad sea una elección plena. En este capítulo, exploraremos las formas en que se nos ha enseñado a vivir en negación de nuestra sexualidad y empezaremos a conectarnos honestamente con nuestras propias fuentes de placer.

Mucha gente que ha experimentado un trauma o adicción se ha distanciado tanto de su sexualidad que pierde la esperanza de lograr la armonía entre su yo sexual interno y externo. Esta fue la experiencia de la coautora Stephanie. Estar en recuperación del alcoholismo afectó su sexualidad tanto como afectó los otros aspectos de su ser. Solo cuando logró la sobriedad, empezó a darse cuenta del nivel en el que su alcoholismo había anestesiado y distorsionado su sexualidad.

Stephanie empezó a beber en la universidad, donde beber mucho parecía ser algo normal. Esta situación continuó durante sus estudios de posgrado y su vida matrimonial. La vida sexual activa de Stephanie, antes y durante su matrimonio, casi siempre estuvo combinada con alcohol y toda su experiencia sexual fue con hombres. La curiosidad de Stephanie sobre el sexo empezó en la infancia, pero este tema nunca se trató en casa, en la secundaria o en la universidad. Actualmente, esto le parece un poco sorprendente, puesto que ¡creció durante la revolución sexual y los movimientos femeninos de los años 60 y 70! Independientemente de todo, cumplió con las expectativas hasta que la bebida volvió su vida inmanejable. A los treinta y pocos años, Stephanie por fin reconoció que el alcohol era un problema.

Lo más triste fue que, al principio de su recuperación, nadie le dijo que necesitaba explorar su sexualidad. Nadie comentó los problemas sexuales que podría encontrar en la sobriedad, y nadie la tranquilizó indicándole que muchas mujeres tenían experiencias similares. En su primer año de recuperación, Stephanie se divorció, salió de la costa este y volvió a California, su tierra natal.

Cuando Stephanie bebía, se sentía atraída por mujeres, pero pensaba que era apenas por el alcohol. Al lograr la sobriedad, se siguió sintiendo atraída por mujeres y supo que debía abordar el tema. Durante su primer año en el programa de doctorado, Stephanie conoció y salió con una mujer por primera vez. Ahora bromea: "La bebida fue lo que me mantuvo casada y heterosexual". En la sobriedad, tuvo que enfrentar el hecho de que había ocultado sus sentimientos sexuales de sí misma.

La negación de las inquietudes sexuales a menudo se extiende a los terapeutas, orientadores de recuperación y grupos de Los Doce Pasos. A menos que un terapeuta haya recibido capacitación especializada en terapia sexual, o que el grupo esté dedicado a las inquietudes sexuales y de relaciones, las conversaciones sobre la sexualidad suelen ser extrañas e incómodas. No obstante, hasta donde sabemos, el cambio solo es posible cuando se examina la negación y se sustituye por la verdad y la comprensión. Nos volvemos plenas al hacer que nuestra conducta sea congruente con nuestros sentimientos, de la manera más segura que podamos.

El proceso de recuperación exige que nos familiaricemos con nuestra vida interior y que expresemos nuestro ser interior de forma auténtica en el mundo. Si no podemos ver la relación entre nuestros pensamientos, sentimientos, creencias e interacciones con los demás, y nos mantenemos coherentes en todos estos niveles, no podremos vivir con sentido y satisfacción. Primero tenemos que ser honestas con nosotras mismas.

Lamentablemente, el mundo exterior también carece de autenticidad y está lleno de contradicciones cuando se trata de la sexualidad. La actitud moralista de los Estados Unidos con respecto a la sexualidad está arraigada de una forma tan profunda que suele ser invisible. Vivimos en una sociedad patriarcal en la que la expresión y los deseos de las mujeres heterosexuales y las personas LGBTQ+ han sido sistemáticamente atacados o menoscabados. En la mayoría de los medios convencionales, la conducta sexual se ha representado de forma inexacta. Podemos estar rodeadas de imágenes sexualizadas, pero nuestro acceso a una educación sexual integral en las escuelas se ha deteriorado desde la década de los años 90.

Al mismo tiempo, ha habido una proliferación de educación sexual privada que trata de subsanar las brechas. Es posible encontrar a educadores sexuales que crean podcasts, preparan contenido para redes sociales, tienen canales en YouTube, venden cursos privados y organizan conferencias. Muchos de ellos son profesionales con gran formación y habilidades. La barrera suele ser que debes encontrarlos por tu cuenta. Si ya sabes que no has tenido acceso a educación sexual integral, consulta la sección Recursos, al final del libro, para ver algunas sugerencias de lugares donde podrías empezar.

En otras palabras, la mayoría de nosotras no ha tenido acceso constante a las herramientas y la información que necesitamos para explorar con seguridad nuestra sexualidad. Esa comprensión inicial nos ayuda a ver por qué muchas de nosotras aprendemos a cerrar nuestro corazón, nuestra mente y nuestro cuerpo a nuestros sentimientos sexuales, o a sentirnos avergonzadas y solas cuando los dejamos fluir. Nuestro funcionamiento actual es producto de nuestra historia y del complejo momento presente.

Silenciar la voz interior

Cuando Michelle y Chris llegaron a su primera cita de la terapia de pareja, Michelle se sentía muy mal: nerviosa, asustada, molesta y a la defensiva. Chris parecía retraído y su silencio exacerbaba la incomodidad de ella. No hablaron en el auto y entraron en fila a la sala de espera. Cuando se sentaron en el sofá del consultorio, a Michelle le sorprendió que la terapeuta empezara preguntando qué funcionaba bien en su matrimonio. Chris la miró y ella se dio cuenta de lo triste que él parecía.

Pudieron enumerar algunos de los aspectos más funcionales de su pareja: ambos amaban a sus niños, tenían un hogar hermoso, habían planeado unas vacaciones ese mismo año. Luego, la terapeuta les preguntó sobre su "intimidad", lo que ambos asumieron que era un eufemismo de su vida sexual. De inmediato, Michelle se sintió avergonzada e incómoda. Había hablado con sus amigas sobre el inicio de su vida sexual con Chris, pero esta terapeuta era una extraña.

Cuando empezó a pensar en su relación sexual con Chris, no lo soportó. Su atención se fue a otro lugar (cualquier lugar). Miró las cortinas detrás de la terapeuta, luego el patrón intrincado de la alfombra. Por fin, Chris dijo algo. "No hemos tenido mucha intimidad", comentó de forma monótona. "Con los niños y todo lo demás..." y no completó la frase. ¿Qué trataba de decir? La terapeuta esperó que terminara su línea de pensamiento, pero él simplemente se encogió de hombros.

La terapeuta explicó que ella definía la *intimidad* como cualquier cosa que los hiciera sentirse próximos, conectados y en el mismo equipo. No tenía que ser sexo, aunque eso era importante para muchas parejas. Le preguntó a Michelle qué la ayudaba a sentirse conectada con Chris. "No lo sé", respondió Michelle. Buscó algo más que decir, pero no se le ocurrió nada significativo.

Al sentir que hablar de la intimidad sería difícil, la terapeuta condujo la conversación hacia cómo había sido su disfrute mutuo hasta ese momento, por ejemplo, las ocasiones en que reían juntos o manifestaban su aprecio. Chris respondía la mayoría de las preguntas, mientras Michelle asentía y miraba cómo se movían las manos y el rostro de él.

Ni Michelle ni Chris mencionaron la pelea que había iniciado su situación de estancamiento actual. La terapeuta no preguntó sobre consumo de drogas en su historia y se concentró en las formas prácticas en que ambos podrían iniciar una mayor conexión en su vida cotidiana. Sugirió que todos los días, durante diez minutos, se esforzaran por hablar sobre algo que no fuera el trabajo, los niños, la casa o su relación.

A Michelle le costó escuchar y, al salir de la cita, se sintió desorientada y no podía recordar lo que había pasado en el consultorio de la terapeuta. No obstante, Chris parecía más alegre y ella aceptó regresar en dos semanas.

Ser honestas, especialmente con nosotras mismas, es un primer paso para cambiar nuestros patrones. La dificultad para concentrarse que Michelle experimentó en el consultorio de la terapeuta y la forma en que olvidó de inmediato lo que había ocurrido es una forma de autoprotección que muchas sobrevivientes de trauma reconocen. Se le llama *disociación*. Cuando se le pidió que enfrentara los sentimientos difíciles que experimentaba y compartiera su vulnerabilidad con Chris, el sistema de Michelle se desconectó. No fue una opción consciente. La disociación es una señal de que estamos abrumadas y necesitamos desacelerar, dar marcha atrás y recibir más apoyo.

En el caso de Michelle, la disociación ocurrió en parte porque aún no había sido honesta consigo misma sobre sus sentimientos y su propia conducta. Para algunas personas, la honestidad viene como una revelación privada. Otras se sienten más seguras si están con otra persona cuando los sentimientos fuertes están listos para aflorar. Con el tiempo, esto también puede cambiar. Las condiciones perfectas raramente existen, así que cada persona en recuperación debe buscar sus verdaderos sentimientos de las formas que le resulten más seguras. Michelle aún debe hacer esto.

Otra pieza del rompecabezas es que Michelle fue socializada de modo que adoptara los ideales tácitos del sexo y las relaciones románticas. Siempre asumió que se casaría con un gran hombre, con el que tendría sexo gratificante el resto de su vida. Esto es algo que jamás diría en voz alta porque suena un poco tonto, incluso para sí misma. No obstante, nunca se le había ocurrido que enamorarse y casarse era apenas el inicio de una relación sexual.

Michelle no ha considerado que su experiencia como hija de una persona con adicción al alcohol, o su experiencia de la agresión sexual podrían afectar, años después, su capacidad para la intimidad. No estaba preparada para las dificultades de mantener una relación sexual después de tener hijos o durante un evento estresante, como el aislamiento del COVID-19. El sexo dejó de ser una prioridad para ella cuando sus síntomas de trauma y la automedicación la dominaron. Para Michelle, hablar de sexo y de sentimientos íntimos es algo terriblemente asustador, como abrir una caja de Pandora, y no está lista ni siquiera para echar un vistazo en el interior.

En las familias donde la vergüenza impulsa en buena medida la conducta de todos, como es el caso de las familias con adicciones, abuso u otros problemas dolorosos, es común la "regla de no hablar al respecto". Una regla de no hablar al respecto puede aplicarse a cualquier cosa que amenace el status quo: por ejemplo, los niños no hablan de la adicción de uno de los padres, los padres no hablan de la infidelidad de un miembro de la pareja, nadie habla del abuso que ocurre en la familia, etc.

La regla de no hablar al respecto también es un recurso común en la mayor parte de nuestra vida sexual. Esta regla tiene diversas formas, por ejemplo: No está bien hablar de sexo, ni siquiera para pedir lo que quieres. Si tu pareja realmente te quisiera, recibirías exactamente lo que quieres y necesitas en la cama. Cuando llegue la persona correcta, todo será perfecto. Si no es perfecto, es porque debe haber algo mal contigo, con tu cuerpo o con tu técnica. Si al principio era fácil pero algo cambió, te pasa algo malo... Y es mejor no comentarlo. Y así por el estilo.

Incluso entre las personas que le han hecho frente a algunas de las reglas de no hablar al respecto que la cultura convencional nos impone sobre el sexo, a menudo hay otras al acecho. Una comunidad poliamorosa podría tener la regla de no hablar sobre la conducta autodestructiva de un miembro querido. Una pareja satisfecha con su vida sexual actual podría tener la regla de no hablar sobre la introducción de cualquier cosa que se considere "picante", aunque uno de los miembros tenga fantasías constantes al respecto.

Estas reglas pueden prohibirnos terminar una relación insatisfactoria, pedir lo que queremos y asumir la responsabilidad de nuestra propia sexualidad. Una regla de no hablar al respecto en la infancia nos entrena para callarnos e ignorar verdades incómodas, y la disociación es una de las formas que nos permiten continuar con este hábito. La única manera de saber si estamos acatando estas reglas es crear una mayor honestidad en nuestro interior.

El sexo como medio para un fin

Cuando soportaba los abusos sexuales en su infancia, Ash aprendió que si se quedaba inmóvil y en silencio, los momentos terribles terminarían más rápido y después su padrastro sería muy gentil durante un par de días. Inconscientemente, esa lección se le quedó grabada. En la adolescencia, Ash trató de asumir el control de su situación mediante relaciones con gente que tenía poder sobre su vida: se acostaba con un miembro del personal de su hogar grupal para obtener más libertades y tenía sexo con un gerente de su empleo para evitar los problemas que creaba cuando se drogaba. Ash tenía sexo a cambio de drogas, de un lugar para dormir, de una comida, de cualquier cosa que le ayudara a sobrevivir hasta el día siguiente y la siguiente oportunidad de drogarse. Ash aprendió a temprana edad que el sexo podía conseguirle algo que quería o necesitaba. El sexo no deseado parecía un precio pequeño para su sobrevivencia.

Mientras trabajaba en su primer programa de Los Doce Pasos, Ash se concentró exclusivamente en lograr la sobriedad. Un detalle importante es que Alcohólicos Anónimos y la mayoría de los grupos basados en los Los Doce Pasos no están diseñados para respaldar a las víctimas de abuso sexual en la infancia. Realizar un "inventario moral minucioso y audaz" de su propia historia sexual sin el contexto de su abuso original hizo que Ash entrara en pánico.

En cierto nivel, sabía que podría tener que reparar los daños con las personas que había lastimado en el proceso de satisfacer sus propias necesidades cuando estaba en la adicción activa. Sin embargo, sin procesar el hecho de su trauma sexual, Ash se arriesgó a asumir más vergüenza y culpa que no le correspondían.

Ash sentía vergüenza por "haber seducido" al miembro del personal de su hogar grupal. Pero a ese adulto le correspondía cuidar a Ash y era el responsable. Se trata de un conjunto de experiencias extremadamente difíciles para desenmarañar, y Ash no recibió apoyo adecuado en su primer intento de recuperación. Abandonó el grupo de Los Doce Pasos sin claridad sobre su propia historia sexual.

Ash necesitó una serie de recaídas y crisis de salud mental para, finalmente, enfrentar el dolor de su abuso infantil y empezar el proceso de recuperar su propia sexualidad adulta. Cuando empezó a abordar su historia sexual en terapia, Ash se dio cuenta de la cantidad de veces que había sido víctima de explotación sexual y esta fue una revelación dolorosa.

Lo que hacemos cuando estamos en medio de la adicción y el trauma puede ser extremadamente perjudicial para nosotras mismas y para otras personas. En ese momento, estamos convencidas de que el fin justifica los medios. Parte de cualquier proceso de recuperación es asumir la responsabilidad de los daños que les hemos causado a otras personas. Al mismo tiempo, es lógico que la gente que ha sobrevivido a un trauma sexual pueda tener una dificultad real con los procesos de rendición de cuentas tradicionales, como los que usan los grupos de Los Doce Pasos. Esto obedece a muchas razones, incluida la realidad de que las sobrevivientes suelen ser culpabilizadas directamente del abuso sufrido y, a veces, la interiorización de esta culpa se vuelve una sensación de vergüenza totalitaria y de largo plazo que coexiste con la vergüenza de la adicción y de otras conductas descontroladas.

Le coautore Vanessa recuerda que tenía veinte y pocos años y un terapeuta presionaba para que se cuidara mejor en un momento particularmente difícil. El terapeuta quería que Vanessa se concentrara en hacer tres comidas al día, en vez de una (y, con frecuencia, ninguna), y desarrollara límites más fuertes en una relación que oscilaba entre el abuso emocional y la violencia física.

Múltiples fuerzas habían erosionado el amor propio de Vanessa. Algunas eran sutiles y crónicas, como el sexismo y la homofobia de su familia, mientras que otras eran más dramáticas, como la violencia de su pareja íntima y el trauma sexual. Durante años, Vanessa aceptó tener sexo no deseado para apaciguar a parejas furiosas.

Cuando el terapeuta le pidió que considerara algunas nuevas prácticas de autocuidado, Vanessa recuerda que su respuesta fue: "No le veo sentido a cuidar mejor a alguien que ha sido una decepción tan grande".

"Decepción o no", le dijo el terapeuta, "es tu único 'yo' en esta vida. Si tanto te preocupa el futuro, tienes que empezar a cuidarte ahora".

Vanessa no saltó de ese sofá directamente a empezar una nueva vida llena de amor propio. Fueron años de lucha con más trauma y consumo descontrolado de drogas antes de que estas palabras le resultaran realmente útiles y se volvieran un principio rector de su recuperación. Solo podemos escuchar lo que necesitamos escuchar cuando estamos listas.

Lamentablemente, el abuso físico y sexual no son experiencias raras. Estas experiencias nos afectan casi por completo: en nuestro sentido del yo, nuestra cognición, nuestra salud física, nuestra fe en nuestras propias percepciones, nuestras relaciones, etc. La recuperación sexual puede significar enfrentar experiencias en las que no teníamos elección plena: no teníamos seguridad física, estábamos subyugadas o nos traicionó alguien que debería habernos cuidado. La recuperación sexual puede significar enfrentar una historia muy dolorosa de experiencias sexuales que quisiéramos que no hubieran sucedido.

Al mismo tiempo, la recuperación sexual también puede significar enfrentar elecciones sexuales que no repetiríamos, o formas en las que presionamos a otras personas y las usamos como medios para un fin.

El proceso de asumir nuestra responsabilidad debe reflejar la verdad de nuestra propia conducta pero, al mismo tiempo, debemos tener claro que la conducta de los demás fue *su* responsabilidad. Es comprensible que tu historia parezca poco clara. En los próximos capítulos, recibirás respaldo continuo para separar tu propia responsabilidad y la de los demás.

Mentiras sociales

Las mentiras sociales son las que nuestra familia, comunidad, cultura y la sociedad en general nos enseñan. Estos mitos nos afectan a todas, ya sea que creamos en ellos o no. Las mentiras sociales son institucionalizadas: pasan de padres a hijos, se enseñan en las escuelas, en las religiones y en los sistemas legales, además de ser reforzadas por la ley y la política gubernamental. Es importante que tengamos conciencia de los efectos nocivos que estas mentiras tienen en nuestra vida.

Identificar las mentiras puede ser arriesgado; podría dar la impresión de que reforzamos su poder al repetirlas. Por el contrario, debido a que cada una de estas mentiras sociales sigue teniendo consecuencias drásticas para las mujeres, las personas no binarias y las personas con género expansivo, queremos ofrecerte información que puedes usar para enfrentarlas en tu propia vida.

Mentira N.° 1: La adicción te convierte en una mala persona.

Como muchas de nosotras ya sabemos, algunas de las decisiones que tomamos cuando estábamos involucradas activamente en la adicción nos causaron daño a nosotras y a otras personas, y no las volveríamos a tomar. Muchas de nosotras también hemos soportado daños causados por otra persona que podría haber estado luchando con su propia adicción o trauma.

La coautora Stephanie ha pasado buen parte de los últimos treinta años creando e implementando programas de recuperación para mujeres encarceladas. Una y otra vez, ha visto recuperarse a mujeres que causaron daño, a veces violencia o incluso pérdida de vidas; además de encontrar formas de reconstruir su vida al salir de la prisión. Stephanie calcula que casi todas las mujeres con las que ha trabajado dentro del sistema legal criminal ya eran víctimas de trauma mucho antes de llegar a la cárcel.

Muchas mujeres encarceladas estaban tratando de proteger a su pareja masculina guardándole las drogas o cubriendo sus actos de violencia. Algunas mujeres encarceladas lastimaron a sus propios agresores para proteger a sus hijos. Miles de mujeres son criminalizadas por las consecuencias de sus adicciones. Otra historia no contada de nuestro sistema penal se refiere a la cantidad de mujeres que ingresan sin un trastorno de consumo de drogas pero salen con adicciones causadas por sus intentos de medicar el propio trauma del encarcelamiento.

Los seres humanos no somos simplemente buenos o malos, ni somos desechables. Para mucha gente, la adicción es un síntoma de dolor. Como dice Gabor Maté: “No preguntes el porqué de la adicción, pregunta el porqué del dolor”.

Si podemos hacer a un lado el impulso de decidir quién es bueno y quién es malo, y volvemos nuestra atención a la cuestión más compleja y difícil del motivo por el que alguien sufre, nos abrimos a la posibilidad de recuperarnos como sociedad. Si podemos volver esta atención hacia nosotras mismas, nos abrimos a la posibilidad de la recuperación individual. Este cambio en la mentalidad es realmente desafiador, especialmente para las mujeres y las personas con diversidad de género; en primera instancia, porque soportamos un estigma mayor con respecto a la adicción. Como nuestro estigma es más fuerte que el de los hombres, a veces nuestra negación o vergüenza sobre nuestra conducta también son mayores.

La adicción ha sido llamada una enfermedad de negación. La negación podría describir una parte de nuestro proceso: sabemos que la adicción nubla lo que vemos. También sabemos que debajo de esta nube suele haber miedo y vergüenza. Nos atemoriza hacer cambios y nos avergüenza nuestra conducta, lo que puede convertirse en vergüenza de nuestro ser integral.

Esta opacidad y vergüenza nos mantienen en nuestra adicción, ya sea al alcohol, las drogas o cualquier otra conducta fuera de control. Somos capaces de sentir la distorsión en nuestras relaciones en la medida en que actuamos contra nuestros valores e integridad, pero parece que no podemos parar. Este conflicto aumenta la tensión y las contradicciones en las que vivimos. Y el ciclo continúa. Es cuando la narrativa sobre ser una "mala persona" puede empezar a arraigarse.

Romper este patrón empieza con el deseo y la intención de ver las cosas con una nueva conciencia. Sin la conciencia seguimos atrapadas, incapaces de cambiar y de ver la necesidad del cambio. Cuando no somos conscientes de nuestros pensamientos, sentimientos, deseos y motivaciones honestos, no podemos ver la relación que tienen con nuestra conducta. Terminan bloqueados y se bloquean entre sí.

Salir del mecanismo protector de la inconsciencia significa volvernos más conscientes de quiénes somos, qué sentimos, qué pensamos y por qué hacemos las cosas. Podríamos volver a conectarnos con nuestro yo interior, o hacerlo por primera vez. Esto nos brinda una mayor comprensión de por qué actuamos como lo hacemos y obtenemos integración y motivación para mantenernos conectadas con ese yo interior.

La recuperación sexual empieza con la decisión de expandir nuestra conciencia, de dejar de usar términos radicales como "mala persona" para referirnos a nosotras mismas o a alguien más. La recuperación continúa debido a la intención de volvernos y mantenernos atentas y receptivas a nuestro verdadero yo, que es complejo, lleno de partes buenas, malas, neutras y confusas. Avanzar hacia una mayor integridad permite que nuestra sexualidad despierte y florezca.

Se necesita valor para empezar a quitarnos las capas de la falta de autenticidad desarrolladas a lo largo de los años, y para ver con lucidez nuestras experiencias, conductas y patrones. Pero reconocer la verdad y enfrentar el dolor da inicio a un proceso de sanación. Merecemos sanar y seguir adelante. Una conducta que lamentamos no tiene que definirnos por el resto de nuestra vida. Y, al sanar, podemos empezar a dejar que emerja nuestro verdadero yo sexual.

Mentira N.° 2: Algunos cuerpos son mejores que otros.
No podemos negar que el género, el tamaño, la raza, la edad y la capacidad nos afectan en la vida cotidiana. Cada uno de estos aspectos de nuestra experiencia de vida (y, por supuesto, muchos más) nos abren la puerta a un mayor privilegio o marginalización. Las consecuencias son inmensas, afectan generaciones y pueden impactar cada aspecto de la vida. Sin duda, ciertos cuerpos son *tratados como si* fueran mejores que otros.

En consecuencia, debido a que los tratan peor, también podría sentirse peor vivir en ciertos cuerpos.

¿Cuál cuerpo preferías tener: uno que probablemente etiquetarán como equivocado o carente de cierta forma, o uno que es probable que será etiquetado como hermoso, bello, saludable y correcto? La respuesta podría parecer obvia.

Las preguntas más desafiadoras son: ¿Qué cambiaría si todos dejaran de ver ciertos cuerpos como si fueran mejores que otros? ¿Qué cambiaría si todos creyeran que todos los cuerpos son igualmente merecedores de vida, amor y atención?

Todo.

Actualmente, las mujeres experimentamos más problemas de salud mental que los hombres. Algunas personas creen que las mujeres tenemos más posibilidades de tener problemas de salud mental que los hombres porque las mujeres somos más emocionales. Creen que simplemente es triste que las mujeres no tengamos la fortaleza emocional de los hombres.

Nosotras creemos que es más probable que las mujeres tengamos problemas de salud mental porque experimentamos mayores niveles de estrés al vivir en estructuras sociales patriarcales y sexistas, en las que estamos sujetas a mayores índices de violencia que los hombres. A las mujeres nos evalúa un sistema de salud mental medicalizado que, desde hace mucho tiempo, patologiza en exceso los cuerpos de las mujeres, no realiza investigaciones adecuadas sobre el cuerpo femenino e ignora las inquietudes y el dolor de las mujeres.

Otro ejemplo de los daños causados por la creencia de "cuerpos mejores/peores" es que, en este momento, la desinformación pública sobre el tamaño del cuerpo afecta cómo son tratadas médica y socialmente las personas con cuerpos mayores. Y esto tiene consecuencias drásticas. Estudios recientes han mostrado que la creencia de larga data de que una persona con un índice de masa corporal (IMC) más alto corre mayor riesgo de problemas de salud es una peligrosa simplificación de hechos médicos. El simple hecho de ver el tamaño de una persona no permite saber cuál es su estado de salud.

Aubrey Gordon, autora y podcaster, lleva años educando al público acerca de la "ampliamente documentada atención médica precaria que reciben las personas gordas, lo que puede generar aplazamiento de la atención, diagnósticos incorrectos de afecciones de salud críticas y negación absoluta de la atención"[1]. Los prejuicios sociales contra la gente gorda, en especial entre los profesionales médicos, han evitado que innumerables pacientes reciban atención médica adecuada. En otras palabras, la idea de que estar delgada es saludable y estar gorda no lo es no solo es demasiado simplista, sino también pone a personas reales en riesgo de daños reales.

En *"You Just Need to Lose Weight" and 19 Other Myths About Fat People*, Gordon escribe: "Independientemente de que estar gorda sea una elección de la persona o no, no merece discriminación, acoso o tratamiento grosero debido al tamaño de su cuerpo. Ninguna de nosotras debería tener que cambiar la apariencia para 'ganar' respecto y dignidad básicos"[2].

Deshacer nuestros supuestos acerca de lo que es "mejor" en términos de nuestros cuerpos es un proceso enorme y extremadamente difícil. Es algo personal y, probablemente, para toda la vida, pero también es algo que debemos hacer para que nuestro cuerpo, cultura y comunidad (y los de los demás) prosperen.

Etiquetar cuerpos como buenos o malos perpetúa los prejuicios y el trato injusto en general, así como el propio abandono a nivel personal. Es mucho más probable que etiquetemos nuestro propio cuerpo como "malo" que como "bueno". El propio abandono es la característica clave de nuestra definición de adicción y es algo que las sobrevivientes de trauma conocen muy bien.

Prueba esta idea: tu cuerpo hace su mejor esfuerzo por mantenerte viva y ajustarse a lo que pase. No existen cuerpos correctos o incorrectos. En los próximos capítulos trabajaremos más a fondo con estas ideas.

Mentira N.° 3: El placer no es tan importante.

Hay tantas formas de placer que se han etiquetado como inmorales, equivocadas y pecadoras que, tal vez, llamarlas "poco importantes" pueda parecer un avance. Muchas mujeres y personas con género expansivo, especialmente quienes crecieron en religiones socialmente conservadoras, ya se sienten avergonzadas y culpables de sus sentimientos sexuales. Algunas, como Tamara, han tenido que abandonar la religión con la que se criaron con el fin de sentirse libres para buscar cualquier placer con las parejas que han elegido.

Tras un accidente automovilístico traumático, lo que Tamara ha experimentado a lo largo de los años es que su propio placer lentamente ha dejado de ser una prioridad. Tamara no siente que el placer es algo que tiene a su disposición debido a su dolor crónico, a la tristeza por el fin de su matrimonio y a las dificultades de cuidar a su madre. Ahora, está enfrentando su propia conducta y el reconocimiento de que su consumo de analgésicos opioides está fuera de control. Entre todas estas preocupaciones, el placer parece poco importante. Parece tonto o infantil que trate de encontrar momentos de alegría o diversión en su vida. Así de simple. El placer sexual parece estar a un universo de distancia.

La definición del placer es diferente para cada persona, y cambia junto con ella. El placer sexual es apenas una de las infinitas formas en que los seres humanos podemos experimentar disfrute y conciencia del momento presente. Hemos conocido a mucha gente que, por diversos motivos, ya no busca el placer a través del sexo. Algunas personas son asexuales y no experimentan excitación o deseo sexual de una manera que las motive a buscar sexo. Algunas han usado las relaciones sexuales o los medios sexuales de un modo que se convirtieron en un problema en su vida, y tuvieron que parar. Algunas han tenido afecciones médicas que vuelven el contacto sexual incómodo o inviable.

La sexualidad no tiene que ser la única o incluso la principal fuente de placer en tu vida. ¡Pero es importante recordar que el placer es posible y que disfrutar estar vivas es una buena razón para vivir!

Para las personas que luchan con la adicción y las conductas compulsivas, el placer podría parecer el origen de todos nuestros problemas: ¿no disfrutábamos la bebida al principio? ¿El problema no es la búsqueda del placer? Si el placer inicialmente nos llevó por el mal camino, restarle importancia puede parecer la corrección natural. Incluso podríamos creer que no merecemos volver a sentirnos bien nunca más. El placer tiene que perder importancia para nosotras si nos vamos a recuperar, ¿no es cierto?

Fundamentalmente no, el placer en sí no es el problema. Desarrollamos adicciones y conducta compulsiva para tratar de escapar de nuestro dolor y malestar. Sin embargo, el alivio del dolor y el malestar no es lo mismo que el placer. La recuperación es un proceso mediante el que empezamos a sentir y entender la diferencia. Cuando tratamos de disfrutar estar vivas en nuestro cuerpo, y queremos que quienes nos rodean hagan lo mismo, podemos aprovechar el placer, en vez de escapar del sufrimiento con alivios temporales. El placer es importante porque es una expresión honesta de nosotras mismas. La recuperación sexual es donde se juntan todas estas piezas.

Mentira N.° 4: El género es irrelevante.

A muchas mujeres les cuesta reconocer y aceptar el sexismo como un hecho continuo, y con frecuencia disimulado, de nuestra vida. Otras son profundamente conscientes de él y desearían poder olvidarlo. Todas las personas transgénero, no binarias y con diversidad de género tienen puntos de vista específicos sobre como funciona el género en nuestra sociedad y, en última instancia, cuánto el género afecta nuestra vida.

En una entrevista con la BBC, Vivienne Ming, una mujer trans y emprendedora tecnológica, describió una enorme diferencia que experimentó tras su transición. "De la noche a la mañana, la gente dejó de hacerme preguntas matemáticas", comentó. La suposición, explica, era que "tal vez yo era buena liderando un proyecto, pero no podía entender los detalles técnicos que lo respaldaban"[3].

Curiosa sobre cómo esta experiencia social podría traducirse en una diferencia material entre hombres y mujeres en el campo tecnológico, Ming realizó un experimento para calcular cuánto trabajo adicional las mujeres necesitarían hacer para obtener los mismos ascensos que los hombres. El equipo de Ming descubrió que las mujeres tenían que asistir a mejores instituciones educativas y por más tiempo y tener empleos de menor estatus por más tiempo para lograr los mismos ascensos que los hombres en las compañías tecnológicas de los Estados Unidos. ¿El costo para las mujeres? Aproximadamente USD 250 000 a lo largo de la carrera. Ming lo llama "el impuesto por ser diferentes".

Los sesgos de género están en todas partes, así que no debería sorprendernos que afecte todos los aspectos de nuestra vida. Darse cuenta de esto puede ser inquietante, pero también puede empezar a conectarte con tus sentimientos acerca de quién eres y en qué tipo de mundo quieres vivir.

Todas las culturas tienen cierta forma de explicar el sexo y el género. El sistema de género binario en el que vivimos en la actualidad es un constructo elaborado a partir de lo que la gente observa acerca de su cuerpo y conducta, tal y como han sido todos los otros sistemas de género. Antes de la colonización europea, hubo muchas sociedades que interpretaban el sexo y el género de una forma diferente a la de nuestro sistema actual. Por ejemplo, en Hawaii antes del contacto, los pueblos indígenas honraban un tercer género, conocido como māhū, y que hoy se traduce como "en el medio". Los māhū eran sanadores y trabajadores culturales, y hay hawaiianos que continúan esta tradición hoy. La conexión con la tierra, la tradición cultural, la preservación del idioma y el apoyo de la familia a las generaciones más jóvenes forman parte de lo que los māhū aportan a su comunidad.

Nova tuvo un despertar sobre la importancia del género al formar parte de un grupo con otras mujeres del sector de entretenimiento sexual. En la comunidad espiritual en la que creció, a Nova se le enseñó que todas las personas son igualmente hermosas e igualmente divinas. Se le enseñó que no existen diferencias reales entre las personas y que asignarles importancia a cosas como la raza y el género era la causa de las guerras, conflictos y dolor.

Aunque muchas de sus creencias cambiaron cuando su padre y ella dejaron la comunidad, Nova es grata de que le hayan enseñado a valorar todas las vidas humanas por igual. Le incomodaba cuánto parecía importarle a la gente que fuera mujer, así como el color de su piel y su herencia mexicana. Durante una reunión con su grupo, Nova dijo que tal vez empezaría a usar los pronombres elle/le con todas las personas porque, de esta forma, se equilibraban las condiciones. Una mujer transgénero del grupo se manifestó. "Yo uso ella/la", dijo. "Y he luchado mucho por mis pronombres ella/la, y quiero usarlos".

De inmediato, Nova entendió que, sin darse cuenta, había hecho que su amiga se sintiera incómoda. Había borrado la experiencia de su amiga al tratar de restarle importancia al género para sí misma.

Su intención no era borrar las diferencias reales entre las personas de su grupo. Debido a que había interiorizado el sexismo que había experimentado, Nova quería dejar de pensar del todo en el género, pero eso creaba un espacio en el que tampoco se celebraban las diferencias. Nova se disculpó y con frecuencia recuerda esa interacción. Cuando se sentía enferma de "ser mujer", recordaba que lo que la enfermaba en realidad era el sexismo, no el hecho de ser ella.

Si escuchamos mensajes poderosos pero injustos acerca del género y nos los repiten diez, veinte, treinta, cuarenta años, se vuelven parte de nuestra conciencia. Su efecto en nuestra vida es enorme pero casi nunca se examina. Las personas más jóvenes aún se ven profundamente afectadas por este aspecto del proceso de socialización. Afecta lo que estudiamos, cómo nos comportamos, qué vestimos, cómo hablamos, a quién amamos. Y tiene un impacto profundo en la naturaleza de nuestra sexualidad.

Debemos enfrentar la difícil realidad de que la sexualidad recibe el impacto de la violencia de género. Las estadísticas son escalofriantes: una de cada nueve o una de cada tres chicas (las estimativas varían) en los Estados Unidos han sufrido abusos sexuales antes de los dieciocho años; cerca del 40 % de las mujeres adultas han sufrido acoso sexual en el trabajo; y una de cada cinco mujeres será víctima de violación. Estas estadísticas son aún más altas si la mujer tiene un trastorno de consumo de alcohol u otras drogas. Los índices de violencia y agresión sexual son incluso más altos entre las personas queer, transgénero y no binarias.

A medida que empezamos a reconectarnos con quiénes somos en realidad, y cómo queremos estar en comunidad con los demás, debemos poner atención a la forma de crear seguridad para nosotras mismas y para las otras personas, honrando la experiencia de cada una de su cuerpo, género y sexualidad. Cultivar el placer y honrar nuestro yo auténtico puede ser un acto de liberación.

Mentira N.° 5: Existe una forma ideal de ser sexual y tú no correspondes a ella.

En nuestra vida sexual, tal y como ocurre en todas las demás partes de nuestra vida, cuando negamos la realidad de nuestros sentimientos, renunciamos a nuestro poder de discernimiento y a nuestro poder de elección. Para recuperar nuestro poder, debemos darles voz a nuestro miedo, tristeza, alegría, deseo y curiosidad.

El primer paso es concentrarte en encontrar tu voz. La mayoría de nosotras ha tenido muy poca práctica en hablar de los asuntos sexuales. Puede parecer vergonzoso e invasivo, pero compartir ideas y experiencias acerca de la sexualidad con gente de confianza que está lista para escuchar y comunicar también es una actividad sanadora. Podrías aprender cosas de ti misma que nunca sospechaste y empezarás a apreciar las experiencias de los demás, tanto las que son similares como las que son distintas a las tuyas.

Si al principio no te sientes cómoda conectándote con un grupo, puedes empezar hablando con una amistad cercana. Si eso también te resulta incómodo, podrías empezar leyendo o mirando material educativo sobre sexualidad. Si tienes los medios para buscar terapia sexual, puedes consultar listas de terapeutas especializados en tu área, como la base de datos de *Psychology Today*.

Empieza donde puedas; empieza donde estés. Empieza con este libro e imagina que no estás fallando en la sexualidad; estás actuando en dirección a una vida sexual que refleje tu personalidad, tus valores y lo que disfrutas. Cambios como este siempre parecen más lentos de lo que quisiéramos, así que ten paciencia y sé gentil contigo misma. Siempre habrá desafíos.

Cuando le coautore Vanessa les dijo a sus padres que era queer y amaba a una mujer y a un hombre al mismo tiempo, la respuesta de sus padres fue de tristeza. "Vas a tener una vida muy difícil", le dijeron. Esto reforzó una creencia subyacente de que la heterosexualidad y la monogamia son mejores, tal vez no porque sea equivocado ser queer y no querer la monogamia, sino porque es "más difícil". Pero, ¿por qué es tan difícil ser queer? ¿No es por el prejuicio social y las barreras estructurales?

Años después, Vanessa procesó este momento con una terapeuta que le motivó a imaginar una respuesta más alegre acerca de su ser. ¿Qué podían haber dicho los padres de Vanessa que indicara su apoyo, en vez de su miedo por las dificultades que Vanessa podría encontrar?

Vanessa escribió algunas ideas. "¡Somos tan afortunados de tenerte en nuestra familia!". "¡Gracias por confiarnos esta verdad; dedicaremos algún tiempo para educarnos y apoyarte de la mejor forma posible!". "No estás sole; estaremos a tu lado a medida que crezcas". Imaginar este tipo de apoyo le permitió a Vanessa soltar un poco de la vergüenza y tristeza que sentía. Al conectarse con sus parejas, Vanessa se sintió más libre para expresar su felicidad.

Si tu vida sexual no es satisfactoria para ti en este momento, y te preocupa estar haciendo algo malo, anímate. Independientemente de que tengas menos conexión sexual de la que preferirías, como Michelle y Tamara, o de que sientas la necesidad de dar un paso atrás y revaluar tus preferencias sexuales y fuentes de placer, como Ash y Nova, lo estás haciendo bien. Puedes cambiar de dirección en cualquier momento, incluso si tienes una pareja de mucho tiempo. Tu sexualidad es algo con lo que debes experimentar, aprender, hacer amistad y encontrar placer, a tu propio ritmo. Tú estás a cargo de tu despertar.

La esperanza de la verdad

Las mujeres en recuperación de forma casi unánime expresan insatisfacción con su vida sexual, pero hay muy pocas herramientas valiosas para resolver ese malestar. A veces escondemos nuestra infelicidad y decepción evitando el tema del todo. A veces somos estoicas acerca de la monotonía de nuestra vida sexual. A veces estamos molestas y resentidas porque no tenemos el tipo de experiencias sexuales que queremos. A veces nos sentimos tan gratas de estar sobrias que fingimos que podemos vivir sin otros placeres... como satisfacer la vida sexual. Raramente tenemos la oportunidad, en programas de tratamiento, en reuniones de Los Doce Pasos o en terapia, de hablar de nuestras insatisfacciones sexuales, a menos que busquemos programas que estén diseñados específicamente para este propósito.

El primer paso en un proceso de recuperación sexual es ser honesta acerca de tus sentimientos sexuales, ya sea que los tengas claros o no y que te resulten familiares o sean nuevos. Se necesita valor para ser honesta, así como la intención de descubrir qué quieres y sientes y de encontrar una forma de expresarlo.

Las herramientas proporcionadas aquí están diseñadas para permitirte descubrir tus sentimientos sexuales y hacer que tus acciones sean congruentes con esos sentimientos. No todos los ejercicios enfatizan el contacto sexual, porque conectarnos con la sexualidad también podría pedirnos que nos conectemos con nuestro cuerpo en general. Por ejemplo, podríamos tener que sanar un poco nuestra imagen corporal o desarrollar más comodidad primero con un toque no sexual.

Si te resulta difícil expresar o recibir afecto y toque no sexual, la amistad y el compañerismo pueden ser lugares donde ocurra una sanación profunda. Podríamos desarrollar un lenguaje de afecto con una pareja, al mismo tiempo en que desarrollamos un lenguaje de placer sexual por nuestra cuenta. No hay una forma equivocada de proceder, siempre y cuando lo hagas de forma intencional, gentil y honesta.

Transformarte en quien quieres ser sexualmente se refiere a transformarte en un ser integral; en una persona con poder de elegir, empoderada para correr riesgos y cambiar. Se trata de integrar tus sentimientos y acciones en una red continua de tu yo, cubriendo la brecha entre tus sentimientos interiores y tus acciones exteriores. Se trata de volver a encender tu luz interior y dejarla que brille. Se trata de encontrar plenitud y de darle la bienvenida consciente a la persona que ya eres.

CAPÍTULO 3

El flujo del deseo y del placer

El deseo no es apenas un deseo de cada ser por su propio placer. Pero, ¿para qué sirve?

Posiblemente, si tiene un objetivo, el deseo busca la experiencia de seguir hacia adelante e integrar algo que, de esta forma, se vuelve mayor que los seres separados. El deseo, en el sentido más amplio, afirma nuestra conexión y el ser "parte de" en vez de "aparte de". Conduce a la expansión en vez de a la satisfacción; lo primero sugiere crecimiento, vida y apertura; lo segundo sugiere inmovilidad.

Judith V. Jordan, "Clarity in Connection: Empathic Knowing, Desire, and Sexuality"

EL DESEO SEXUAL describe la mezcla poderosa y potente de impulsos, estímulos e intereses sexuales que sentimos. Podríamos expresárselos a un amante actual o potencial. Aunque escuchemos que el deseo es un tema que se comenta libremente y podamos reconocerlo en los demás, la experiencia del deseo puede ser confusa: a veces escurridiza, a veces abrumadora. Esto es especialmente válido para las personas que se recuperan de las consecuencias emocionales, físicas y psicológicas de la adicción y el trauma. Saber cuándo sientes deseo y poder expresarlo con relativa comodidad son pasos vitales en tu proceso hacia el empoderamiento sexual, pero ese es solo el principio.

Es importante destacar que un énfasis exagerado en sentir deseo sexual puede ser contraproducente. Esto se debe a que el deseo sexual oscila según muchos factores, algunos bajo nuestro control pero muchos otros no. Tu sexualidad podría implicar mucho *deseo espontáneo*: por ejemplo, ves a una persona sexy en el mercado y de inmediato fantaseas con su cuerpo desnudo. Podrías querer tener sexo de forma constante con tus parejas actuales o potenciales. O podrías necesitar más contexto, más atención y más placer antes de que surja tu deseo. A esto se le llama *deseo de respuesta*. La mayoría de la gente tiende hacia un tipo o el otro, el espontáneo o el de respuesta, y es normal experimentar ambos. ¡También es normal no sentir ninguno! Eso no significa que no seas capaz de sentir placer.

La única forma de deseo que parece importarle a nuestra cultura es el espontáneo y se asume que es parte de una vida sexual "normal". La verdad es que, sin importar cuánto deseo espontáneo sientas, tu sexualidad singular puede responder al placer. Este capítulo te ayudará a entender tus patrones del pasado, a identificar los desafíos que podrías enfrentar al experimentar deseo y placer, y a empoderarte para buscar el placer que funcione para ti.

¿Qué es el deseo?

Poetas, pintores, bailarines, médicos, terapeutas... parece que todos han sopesado esta pregunta. Las personas tienen demasiado o muy poco, las consume o quisieran sentirlo de nuevo. Como ya lo han dicho cada vez más voces en el campo de la sexualidad, el deseo es más complejo de lo que nos han hecho creer. Todos los seres humanos lo experimentamos diferente y algunos descubren que no lo experimentan del todo. Y esta variedad es sana, normal, aceptable e inevitable.

No existe una forma equivocada de sentir deseo: podrías sentirlo en momentos inoportunos, por personas inapropiadas, de forma silenciosa o ruidosa, como un relámpago o un deslizamiento lento de lava. Tal vez sea más probable que sientas deseo después de tocar o besar a alguien, o después de una conversación particularmente perspicaz y estimulante. Tal vez desees solo a una persona a la vez, o quizás sientas el deseo de irte a la cama con alguien debido a su corte de cabello. Tu deseo puede tomar muchas formas. La idea de que solo existe una forma correcta de experimentar el deseo (¡espontáneamente, al ver a la pareja!) no solo es inútil, sino que también crea mucha vergüenza y estrés.

Aunque el deseo espontáneo puede ser extremadamente atractivo, como puedes notar, no usamos la palabra *necesita* o *conduce* para describirlo. El sentimiento del deseo sexual no es lo mismo que la necesidad innata de la compañía de otros seres humanos, algo que los investigadores han demostrado repetidas veces. Los seres humanos necesitan estar rodeados de otros seres humanos para estar bien. Al mismo tiempo, ningún ser humano necesita tener sexo con otro ser humano, de la forma que necesitamos el aire, el alimento, el agua, el calor, el sueño y a otros humanos alrededor para sobrevivir.

Que nos quede claro a quienes hemos sido presionadas para tener sexo que no queríamos porque la otra persona "lo necesitaba": esa persona y su mentira abusaron de nosotros. Que nos quede claro a quienes presionamos a otra persona para tener sexo debido a la fuerza de nuestro deseo: nuestra conducta fue abusiva. Muchas de nosotras hemos desempeñado ambos roles. Nuestra recuperación requiere que reconozcamos que el deseo sexual no le da a nadie el derecho de presionar a nadie. El deseo sexual es un conjunto de sentimientos y sensaciones, una experiencia interna. El placer sexual es una conducta, una experiencia externa.

Desarrollar un modelo integral del deseo sexual humano ha sido un problema complejo para los investigadores. Por décadas, el deseo se ha patologizado como demasiado bajo o demasiado alto, diagnosticable como problema pero raramente abordado con soluciones reales. Esto se debe a que el estado de deseo espontáneo perfecto es una ilusión, una quimera construida socialmente.

Si lo que quieres es más deseo, hay formas de abrir esa puerta, y las abordaremos aquí. Pero ten en cuenta que el deseo es apenas una pieza del rompecabezas cuando se trata de la sexualidad y cambia durante toda tu vida, de un mes a otro y, a veces, de un día al otro.

¿Qué pasa si no hay nada de malo con tu forma de sentir deseo o por no sentirlo? ¿Qué pasa si las fantasías que albergas en tu mente y en tu cuerpo están totalmente permitidas allí? ¿Qué pasa si no tener ninguna fantasía también es perfectamente aceptable?

¿Qué pasa si tu capacidad de experimentar el placer no depende de cuánto deseo espontáneo sientas? Piensa un momento en estas preguntas e imagina cómo podrías sentirte.

Algunos libros sobre terapia de la sexualidad definen el *deseo sexual* como las sensaciones específicas que nos motivan a buscar o estar receptivas a experiencias sexuales. Lamentablemente, esa descripción de deseo podría no ser útil para nosotras. Podríamos buscar o estar receptivas a experiencias sexuales por muchas razones que no sean el deseo.

Nova, por ejemplo, aprendió a usar su atractivo sexual para ganarse la vida como bailarina en un club de striptease. Cuando tenía sexo con hombres fuera del club durante su adicción activa, no era importante si realmente los deseaba a ellos o la experiencia sexual. Se volvió experta en complacer a los hombres; estaba alerta y sabía responder a los deseos y necesidades sexuales de ellos, pero no sabía lo que le daba placer a ella o si sentía deseo sexual. A menudo, las señales de su cuerpo no eran claras, especialmente cuando consumía alcohol, cocaína y metanfetaminas, pero tampoco estaba segura de cuánto deseo sentía cuando logró la sobriedad.

Nova mantenía algunos límites, incluso en el ápice de su adicción. Recuerda haberles dicho que no a algunos hombres que le generaban repulsión física. "Pero la mayoría de ellos estaban bien para mí", reflexiona, "simplemente, ahora que estoy sobria, mis estándares están cambiando".

Nova recuerda sentir curiosidad sobre el sexo cuando era niña, y anhela la sensación de experimentación divertida que caracterizaba su vida en la comunidad en la que creció. Debido a que tiene tanta experiencia sexual, no cree que necesite "descubrir" su cuerpo o su sexualidad; en vez de ello, dice que quiere volver a conectarse con su propio sentido innato del deseo. Quiere tener una separación más clara entre los clientes que entretiene como bailarina y las personas con las que tiene relaciones sexuales por sí misma.

En su grupo de apoyo, una trabajadora sexual le dice que se identifica con ella. "A veces, toda mi vida sexual es el sexo con clientes", comenta. "Necesito ganar dinero, pero en algún momento necesitas una pausa para centrarte y escuchar un poco a tu propio cuerpo". Curiosa sobre esta idea, Nova decidió hacer un experimento: tres meses sin sexo, excepto consigo misma.

Nova siguió trabajando en el club, donde se gana la vida desde hace seis años y tiene un grupo dedicado de clientes regulares. Anunció en sus redes sociales que haría un experimento de celibato y recibió respuestas mixtas. Algunas personas la apoyaron, como lo han hecho desde el inicio de su recuperación. Otras le dijeron que el celibato es "antinatural" y que va contra un impulso biológico. Nova sintió la decisión de dejar de tener sexo con otras personas durante un tiempo como si estuviera apagando un radio bullicioso y le dio curiosidad lo que podría descubrir sobre sí misma.

Pronto, empezó a conectarse de forma más consciente con su propio placer y excitación y, con la ayuda de su grupo de apoyo, pudo hablar de forma auténtica sobre sus experimentos. Metódicamente, trató de encontrar nuevos placeres para cada uno de sus cinco sentidos. Compró una manta nueva y suave que le encanta tocar. Enciende velas en su habitación, en vez de encender la luz del techo, para deleitar su vista. Sin embargo, cuando empezó a buscar el placer para su sentido del gusto, encontró un obstáculo.

Nova descubrió que su relación con la comida estaba desordenada desde que había alcanzado la sobriedad. Cuando se drogaba, mantenía con facilidad la delgadez extrema porque nunca sentía hambre. Una vez que decidió que necesitaba mantenerse sobria, empezó a restringir sus alimentos por miedo a subir de peso. "Tengo que estar en forma", se decía, "o perderé mi empleo".

Como muchas mujeres que dejan de consumir anfetaminas, Nova subió de peso en la sobriedad, lo cual, de hecho, era una señal saludable. Mantenía su cuerpo bajo estricto control para minimizar los cambios, atacándose inconscientemente y desaprobando su cuerpo en el espejo y, al mismo tiempo, sintiéndose cada vez más avergonzada de su propia negatividad. Se suponía que debería sentirse segura de sí misma, pero no era así. Todo lo que comía le generaba culpa y dejó de comer cosas que antes le parecían deliciosas porque eran "malas".

A medida que empezó a experimentar con la búsqueda de nuevos placeres para sus cinco sentidos, resultó más evidente cuánto se restringía, además de que había dejado de disfrutar la comida. Nova sabía que la presión para que mantuviera su peso y la forma de su cuerpo sería intensa mientras tratara de ganarse la vida como bailarina. Con esa presión, quiso encontrar una forma de alimentarse de forma regular, con comida saludable.

Se sentía asustada y estancada, igual que cuando empezó a buscar su sobriedad. Pero sabía que había llegado a un nuevo lugar en su recuperación. "Quiero que se me antoje la comida sana", escribió en su diario. "Quiero disfrutar los sabores y las texturas y sentir que la comida puede ser un placer, no una amenaza. Quiero sentirme bien con lo que le pasa a mi cuerpo cuando me alimento".

Nova aplicó los principios de su recuperación a esta exploración, empezó a educarse sobre la anorexia y a participar en un grupo de apoyo en línea para gente en recuperación de trastornos alimenticios. Lo que más sorprendió a Nova durante este mes fue que sus ansias por consumir metanfetaminas volvieron con mucha intensidad. Un año atrás, había sido capaz de reducir su consumo y luego de parar del todo sin intervención médica, a pesar de que sus primeras semanas de sobriedad habían sido difíciles. Se sentía exhausta, ansiosa y deprimida, pero contó con amigas que tenían experiencia y la ayudaron en el proceso, y pudo salir adelante.

Ahora, un año después, enfrentaba obstáculos diferentes al abordar los síntomas de su trastorno alimenticio. Había logrado superar las dificultades de la sobriedad con su tenacidad y autoconciencia. Esta nueva fase requeriría habilidades adicionales: gentileza, autocompasión y curiosidad. El deseo de Nova de experimentar placer a través de sus sentidos la llevó a otro nivel de recuperación.

No necesitas experimentar deseo sexual espontáneo para poder experimentar placer. Tu deseo puede venir de la búsqueda de nuevas formas de conectarte con tu cuerpo y tener sensaciones que te deleiten. Si tienes claro lo que te agrada, aumentará tu capacidad de cultivar esos placeres. Deja que tu deseo de conexión y autoconocimiento sea tu guía.

EJERCICIO

Involucrar los sentidos

El siguiente ejercicio está diseñado para ayudar a reconectarte con el poder de tus sentidos.

Durante cada uno de los próximos cinco días, haz tu mejor esfuerzo por notar la información que te brindan tus sentidos.

- **Día uno:** Concéntrate en tu vista. ¿Qué ves? Nota si te gusta, si te parece hermoso o si despierta tu curiosidad.
- **Día dos:** Concéntrate en tu oído. ¿Qué sonidos notas en tu vida cotidiana? ¿Cuáles te gustan y cuáles te resultan estridentes? ¿Puedes cultivar sonidos más agradables, como tocar música o escuchar a los pájaros en la mañana?
- **Día tres:** Concéntrate en tus sentidos del olfato y el gusto. Están profundamente vinculados y notar este enlace es parte de la práctica. ¿Cuáles aromas y olores notas? ¿Te resultan agradables? ¿Alguno de ellos te hace agua la boca? ¿Cómo huele tu comida y qué sabor tiene? Toma tu tiempo para notarlo.
- **Día cuatro:** Concéntrate en tu sentido del tacto. Nota las texturas con las que estás en contacto. ¿Dónde sientes suavidad, rugosidades, bordes puntiagudos, superficies duras? ¿Cuáles texturas te interesan más?

- **Día cinco:** Concéntrate en la *interocepción*, o la sensación dentro de tu cuerpo. A lo largo del día, ponle atención al interior de tu cuerpo. ¿Cómo están tu garganta, estómago, intestinos? ¿Dónde sientes tensión muscular y dónde sientes relajamiento?

Entrar en sintonía con nuestros sentidos de esta forma puede ayudarnos a mantenernos en el momento presente. Puede ayudarnos a desarrollar nuestra capacidad de disfrutar lo que nuestro cuerpo percibe y nos brinda información acerca de lo que nos gusta y lo que no nos gusta de nuestro entorno. Ponerle atención al interior de tu cuerpo es una excelente forma de volver a conectarte con tus sensaciones internas, lo que puede abrirle puertas a tu experiencia erótica. ¡Algunas personas incluso descubren que estos ejercicios les despiertan más deseo sexual espontáneo!

Entender la excitación sexual

La excitación, el placer y el deseo tienen una relación intrincada, pero no son lo mismo.

En su libro revolucionario, *Come As You Are: The Surprising New Science That Will Transform Your Sex Life*[1], la Dra. Emily Nagoski ahondó en la ciencia del deseo, la excitación, el placer y el orgasmo. Le presentó al mundo el *modelo de control doble*, desarrollado originalmente en el Kinsey Institute en la década de los 90, por Erick Janssen y John Bancroft. La importancia de este modelo es que va más allá de los elementos básicos de lo que le ocurre a nuestro cuerpo (la lubricación vaginal, la erección del clítoris, la erección del pene, etc.), para brindarnos una imagen más completa de la excitación. Para quienes tienen interés en la ciencia de la sexualidad, el trabajo de la Dra. Nagoski es un excelente punto de partida.

En resumen, el modelo de control doble describe la excitación sexual como un sistema con un acelerador y un freno, al igual que un auto. El freno y el acelerador son funciones separadas y cada persona tiene diferentes niveles de sensibilidad en cada uno. Una persona con un acelerador sensible podría excitarse fácilmente, pero si también tiene un freno sensible, puede perder la excitación con la misma rapidez. A veces, parece que ambos ocurren simultáneamente.

Según la Dra. Nagoski, es más común que las mujeres estemos en un medio término del nivel de sensibilidad con respecto al acelerador y el freno. Además, resalta que toda su investigación se ha realizado en mujeres que nacieron con anatomía femenina y actualmente no contamos con investigaciones de peso sobre las similitudes y diferencias de las mujeres transgénero. No obstante, no debería sorprender a nadie la confirmación de que la adicción, las conductas compulsivas y las experiencias traumáticas pueden afectar los sistemas de aceleración y freno de cualquier persona. (Así como sucede con muchos medicamentos para estabilizar el ánimo, el acto de dar a luz, la menopausia, la transición de género y muchas cosas más).

Lo que te frena un día dependerá del contexto: cómo te sientes ese día, cómo se sienten las cosas entre tú y tu pareja, qué tan estresada estás por tus hijos, o por el trabajo, o por una cuenta que debes pagar, o por evitar el alcohol. Lo mismo ocurre con el acelerador. Para algunas personas, el acelerador se activa cuando ven a su amante cruzar la puerta. Para otras, el acelerador podría responder a recibir una tarjeta cariñosa, al contacto físico, a una hora de silencio, a una comida deliciosa, a la resolución de un conflicto, a una escena sexy en una película... la lista es interminable. Si algo le quita presión a tu freno, como tener las tareas domésticas hechas, puede abrirle espacio a tu acelerador para motivar realmente la excitación sexual.

Comprender que todos tenemos un acelerador y un freno puede ayudarnos a abandonar las expectativas del deseo espontáneo continuo, y puede ayudarnos a ser más gentiles con nosotras mismas si nuestro cuerpo no responde como queremos que lo haga. Las mujeres y las personas con diversidad de género que han experimentado un trauma sexual podrían pisar el freno más que las demás, debido a que los sentimientos sexuales activan sensaciones de miedo o pérdida de seguridad. También es posible que las sobrevivientes de un trauma sexual tengan un acelerador muy activo, lo que puede contribuir a que asuman más riesgos sexuales e incluso se sientan fuera de control con su conducta sexual.

¿Qué pasa en tu propio cuerpo mientras te recuperas? ¿Qué activa tu acelerador ahora? ¿Qué activa tu freno? ¿Qué podría activar ambos al mismo tiempo? Para algunas personas, sentirse molestas activa el acelerador, para otras, activa el freno.

Para quienes estamos en recuperación, los estados sentimentales exaltados, como la emoción de conocer a una persona nueva y sexy o la presión de sobresalir en un nuevo empleo, pueden activar a la vez el acelerador y el freno, y necesitamos cierto espacio y autocompasión para organizar la confusión. Como dice Daniel Tigre de *El vecindario de Daniel Tigre*: "A veces sientes dos sentimientos al mismo tiempo, y eso está bien".

La honestidad sin juicios de valor es crucial cuando realizas esta investigación sobre ti misma. Muchas de nosotras nos quedamos en relaciones muy conflictivas debido a que el conflicto activaba nuestro acelerador y el sexo de la reconciliación era un torrente de pasión. La idealización de la reconciliación dramática nos rodea. Solo nos excitamos cuando hay drama a la vista. Si este es tu caso, ten la seguridad de que, con el tiempo, puedes crear cierta adrenalina en tu vida sexual de otras formas seguras.

Otra característica de la excitación de la que debemos ser conscientes al hablar de la sexualidad se conoce como *excitación sin concordancia*. Los investigadores en sexualidad han pasado décadas estudiando las formas en que los cuerpos se excitan y, con frecuencia, llegan a la conclusión de que los genitales de una persona y sus palabras cuentan historias diferentes. ¿Por qué ocurre esto?

La Dra. Emily Nagoski nos tranquiliza al explicar que la excitación sin concordancia ocurre cuando la respuesta de nuestro cuerpo a algo no concuerda con nuestros sentimientos, y es algo *completamente normal.* Las imágenes o estímulos sexuales pueden generar una respuesta genital, pero solo la persona que tiene la experiencia puede decir si se siente excitada o no. Tu respuesta genital no es la "verdad" de la excitación; tu experiencia subjetiva sí.

La excitación sexual fisiológica podría incluir un mayor flujo sanguíneo a la piel y los genitales, lubricación de la vagina, aumento en el ritmo cardíaco y respiratorio, y muchos cambios más. Sin embargo, si la persona simultáneamente experimenta la sensación de que no quiere tener una experiencia sexual en ese momento, esa experiencia emocional debería ser prioritaria. También ocurre lo contrario. Tal vez alguien quiere tener sexo con una pareja o consigo misma, pero debido a que su vagina no está "lo suficientemente lubricada", se desmotiva y piensa que estaba equivocada con respecto a su deseo. No estaba equivocada; apenas estaba experimentando cierta excitación sin concordancia.

La excitación sin concordancia es un concepto especialmente importante para las sobrevivientes de trauma sexual. Muchas mujeres y personas con diversidad de género se avergüenzan de la forma en que su cuerpo respondió mientras eran víctimas de una agresión sexual. Una respuesta genital durante un abuso no significa que la sobreviviente haya disfrutado de la experiencia. Significa que su cuerpo notó que estaba ocurriendo algo relacionado con el sexo y respondió de manera mecánica; no por deseo ni placer. La experiencia emocional de la violación sexual no se deslegitima por una respuesta física sin concordancia. La excitación física puede estar profundamente conectada al placer y el deseo, pero también puede ser escurridiza: ocurrir sin placer o no ocurrir cuando estamos seguras de que estamos sintiendo deseo.

Si tu propio cuerpo parece perplejo, impredecible o sin concordancia en respuesta al mundo que te rodea, no estás sola. Cuanto más tiempo escuches tus propios sentimientos y cuides tu cuerpo, más fácil te resultará saber lo que en realidad te gusta y lo que quieres. La excitación sin concordancia podría ocurrir, pero será menos inquietante porque sabes que se trata de una experiencia normal.

Desafíos físicos y emocionales

Prácticamente, todo el mundo es capaz de sentir placer. El placer sexual podría ser más difícil para las personas en recuperación por muchas razones diversas. Algunas incluyen los desafíos físicos de la recuperación, como volver a tener salud después de la abstinencia, y algunos podrían ser desafíos más emocionales, como procesar la pérdida y el luto. Los desafíos físicos y emocionales están profundamente interconectados. Las emociones son una experiencia física y las experiencias físicas afectan nuestras emociones.

El inicio de la recuperación puede ser un momento de estrés y crisis. La recuperación conlleva cambios, e incluso los cambios positivos son estresantes. El estrés afecta nuestra capacidad de sentir placer. Recordemos que el estrés es una experiencia corporal y que puedes fortalecer la capacidad de tu propio cuerpo de metabolizar el estrés. Empieza por satisfacer las necesidades básicas: mueve tu cuerpo con regularidad, consume alimentos nutritivos y descansa bastante. A medida que avanza tu recuperación, deberías ver que disminuye la cantidad de crisis en tu vida. Al mismo tiempo, vas a desarrollar más habilidades y herramientas para manejar el estrés. Esto aumentará la capacidad de sentir placer y conexión.

A continuación, encontrarás una lista de desafíos comunes que muchas mujeres, personas no binarias y personas con género expansivo experimentan cuando empiezan el trabajo de su recuperación sexual. Estos desafíos se entrelazan y cruzan de modo distinto para cada persona, y pueden verse afectados por cualquiera de las identidades en intersección que hemos mencionado: edad, raza, tamaño, discapacidad, etc. Aunque cada uno de estos desafíos requiere atención y cuidado, ninguno significa que seas incapaz de experimentar placer sexual.

Altibajos del deseo

Nadie tiene el mismo nivel de interés sexual todo el tiempo. Si tienes una relación de confianza, y no hay conflictos sin resolver, simplemente podrías estar en un periodo de bajo interés sexual, sin que haya un problema pendiente. A lo largo de la vida, sentimos altibajos en nuestro deseo, tal y como sucede con otras formas de energía física o intelectual. En ciertos momentos, podríamos sentirnos más sexuales y tener un mayor interés en ser sexuales; en otros, menos. Estos altibajos constantes son naturales y normales.

Tu nivel de interés sexual podría estar relacionado con tu ciclo hormonal; podría verse afectado en gran medida por el embarazo, la amamantación y la menopausia. A veces, se relaciona con el miedo a un embarazo no deseado. Muchas mujeres indican que la menopausia fue una experiencia sexualmente liberadora para ellas y que el deseo afloró después de los cincuenta años. Algunas mujeres comentan que su deseo aumentó con la edad, en la medida en que se sentían más seguras de su cuerpo y menos cohibidas. Otras mujeres mencionan que su respuesta sexual se relajó y se volvió menos insistente con la edad. Algunas mujeres dicen que su deseo se volvió menos concentrado en los genitales y más difuso con la edad; otras señalan lo contrario. No existe una forma correcta de experimentar los cambios que traerá la vida.

Inquietudes de salud al principio de la recuperación del consumo de alcohol/drogas

Muchas mujeres experimentan una disminución en el deseo sexual durante los dos primeros años de sobriedad. El inicio de la recuperación puede ser un momento intenso, que te exige movilizar todos tus recursos. Simplemente podrías no tener la energía disponible para intereses sexuales. Hemos oído a muchas clientes que hacen eco de los sentimientos de esta mujer en recuperación del trastorno de consumo de alcohol: "Estaba exhausta cuando dejé de beber. Lo único que quería hacer era dormir. Tenía cero interés en el sexo. Sentía que me estaba recuperando de una larga enfermedad".

Al inicio de la recuperación, las mujeres tienen que lidiar con los efectos físicos de su consumo de alcohol o drogas, trastornos alimenticios y otras formas de abandono personal. Los efectos físicos pueden ser serios y algunos podrían exigir soporte continuo.

Los sentimientos sexuales de deseo y placer están más disponibles cuando nos sentimos seguras, cómodas en nuestro cuerpo y abiertas a la conexión. Al inicio de la recuperación, podríamos estar involucradas en el proceso de recuperar nuestra salud y energía. Tenemos que establecer nuevos patrones para satisfacer nuestras propias necesidades básicas. Consumir comidas regulares, dormir sin emborracharnos o drogarnos y sustituir conductas compulsivas por actividades que nos sostengan mejor es un conjunto de tareas enorme.

Algunas mujeres han agotado sus glándulas adrenales y experimentan una sensación de fatiga profunda. Otras deben sanarse de úlceras, afecciones respiratorias o el efecto del alcohol en el hígado. Muchas de nuestras sustancias y conductas adictivas cambiaron la química basal de nuestro cerebro y simplemente no somos capaces de encontrar nuestro acelerador de la excitación sexual durante un periodo.

Según las conductas o sustancias de las que nos estemos recuperando, podríamos tener que ser pacientes y constantes en la reconstrucción de la salud antes de pensar en el sexo.

Tal vez, al igual que Nova, necesitas más tiempo del que pensabas para atender tus necesidades básicas. O quizás, así como Tamara, necesitas aceptar que tu cuerpo y tu vida ya han cambiado y necesitas cuidarte en este momento nuevo, en vez de tratar de "volver a la normalidad". Lo que quiera que haya sido normal en el pasado ya no está disponible y es hora de construir una nueva normalidad. Con tiempo y tenacidad, esa nueva normalidad puede sentirse mucho mejor que cualquier cosa que hayamos tenido antes, incluso con los cambios por los que podamos haber pasado.

Asuntos ginecológicos

Las personas con vulvas se benefician en gran medida de la atención ginecológica regular. Pero, obtener esa atención es tan difícil para las mujeres cisgénero que casi la mitad de ellas evitan este examen pélvico anual. Las mujeres trans que se han realizado la cirugía reconstructiva genital, las personas no binarias asignadas al nacer con el sexo femenino, los hombres trans que no han pasado por una cirugía reconstructiva genital, las personas intersexo y otras personas con género expansivo enfrentan aún más dificultades para encontrar médicos con los que se sientan a gusto y en quienes pueden confiar. Pero, anímate: cada día, hay más médicos con perspectiva de género y sensibles al trauma que facilitan la atención ginecológica regular.

Las mujeres con trastorno de consumo de alcohol (TCA) experimentan más dificultades ginecológicas durante la bebida y la recuperación que las mujeres sin TCA. Hay un mayor riesgo de vaginosis bacteriana (VB) asociado con la bebida[2]. Aunque aún se investiga al respecto, no conocemos todos los mecanismos mediante los que el alcohol y otras drogas afectan nuestro sistema reproductivo.

Anecdóticamente, sabemos que a medida que se facilita el acceso a la atención sexual y reproductiva, mayor cantidad de pacientes acuden a ella, incluso si tienen conductas de alto riesgo con consumo de sustancias. Si hay un médico competente y gentil cerca, es fácil programar una cita y los tratamientos son asequibles, resulta lógico que más gente acuda a un consultorio médico.

Si no es sencillo acceder a la atención en persona o prefieres empezar a sacar tus dudas en línea, hay muchos sitios web y aplicaciones disponibles para ayudarte. Verifica siempre que tus fuentes de información tengan las credenciales apropiadas. Muchos profesionales de salud femenina están creando boletines informativos, videos gratuitos y sitios web accesibles para ayudar a responder las preguntas comunes.

Las afecciones no tratadas, como la endometriosis, el síndrome de ovario poliquístico (SOP) y los fibromas, pueden generar dolor pélvico intenso, menstruaciones fuertes, problemas digestivos y una amplia variedad de otros síntomas que pueden hacer que no te sientas muy sexy. Al principio de la recuperación, es importante hacerte un examen pélvico integral, además de pruebas para detección de las infecciones de transmisión sexual (ITS, también conocidas como ETS) más comunes. Pide recomendaciones en tu comunidad, puesto que las mujeres que tienes a tu alrededor son el mejor recurso para derivarte a un médico en tu área que tenga experiencia con trauma, trastornos de consumo de drogas, trastornos alimenticios, etc.

El dolor al tener sexo es una experiencia común y hacerte un examen para descartar infecciones u otras afecciones te ayudará a hacer un plan para reducir tu malestar y aumentar el placer. Mucha gente resuelve el problema usando una mayor lubricación, pero claro que esta no es siempre la única respuesta. Si experimentas dolor con la penetración y tienes dificultad para contener la orina cuando estornudas o te ríes, tienes un historia de prolapso de vejiga u otro problema relacionado con tu suelo pélvico, hay más apoyo disponible actualmente del que tenían las generaciones pasadas.

Una vez que se hayan descartado problemas médicos importantes, un terapeuta físico de suelo pélvico puede hacer un examen específico para evaluar tu cuerpo y hacerte recomendaciones. Podría incluir el uso de dilatadores para el vaginismo (una afección en la que la vagina se contrae involuntariamente), que es un diagnóstico común en sobrevivientes de trauma sexual. Otra opción es una varita de activación pélvica que puede ayudar a aliviar tejido con cicatrices, un problema frecuente de quienes han pasado por un parto.

Linda, que estaba en recuperación desde que tenía treinta y pocos años, fue diagnosticada con cáncer cervical y vaginal a los sesenta años. Pasó por varias sesiones de tratamiento y le retiraron un tumor grande de la vagina. Para ello, su cirujano también tuvo que retirar la mayoría de su vagina. Linda se curó, pero la penetración vaginal dejó de ser una opción. Como ya había pasado por la menopausia, sintió que sus médicos asumieron que ya no tenía actividad sexual con su esposo, o que, de cierta forma, esto no sería un problema para ella.

Se sentía molesta, triste y frustrada de que sus médicos no la hubieran preparado para este resultado. Aunque ya no tenía cáncer, Linda se deprimió y esto la llevó a volver a consumir alcohol, por primera vez en décadas.

Pero Linda estaba determinada a vivir *y* experimentar placer. Encontró un grupo de apoyo para sobrevivientes de cáncer y volvió a la sobriedad. Linda y su esposo, que habían sido sexualmente activos hasta que sus síntomas del cáncer se volvieron muy dolorosos, iniciaron terapia de parejas con una terapeuta sexual para procesar lo que estaba ocurriendo. Les dolía la pérdida de la actividad sexual que les había proporcionado años de placer y conexión. Les preocupaba no ser capaces de sentir el mismo nivel de intimidad sin sexo con penetración.

La terapeuta sexual trabajó con ellos para establecer nuevas formas de conectarse sexualmente, concentrados en los placeres que aún tenían a su disposición, así como en otros nuevos que nunca habían considerado probar. La terapeuta también derivó a Linda a un terapeuta físico de suelo pélvico, que la ayudó a sanar de su cirugía, a fortalecer sus músculos y a liberar la tensión del trauma físico y las cicatrices. Aunque la penetración seguía sin ser una opción para ella, Linda pudo descubrir una vida sexual diferente pero aún intensa con su esposo. Esto no hubiera ocurrido si no hubiera buscado apoyo, defendido su sexualidad y encontrado al equipo correcto.

Conflictos no resueltos

Para muchas parejas en recuperación, el enojo no expresado y los conflictos no resueltos son obstáculos importantes para el flujo del deseo y del placer.

En nuestro trabajo con las clientas, hemos escuchado a muchas de ellas expresar variaciones de las siguientes frases:

- "Mi pareja ya no me oye, no me escucha o no me ve. ¿Por qué querría tener sexo con ella?".
- "Mi novio pasa toda la noche viendo su teléfono sin decir ni una palabra. ¿Y después se supone que yo de repente me sienta sexual solo porque estamos juntos en la cama? No funciona así".
- "Pensé que mi recuperación le serviría de inspiración, pero sigue bebiendo y consumiendo drogas y eso me desmotiva".
- "No puedo sentirme sexy al calor del momento. Necesito intimidad antes de sentir deseo. No he conocido a ninguna persona que quiera esperar hasta la tercera o cuarta cita, como yo".
- "Él me toca tres minutos de una forma interesante para él y espera que yo ya esté excitada. No entiende que el sexo no es algo que él me hace; sino algo que podríamos hacer juntos".
- "No me muero de deseo después de haber pasado todo el día discutiendo y peleando, pero ella sí".
- "Sexo de mala calidad no es algo que valga la pena".

Todas estas frases implican cierto conflicto entre las parejas. Si tienes dificultades para experimentar una conexión sexual con tu pareja actual, es importante echarle primero una mirada a la relación. Si no te sientes próxima y no confías, o te cuesta comunicarte, tu freno está tan aplicado que tu acelerador no puede compensarlo. Sin duda, este era el caso de Michelle y Chris, que tenían problemas para establecer una conexión debido al conflicto no resuelto que tenían por la bebida, el consumo de sustancias y los gastos excesivos de Michelle.

Establecer la comunicación sobre el sexo al principio de la relación puede reducir la confusión y la ansiedad, pero requiere un conjunto especial de habilidades: autorregulación emocional, la capacidad de comunicarse con compasión y curiosidad, y la autoconciencia sexual. En los capítulos 7 y 11, nos referiremos más a este tema.

Abuso sexual

En nuestra experiencia de trabajo con las clientas, el principal impedimento para el placer y el deseo sexual es un historial de abuso físico o sexual. Las mujeres que han sido violadas, abusadas sexualmente en la infancia o agredidas de otra forma podrían conectar el sexo o el toque al dolor y el miedo, la culpa y la vergüenza. Esta es una reacción natural. También es común que las sobrevivientes vayan al otro extremo y se vuelvan sexualmente activas mucho más allá de lo que es placentero o deseable para ellas.

La respuesta de Ash al abuso sexual en su infancia fue volverse hipersexual. Cuando entró a un programa de recuperación por primera vez, al inicio de su vida adulta, Ash experimentó un conflicto interno por su conducta sexual, así que no le contó mucho al respecto a su primera madrina de AA. Fuera de su comunidad sobria, Ash era parte de un grupo de gente queer y positiva con respecto al sexo, y no quería generar la percepción de que consideraba a ninguna persona como "puta", incluyéndose.

"Todo lo veía en términos muy simplistas", recuerda. "Se supone que tener mucho sexo es algo bueno, y yo tenía mucho sexo, pero no me sentía bien al respecto, así que yo debía tener algún problema". Ash volvió a consumir heroína y otras drogas más de una vez debido a que la vergüenza y el dolor que experimentaba eran demasiado persistentes.

El problema no era tener mucho sexo. Las personas pueden tener sexo con varias parejas de una forma agradable si así lo eligen. El problema era cómo Ash abordaba el sexo, de una forma más compulsiva, como un medio para conseguir un fin, que nunca lograba plenamente. No lograba la satisfacción, el amor no era suficiente, la seguridad no era suficiente y la atención recibida nunca era suficiente, aunque el sexo a menudo satisficiera una necesidad o dos durante un periodo corto.

Si eres sobreviviente de violencia sexual o agresión física, es importante recibir terapia con un profesional capacitado para trabajar con trauma. Muchas de nosotras sentimos una fuerte necesidad de ser escuchadas, vistas y validadas en nuestra experiencia. Identificar y recordar detalles de la violencia y la agresión puede hacer que volvamos a experimentar los sentimientos de dolor y vergüenza, aletargamiento, falta de conexión o furia. Hay estrategias para ayudarte a lidiar con estos efectos, en caso de que elijas contar tus historias. La contención en un entorno terapéutico es una de ellas.

Al mismo tiempo, la investigación reciente sugiere que algunas sobrevivientes de trauma tienen mejores resultados sin recordar los detalles de su experiencia, siempre y cuando realicen de forma continua prácticas corporales que las ayuden a sentirse más seguras con otras personas, en el momento presente. Las prácticas somáticas (basadas en la corporalidad) pueden asumir muchas formas, como la Desensibilización y reprocesamiento por movimientos oculares (EMDR, por sus siglas en inglés) y la Experiencia somática, entre otras. El primer paso es la autorregulación: entrar en sintonía con lo que ocurre en nuestro cuerpo, experimentar los sentimientos que surjan y permitirles que pasen a través de nosotras. El segundo paso es desarrollar conexiones sociales positivas que nos estimulen para sentirnos vistas, escuchadas y seguras.

Este es un cambio con respecto a la lógica terapéutica de la mayor parte del siglo veinte, en la que los psicólogos se preparaban para ayudar a las mujeres a compartir sus recuerdos del abuso. La atención estándar del trauma se concentraba en varias formas de terapia de conversación, en la que podía contarse muchas veces el relato del abuso. Para algunas personas esta podría ser una práctica útil, pero actualmente tenemos más opciones.

Según el Dr. Bruce Perry, autor e investigador de trauma y resiliencia: "En momentos de estrés y angustia, el amortiguador más poderoso es nuestra conexión social"[3]. El Dr. Perry y otros especialistas en trauma sugieren que el valor terapéutico de la actividad física, como la danza, las artes marciales, el yoga y una caminata con amigos, puede ser enorme, debido a que el movimiento en patrones, rítmico y repetitivo nos ayuda a autorregularnos. Además, el hecho de compartir estas prácticas con alguien de confianza o en un grupo nos ayuda a formar relaciones sociales más positivas.

Si tienes un historial de trauma sexual o violencia física, te recomendamos enfáticamente que inviertas algún tiempo abordando de manera intencional tu historia con un método, profesional o grupo adecuado para tu caso. Tu práctica somática individual y tus conexiones sociales terapéuticas no tienen que ocurrir al mismo tiempo, pero si estás atenta a las formas de integrarlas puedes obtener grandes beneficios.

Desafíos de salud mental: depresión, ansiedad, estrés postraumático, y más

A medida que el campo de la psicología clínica desarrolla su comprensión del trauma, muchos diagnósticos, incluidos la depresión, la ansiedad y el trastorno de estrés postraumático, se han abierto espacio en las conversaciones populares. Muchos *influencers* en redes sociales denominan varias conductas como "respuesta al trauma". Términos como *disparadores* y *flashbacks o recuerdos recurrentes*, que tienen significados específicos en el contexto de la terapia, se usan públicamente para referirse a una amplia gama de experiencias molestas. Este uso popularizado del lenguaje psicológico no es bueno ni malo; sino apenas un cambio que ha ocurrido en los últimos diez años y puede afectar nuestra forma de evaluar nuestra propia vida emocional.

Podría resultarte difícil saber por tu cuenta si lo que estás experimentando está relacionado con experiencias traumáticas de tu pasado, y cuánto ese pasado ha moldeado tus relaciones actuales con otras personas, tu propio cuerpo, tus sustancias y tus conductas. Cuando nos sentimos angustiadas, nos preguntamos *¿por qué?* Y, para muchas de nosotras, un programa de diagnóstico y tratamiento puede ayudarnos a encontrarle sentido a lo que estamos experimentando.

No obstante, para algunas personas, los diagnósticos no son útiles y el sistema de atención de salud mental donde se tratan no es un lugar seguro para procesar la experiencia emocional. En nuestra experiencia significativa con estos sistemas, vemos que recibir un diagnóstico puede aliviar el sufrimiento de algunas personas, pero también puede causarles más sufrimiento a otras.

Lo más importante es que seas fiel a tus valores y convicciones acerca de lo que es la salud emocional para ti. Si experimentas síntomas que interfieren con tu vida cotidiana, un próximo paso importante es buscar atención para la salud mental. Esencialmente, es probable que cualquier desafío de salud mental afecte tu sexualidad de una forma u otra.

La depresión suele tener un efecto negativo en el deseo sexual, algo ampliamente demostrado en estudios con todo tipo de personas. Perder el interés por actividades placenteras es uno de los criterios más informados para un diagnóstico de depresión. La depresión a menudo se relaciona con sentimientos de impotencia, indefensión y enojo no expresado. Podemos sentirnos de esta forma cuando no vemos opciones para nosotras y nos sentimos atrapadas en nuestras situaciones cotidianas. No es raro que la gente que lleva algunos meses de sobriedad experimente una mayor ansiedad y depresión. Si se retira la sustancia o la conducta que adormecía nuestra angustia, con el tiempo esta se presentará.

Podrías sentirte casi siempre deprimida, desmotivada y triste, o sentirte "afligida" durante algunos días o semanas seguidos, intercalados por periodos más o menos normales. Podrías buscar una evaluación diagnóstica, en especial si experimentas pensamientos suicidas, te autolesionas o manifiestas otra conducta que pone en peligro o les genera angustia a las personas que te rodean. La terapia individual y grupal con frecuencia puede ayudarnos a ver posibilidades de cambio de las que no somos conscientes.

Por eso, podría parecer una ironía cruel experimentar efectos secundarios sexuales de un medicamento que ayuda con la depresión. Los efectos secundarios sexuales más comunes son la falta de interés sexual y la dificultad para alcanzar el orgasmo, de modo que si decides tomar medicamentos para la depresión, pon atención a cómo afectan tus sentimientos sexuales. Por lo general, los efectos secundarios sexuales se pueden manejar, pero tienes que mencionárselos al médico que te receta los medicamentos. A veces disminuyen en los primeros seis meses de tratamiento con un medicamento nuevo. A veces se tratan con otro medicamento y, a veces, se pueden aliviar con un enfoque más paciente de la actividad sexual, como pasar más tiempo preparando tu cuerpo para el toque sexual.

La ansiedad, el trastorno de estrés postraumático, el trastorno de estrés agudo y otros diagnósticos que tienen una relación directa con el trauma pueden interferir con nuestra forma de experimentar nuestro cuerpo, nuestras relaciones y nuestra capacidad de conectarnos sexualmente. Los síntomas que surgen durante las experiencias sexuales, como aletargarse o disociarse cuando la pareja inicia el sexo, son respuestas comunes al trauma sexual. En el caso de quienes tienen un trauma sexual, los síntomas de salud mental suelen ser una señal de que se necesita recuperación sexual.

Las inquietudes de salud mental requieren atención diaria, de modo que podamos reconstruir nuestra sensación interna de seguridad. La seguridad sexual no se puede construir desde un mundo en el que no hay seguridad. La meta no es deshacernos de nuestra capacidad de sentir profundamente. La meta es sentir profundamente y conectarnos profundamente con los demás, apoyadas por y capaces de apoyar a quienes amamos.

Pérdida y luto

La pérdida y el luto impactan cada faceta de nuestra vida. Es común que las mujeres al inicio de la recuperación experimenten el luto de perder su sustancia o conducta como compañeras y consuelos constantes. Las personas en recuperación podrían sentir que han perdido años de su vida con la adicción o las compulsiones y, a medida que recuperan la salud, podrían tener que enfrentar las pérdidas subyacentes: la pérdida de la memoria, la pérdida de la adolescencia, la pérdida de una carrera, la pérdida de seres amados, la pérdida de la autoestima. El luto es una parte enorme y compleja de la experiencia humana, y merece el tiempo, la atención y el apoyo apropiados. Muchas personas evitan al máximo el luto con miedo de que, si le abren la puerta, después no puedan dejar de llorar.

En su libro *It's OK That You're Not OK: Meeting Grief and Loss in a Culture That Doesn't Understand*, Megan Devine escribe que "el luto no necesita una solución, así como el amor no necesita una solución". El luto es poderoso, en parte, debido a la manera en que procesamos nuestro amor por otras personas y nuestros apegos en nuestra vida. Puede ser una experiencia física dolorosa y agotadora.

Durante el proceso del luto, mucha gente experimenta muy poco placer sexual y una pérdida casi total del interés sexual. Esta es una experiencia común de cualquier proceso de luto, ya sea por la pérdida de otra persona o de partes de ti misma.

No obstante, también es normal que la gente caiga en el otro extremo y sienta un aumento en su deseo sexual espontáneo mientras procesa el luto y la pérdida. Ninguna respuesta es buena o mala. Ambas requieren gentileza, autoconciencia y apoyo.

A medida que trabajes en tu recuperación, el luto te acompañará. No lo resolvemos, desterramos ni arreglamos. Aprendemos a aceptarlo y atenderlo. Te instamos a que te asegures de contar con apoyo cuando permitas que su intensidad te cubra. Lo único que podemos prometer es que el tiempo va a pasar y, si a partir de ahora practicas estar más presente con tu luto, podrás desarrollar las habilidades de autocuidado emocional que necesitas para seguir adelante en tu vida.

Buscar el placer

A medida que aumente tu estabilidad y bienestar en la recuperación, es probable que experimentes un aumento gradual en tu interés sexual. Si no es así, puedes dar varios pasos para crear una mayor seguridad que favorezca tu placer.

Recuerda que la recuperación sexual no es un proceso lineal. Puede ser útil pensar en él como una espiral ascendente (mira la Figura 1 en la siguiente página). Probablemente volverás a muchos de los asuntos, recuerdos y preguntas que tenías al principio de tu recuperación, pero de formas más sutiles, con más habilidades para recorrerlos y con un mayor sentido de quién eres y hacia dónde vas. A medida que te esfuerces y asciendas por la espiral, te transformarás y tendrás mayor placer y conexión a tu disposición.

FIGURA 1

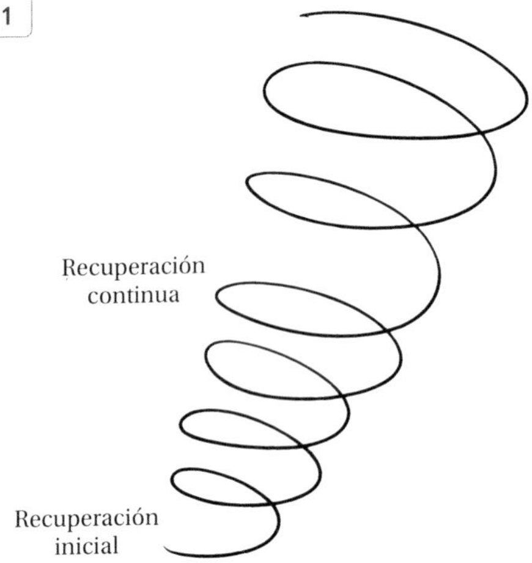

Si tienes pareja, tal vez necesites sentirte más a gusto hablando de sexo: qué significa para ti, qué quieres de él, cómo lo sientes. Esta es una parte básica de tu comunicación, pero podrías tropezar debido a una de esas reglas problemáticas sobre no hablar al respecto: si tienes que hablar de sexo es porque no debes ser compatible/lo suficientemente apasionada/hábil sexualmente. Esta regla insiste en que: si tienes que hablar de sexo, lo estás desmitificando y ¡el misterio es la única forma de sentirlo erótico!

Por suerte, tener algunas conversaciones francas y abiertas acerca de la sexualidad no es un peligro para el misterio del sexo. La sexualidad y el erotismo son áreas complejas, enormes y poderosas de la experiencia humana. Tus conversaciones no van a cambiar eso, pero podrían abrir espacio para la honestidad y la gratificación que no existían.

Priorizar tu relación sexual también significa separar tiempo para la actividad erótica. Podemos programar todas las otras actividades, por ejemplo, pasar tiempo con amigos, con nuestros hijos y las tareas domésticas, sin darnos cuenta de que no hemos separado tiempo para conectarnos física y emocionalmente con nuestra pareja. Muchas personas necesitan relajarse para ser sensuales y sexuales. Si estás cansada, es difícil sentirte motivada. La presión para tener un buen desempeño y para incluir el sexo en la última media hora de tu día no conduce al placer.

Si actualmente no tienes pareja y quieres sentirte sexualmente más inspirada, hazte algunas preguntas. ¿Hay sentimientos sin resolver, en especial enojo o luto, que afectan tu sexualidad? ¿Te sientes bien, descansas, te nutres y mueves tu cuerpo con regularidad? ¿Cómo te sientes en tu cuerpo? ¿Qué haces para sentirte sexualmente atractiva? ¿Tienes tiempo para cultivar una conexión sexual con alguien más? ¿Estás involucrada en actividades que te pondrán en contacto con parejas potenciales? En los siguientes capítulos, obséquiate algún tiempo para hacer los ejercicios.

Aunque el placer en sí mismo podría provenir de algo simple, la práctica de buscar y sentir placer no lo es. A muchas de nosotras nos da miedo sentirlo. Así de simple. Esperamos sentir placer sin tener que experimentar nuestros otros sentimientos más asustadores. Por supuesto que eso no es posible en la recuperación, un momento en el que les abrimos espacio al malestar y al cuidado de todas nuestras partes. El placer surge a medida que nos sentimos más animadas y vivas, más libres para ser auténticas: llenas de sentimientos, recuerdos, esperanzas y sueños y de habitar nuestros cuerpos tal como son, en este momento.

Sobrias y sexuales sin miedo

Ser sexuales sin la ayuda del alcohol o las drogas es una inquietud enorme para muchas mujeres en recuperación. A algunas mujeres les cuesta recordar la última vez que tuvieron sexo estando sobrias y algunas nunca lo han hecho. Además, paras muchas personas las experiencias sexuales en sobriedad han sido insatisfactorias.

Esta comprensión fue lo que empezó a cambiar la forma en que Michelle veía la recuperación. Cuando finalmente le contó a una amiga que Chris estaba "tratando de controlar" su bebida, su amiga le preguntó si había estado sobria las últimas veces que había tenido sexo con él. De inmediato Michelle se sintió avergonzada porque se dio cuenta de que no recordaba la última vez en que ella y Chris habían tenido relaciones sexuales sin alcohol. Posiblemente habían pasado años. La amiga de Michelle fue gentil pero sabía que la bebida le estaba causando daño, así que le hizo una pregunta que la ayudara a reflexionar sobre su conducta. Michelle recordó la sesión en el consultorio de la terapeuta y la dificultad que había tenido para responder preguntas sobre la conexión sexual con su esposo.

"En realidad no hemos tenido sexo", le comentó Michelle a su amiga. "Ni sobria, ni ebria, desde hace mucho". Empezó a llorar al darse cuenta de lo sola y aislada que se sentía. A Michelle la aterrorizaba cambiar su conducta pero, en el fondo, sabía que su matrimonio no podría sobrevivir si no lo hacía. "¿Qué hago", le preguntó a su amiga. "No sé cómo arreglar esto". Su amiga la motivó para que llevara las cosas un día a la vez.

"Hoy", le sugirió su amiga, "dile cómo te sientes sobre esto. Tal vez empieza a reducir un tercio, o la mitad, la cantidad de alcohol que consumes, apenas para ver cómo reacciona tu cuerpo. Inténtalo algunos días y, luego, quizás podrías ir a una reunión".

"No puedo ir a AA", dijo Michelle al instante. "Mi papá lo hacía cada vez que lograba estar sobrio pero nunca funcionó". La amiga de Michelle la motivó a que invirtiera apenas algunos minutos en buscar otras opciones, otros tipos de grupos de apoyo mutuo que pudieran ayudarla. Michelle no quería ir a un grupo. Estaba segura de que podría dejar de beber sola, si Chris la apoyaba.

"Le diré que voy a intentarlo un mes", decidió.

Esa noche, Michelle se acercó a Chris para conversar. Le dijo que había estado pensando y quería reducir lo que bebía y que probaría estar un mes sin beber. Esperaba que esto lo motivara a abrazarla, besarla y ofrecerle cariño.

Su terapeuta los había motivado a que se tocaran de forma afectuosa y él pudo acercarse a ella con apoyo y gratitud cuando le dijo que estaba lista para cambiar sus hábitos con el alcohol.

En cuestión de minutos, cuando Michelle se dio cuenta de que Chris podría querer pasar del toque afectuoso al sexo, se paralizó. Frustrada con las respuestas de su propio cuerpo a lo que debería haber sido el momento perfecto para tener sexo, Michelle ignoró el malestar. El sexo era conocido pero no satisfactorio para ella. En silencio, la asustó pensar que si estaba sobria tendría sexo insatisfactorio el resto de su vida.

Michelle y Chris siguieron asistiendo a la terapia de pareja, donde Michelle por fin pudo hablar de su consumo de alcohol, medicamentos para la ansiedad y píldoras para dormir. Le dijo a la terapeuta que había reducido la bebida y estaría un mes completo sin beber.

Pero no lo logró. La terapeuta la derivó a varios grupos de recuperación basados de cierta forma en AA pero con su propio estilo y contenido.

Con el apoyo de Chris, Michelle empezó a participar en una reunión en línea para mujeres en la que se sentía segura y solidaria. Escuchó a otras mujeres comentar sus experiencias y, finalmente, se presentó al grupo. La palabra *alcohólica* la incomodaba porque la asociaba a su padre, pero en este grupo las personas no tenían que decirla. Buscó a una madrina, alguien que tuviera muchos años de casada, que hubiera criado niños y pudiera ayudarla a revisar algunos asuntos de su relación que necesitaba separar de la bebida.

En la terapia de pareja, Michelle empezó a entender que las respuestas sexuales eran respuestas aprendidas. Enfrentar el hecho de que la aterrorizaba tener experiencias sexuales sobria fue su primer paso para aprender a tener sexo más gratificante. Chris y Michelle empezaron a comentar abiertamente con la terapeuta historia de su relación y empezaron a descubrir más acerca de lo que había sentido, querido y temido cada uno de ellos en los últimos años.

Un entorno seguro

Si te asusta el sexo porque vas a practicarlo sobria, es esencial que reduzcas tus otras ansiedades al respecto. Empieza por tratar de descubrir qué hace que una experiencia sexual sea acogedora y segura para ti. A lo mejor necesites conocer a tu pareja durante algún tiempo y explorar el contacto físico extenso antes de tener sexo. O quieras ser sexual solo en la habitación, cuando los niños duermen. Quizás tengas que prometerte que nunca tendrás sexo como reacción a la presión de tu pareja.

Ser consciente de lo que necesitas para sentirte relajada, ahora que estás en recuperación, te ayudará a entrar en contacto con lo que hace que una situación sexual sea cómoda para ti. Permítete hacer lo que sea para que la experiencia sexual se sienta lo más segura posible.

Recientemente, cuando Ash logró su sobriedad, se sorprendió por lo sensible que se volvió al mundo a su alrededor. "No podía tolerar ruidos altos, aglomeraciones de gente, nada de lo que antes me resultaba normal cuando consumía drogas y alcohol", comenta Ash. A medida que empezó a trabajar en su historia sexual traumática, por fin pudo reconocer el poco placer que obtenía del sexo. Experimentaba emociones intensas: tristeza, terror y furia. Todos los días extrañaba a Ben, su pareja, pero no lo buscó porque lo que estaba experimentando era demasiado abrumador.

"Esta vez", comenta Ash, "siento que tengo todo delante de mí, independientemente de que quiera enfrentarlo o no. No exagero al decir que, si no hago un cambio radical, me voy a morir. No puedo sobrevivir a lo que hacía. Si alguna vez vuelvo a tener sexo, ¡probablemente tardaré siete horas apenas quitándome la ropa!".

El valor de volver a aprender

Si ser sexual estando sobria es algo nuevo para ti, es lógico que te genere cierta ansiedad. A la mayoría de nosotras nos cuesta un poco probar cosas nuevas, especialmente como adultas con la expectativa de ser perfectas. Tu ansiedad acerca del sexo en sobriedad debería disminuir con la experiencia y el paso del tiempo. A medida que tu cuerpo te empiece a brindar una retroalimentación clara, empezarás a ser consciente de tus respuestas sexuales y a predecirlas mejor. Aprenderás qué te gusta, qué se siente bien y de qué quieres más. De muchas formas, volverás a aprender a tener sexo.

Una noche, después de que Michelle había parado la bebida, estaba muy agitada. No lograba dormir. Se acostó a leer y esperar que Chris volviera a casa y se fue poniendo cada vez más furiosa. *Si al menos estuviera aquí, podríamos tratar de tener sexo*, pensó, *y podría dormirme.*

Cuanto más esperaba, más pensaba en lo agradable que sería. Y se dio cuenta de que, más allá de su agitación, realmente quería tener sexo. *Tal vez Chris no esté en casa*, pensó, *pero yo sí*. Y, de repente, la masturbación le pareció una idea sensacional. Hacía tanto tiempo que su cuerpo no le daba una señal de deseo, que primero tuvo pasar por su agitación y furia antes de sentirlo. Sabía que invertir algún tiempo en su propio placer se sentiría bien y, cuando Chris llegara, no se sentiría presionado a "arreglar" los sentimientos negativos que ella tenía antes.

Una segunda adolescencia

La sabiduría popular de AA dice que dejas de crecer emocionalmente cuando desarrollas una adicción. En cierto nivel, parece que la adicción impide el desarrollo sexual así como el proceso de crecimiento personal. Sin duda, es más difícil integrar los dos cuando estamos en una adicción.

En la recuperación, a veces podrías sentirte muy joven e inmadura. Podrías descubrir que te sientes como una adolescente sexualmente, que en realidad no sabes lo que quieres ni qué tipo de toque te excita más, incluso si ya has tenido experiencias sexuales durante varios años. Tal vez sientas que necesitas experimentar sexualmente en términos de las técnicas y las parejas. ¡Y puedes hacerlo! Sin embargo, es importante proceder con la autoconciencia, la honestidad y el consentimiento de todas las partes, así como estar conectada a tu deseo de experimentar y crecer. Mucha gente al principio de la recuperación se comporta sexualmente de formas que no había manifestado cuando era adicta y también tiene que recuperarse de esa conducta.

Si empezaste a beber o consumir drogas en la adolescencia, nunca tuviste la oportunidad de conocerte sexualmente y tus respuestas sexuales con frecuencia se filtraron en las sustancias que consumías. Si te aislaste de la sexualidad tras una experiencia traumática, podrías sentirte de forma similar. Ahora, tal vez tengas que pasar por ese periodo de desarrollo y experimentación sexual siendo adulta. Puede ser que te sientas avergonzada de actuar como una adolescente y que te moleste tener que pasar por el propio descubrimiento sexual en la etapa adulta. No estás sola, independientemente de cómo te sientas al respecto.

Nunca es tarde para conectarte contigo. Permítete experimentar tus sentimientos y estar exactamente donde estás en el proceso. Que te reconforte el hecho de que, sin importar tu pasado, puedes hacer lo que necesites para sentirte segura al explorar tu propio crecimiento sexual, aquí y ahora.

CAPÍTULO 4

Aceptar tu cuerpo

UNA ORACIÓN DE GRATITUD Y COMPROMISO

Estimado cuerpo, gracias por ser testigo de mi vida. Por tu compañía inquebrantable. Por la bendición que me has ofrecido al mantenerme viva, por mantenerme aquí en la Tierra, de forma que pueda hacer el trabajo que vine a realizar. Tengo fe en nuestra alianza, en nuestra capacidad de tener la relación correcta para ambos y con el mundo que nos rodea. Me comprometo a reconocer y honrar tu sabiduría, a conocerte mejor cada día. Reconozco tu dolor, así que ya no necesitas adormecerlo, e invito a nuestra comunidad a sostenernos, de modo que podamos hacer nuestro duelo juntos.

Eres mi mejor amigo y yo soy la tuya.

Eres mi mejor amigo y yo soy la tuya.

Eres mi mejor amigo. Y yo soy la tuya.

Meenadchi, *Decolonizing Nonviolent Communication,* 2.ª ed.

SI HAS PASADO algún tiempo en una escuela, una piscina o caminando en la ciudad, probablemente has visto muchos tipos de cuerpos. Es importante que valoremos la infinita variedad de cuerpos humanos y muchas de nosotras estamos felices de integrarnos al movimiento de la positividad corporal... siempre y cuando hablemos del cuerpo de otra persona. Cuando se trata de nuestro propio cuerpo, por lo general nuestra aceptación se reduce. Sabemos exactamente cuáles son nuestros puntos "débiles" y asumimos que todo el mundo también lo sabe.

En nuestro trabajo con las clientas, hemos descubierto que la mayoría de las personas están crónicamente insatisfechas con su cuerpo y lo critican constantemente. Dicen cosas como: "Mi estómago es demasiado flácido", "Mis senos están demasiado caídos", "Estoy demasiado vieja para eso" o "Tal vez si pesara cinco kilos menos...".

No es exageración decir que se ha normalizado que todas las personas tengamos una parte de nuestro cuerpo que no nos gusta. Los sentimientos negativos sobre nuestro cuerpo reflejan el énfasis de nuestra cultura en la importancia de la apariencia, especialmente para las mujeres que buscan incorporar el ideal femenino. A pesar de muchos años de actividad feminista abordando la "cultura de la belleza", el privilegio aún recae en las mujeres jóvenes, blancas, delgadas, delicadas, depiladas, sin arrugas, con el cabello arreglado y curvas solo en ciertas áreas clave. (¡Y esas mismas mujeres también tienen sentimientos negativos sobre sus cuerpos!).

Sonya Renee Taylor, activista de la aceptación radical del cuerpo y autora de *The Body Is Not an Apology: The Power of Radical Self-Love*, lo pone de esta manera: "Cuando nuestro valor personal depende de que otros cuerpos valgan menos, el amor propio radical es inalcanzable"[1]. Taylor señala que nuestra insatisfacción con nuestro cuerpo se alimenta de los enormes intereses comerciales que lucran con nuestro autodesprecio. Asimismo, perpetuamos una cultura de prejuicios al interiorizar mensajes sobre el tamaño, el color de la piel, la capacidad, la edad, la enfermedad y cuáles cuerpos son "mejores" que los otros.

Compararnos con un cuerpo que parece más valioso es una receta segura para sentirnos inadecuadas y menos dignas de amor. De la misma forma, sentirnos mejor acerca de nuestros cuerpos porque estamos logrando la "perfección" (medida con respecto a los cuerpos imperfectos de los demás) no es lo mismo que aceptarnos verdaderamente.

El mayor acceso a la cirugía plástica y los inyectables cosméticos, como el bótox, es una espada de doble filo para nosotras. Por un lado, cada vez más personas pueden recibir atención de afirmación de género y vivir de una forma más auténtica en su cuerpo mediante procedimientos que eran extremadamente difíciles o imposibles de obtener hace treinta años. El acceso a los productos y tratamientos que aumentan la confianza en ti misma y el amor propio son algo bueno. Por otro lado, los procedimientos costosos son la última forma mediante la que muchas personas expresan su inseguridad y se mantienen en un ciclo de casi-nunca-lo suficientemente-perfectas.

Los mensajes negativos sobre nuestro cuerpo provienen de muchas fuentes. Los escuchamos en casa, en la escuela, en el trabajo, en nuestras redes sociales, en los anuncios y, finalmente, en nuestra propia mente. Uno de los mensajes negativos más comunes se refiere al tamaño del cuerpo. Los sesgos contra la gordura son un daño enorme para las personas con cuerpos grandes y contribuyen a nuestra vergüenza corporal. Los estadounidenses gastan más de 30 mil millones de dólares anuales en productos dietéticos y cerca de 45 millones de personas hacen dieta cada año[2].

La gente trata de estar más delgada por muchos motivos. No hay duda de que el privilegio que disfruta la gente más delgada se extiende a muchas áreas de la vida, incluidos el hecho de ganar más dinero, encontrar ropa que le quede en cualquier tienda, sentirse bienvenida en espacios públicos, obtener acceso más fácilmente a atención médica competente, etc. Se trata de una injusticia insertada en nuestro mundo social actual, conectada al privilegio blanco, el privilegio cisgénero, el privilegio masculino, y el privilegio de clase.

Nadie es inmune a la influencia de los mensajes negativos sobre el tamaño o la forma del cuerpo. Cuanto mayor es el cuerpo de una persona, más intensa es la presión social externa para que lo reduzca, sin importar el costo para su salud o bienestar. Y el tamaño corporal es apenas un aspecto de nuestra existencia física.

Las mujeres recibimos mensajes negativos acerca del color de la piel, los rasgos faciales, el peinado, los dientes, el uso de anteojos... La lista es interminable. Para muchas de nosotras, la apariencia parece más importante para el mundo que nos rodea que lo que sentimos o quienes somos. Es difícil sentirte bien y acceder al placer, cuando todo lo que te rodea hace que constantemente te sientas mal por tu cuerpo.

Estudios recientes muestran que los prejuicios médicos han dañado a las mujeres y las personas no binarias, queer y trans mediante la falta de investigaciones sobre la salud femenina y la falta de prioridad que se le asigna a la experiencia de las mujeres y las personas queer. Hay numerosos ejemplos: tal vez el más evidente es el hecho de que la tasa de mortalidad materna en los

Estados Unidos es diez veces superior a la de cualquier otro país desarrollado. También existe una enorme disparidad racial y los fallecimientos de mujeres negras son más del doble de los de mujeres blancas. Cuando se les pide a las personas queer que han tenido partos que describan su experiencia general en el alumbramiento de los bebés, describen los impactos de los sesgos y discriminación en niveles significativamente más altos que los de las personas cisgénero heterosexuales[3].

Otro ejemplo son los medicamentos recetados. Apenas empezamos a entender cómo las diferencias de género podrían importar a la hora de recetar medicamentos para las mujeres. Las mujeres y personas con diversidad de género han tomado dosis de muchos fármacos que apenas se habían probado con hombres cisgénero "de peso normal". Hasta 1993, los investigadores médicos no tenían la obligación legal de incluir a mujeres en las pruebas clínicas iniciales de nuevos fármacos. Esto significa que aún estamos a años luz de distancia de atención integral, basada en evidencia y holística para nosotras.

Considera que la forma completa y el alcance del clítoris solo se conoció y describió en 2005, en un artículo de la uróloga australiana Helen O'Connell. Cualquier persona que haya recibido educación sexual antes de 2005 partía de una comprensión obsoleta de la anatomía femenina. (Vale la pena realizar una búsqueda rápida de "ilustración anatómica del clítoris completo" para actualizarte).

Además de la falta de información, nos afectan el racismo, la homofobia, la transfobia y los prejuicios sistémicos contra los cuerpos discapacitados o más grandes y todo esto se suma a la seria dificultad que representa para muchas personas acceder a atención médica para los cuerpos de los que aprendimos a avergonzarnos. Al mismo tiempo, aún se asume que los médicos son las autoridades sobre nuestros propios cuerpos. En resumen, la cultura popular estadounidense ha generado barreras extremas para que las mujeres y las personas con género expansivo conozcan, comprendan y disfruten de su propio cuerpo.

El medio más básico para conocer cualquier cosa, especialmente a nosotras mismas, es el tacto. Desde que tenemos uso de razón, a muchas de nosotras nos han desmotivado a tocarnos, especialmente "ahí abajo". Aunque algunas mujeres y personas con género expansivo (posiblemente más jóvenes) tal vez hayan recibido mensajes positivos sobre el sexo en casa o los medios, la fuerza de la vergüenza en la escuela, la familia extendida, lugares de culto, etc., no se puede subestimar.

Nuestra cultura negativa con respecto al sexo asocia la vergüenza con la curiosidad sexual, mientras que nuestra cultura obsesionada por el sexo simultáneamente asocia la vergüenza a evitar el sexo. Vivimos en contradicciones constantes acerca de qué tan sexual se supone que sea nuestro cuerpo. Podemos empezar a encontrar la calma en medio del caos al reconectarnos con la forma en que nuestro cuerpo se siente en realidad, aquí y ahora.

Cada persona tiene cierto sentido de su imagen y su ser físico. La aceptación personal en cualquier nivel depende, en parte, de aceptar nuestro cuerpo tal como es, incluso si queremos hacer cambios. Admirarlo y disfrutar de lo que puede hacer, en vez de concentrarte en sus limitaciones o fallas percibidas, es parte de esta aceptación. Podría ocurrir con más rapidez para algunas de nosotras que para otras, según nuestra combinación singular de experiencias e identidades.

Si queremos volver a conectarnos con la persona que somos internamente, no podemos rechazar las cosas que "no están bien"; tenemos que empezar a aceptar todas nuestras partes. Nuestros cuerpos son vehículos increíbles y pueden ser milagros de movimiento y placer. Necesitamos aceptar nuestros cuerpos como partes inextricables de nosotras mismas y saber que todos los cuerpos merecen atención y amor. Conocer tu cuerpo es la llave para abrir muchas otras puertas.

Nuestra imagen corporal tiene un impacto enorme en la calidad de nuestra sexualidad. En el fondo, es posible que sospeches que tu pareja cataloga las fallas de tu cuerpo. Si no te ves atractiva, es mucho más probable que quieras tener sexo ebria, tarde por la noche, en la oscuridad y escondida bajo el cobertor. Sentirte defectuosa en el exterior hace que te sientas poco deseable en el interior. Nos resignamos a vivir en el anhelo porque, en secreto, tememos no ser deseables para los demás.

El sentimiento de no ser deseables (y, por lo tanto, de no ser deseadas) puede cambiar poco a poco. En este capítulo, tendrás oportunidades de iniciar el cambio, a medida que aprendamos a ajustar los mensajes que nos enviamos a nosotras mismas y empecemos a creer que todas somos deseables de nuestra forma singular. No se trata de algo que tengamos que ganarnos; no se acumula con cada pareja. Nuestro deseo y deseabilidad son parte de quienes somos y son lo que aportamos a cualquier relación sexual.

Hacer las paces con tu cuerpo

Mientras experimentan un trastorno de consumo de drogas, muchas personas descuidan, ignoran o esconden su cuerpo. Unas cuantas se concentran en mantener su cuerpo "perfecto" para ocultar su adicción. Algunas mujeres se enfocan mucho en su cuerpo y mantienen cierta apariencia no porque aman su cuerpo o se cuidan, sino para atraer parejas o mantener una imagen social de sí mismas. Una imagen de perfección y la sensación de estar en control pueden ser las metas de una conducta compulsiva con el ejercicio o el impulso que motiva trastornos alimenticios. Si la vida se siente descontrolada por la adicción, la restricción de alimentos u otras conductas alimenticias similares pueden parecer la forma de recuperar el control.

En otros casos, el trauma lleva a las personas a disociarse de su cuerpo, ignorar sus necesidades básicas y dejar de cuidar su propia salud. Tanto el perfeccionismo como la disociación pueden generar más conductas autolesivas.

Las personas en recuperación necesitan reconocer cómo se sienten acerca de su cuerpo; deben mirarlo y decidir aceptarlo, cuidarlo y escucharlo. Si aún quieres hacerle cambios a tu cuerpo, puedes encontrar vías que respalden tu salud en general.

Estas tres mujeres, en diferentes etapas de la recuperación, nos cuentan cómo la imagen corporal es un problema en su vida: Tamara, que se siente desconectada de su propio cuerpo debido a una discapacidad y dolor crónico, uso excesivo de analgésicos opioides, el luto de su divorcio, y los síntomas de la menopausia; Miyu, que ha pasado la mayor parte de su juventud anoréxica o en recuperación de su enfermedad y apenas empieza a notar su propia sexualidad; y Arati, una madre soltera que lucha con su imagen corporal por su propio perfeccionismo y vergüenza interiorizada.

Tamara

Sentada en el cuarto de hospital de su madre, Tamara miró por la ventana. Eran apenas las ocho de la mañana y la adrenalina aún tenía su corazón acelerado. A Anne, su madre, le estaban haciendo radiografías en otra sala y este era el primer momento en que Tamara lograba recobrar el aliento tras despertarse y encontrar aquella escena horrible en el baño. Su mente la devolvía al momento en que encontró a Anne gimiendo de dolor en el suelo y, luego, al caos abrumador del personal médico de emergencia, la camilla y la ambulancia. Tamara se quitó el abrigo y se abanicó con las manos. Estaba ardiendo. Sentía náuseas. Quería tomar una píldora.

Tras la caída traumática en el baño y la fractura en la cadera de su madre, a Tamara la agobiaba la culpa por su consumo acentuado de analgésicos. Estaba segura de que su madre no se habría lastimado tanto si ella no hubiera estado sedada por la combinación de píldoras que había tomado, algunas recetadas, otras no. Tamara había estado trabajando con una terapeuta para manejar el estrés y el luto y esta profesional le había recomendado a un especialista en dolor para ayudarla a reducir sus opioides y usar otros medicamentos y métodos para lidiar con su dolor.

Tamara tomó una decisión importante y tomó una licencia médica de la universidad. Estaba determinada a "manejar" su dependencia de los analgésicos. Se dedicó al plan establecido por el nuevo médico, siguió viendo a su terapeuta y empezó a recibir acupuntura. Investigó programas de asistencia y pudo contratar atención para convalecientes en casa, de menor costo, para su madre. Esto le dio a Tamara cierto espacio para concentrarse más en sí misma.

Todo este enfoque en reducir su consumo de analgésicos y desarrollar otras estrategias de manejo del dolor fue muy útil para Tamara, aunque aún tenía el dolor crónico. Con el tiempo, tuvo que enfrentar el hecho de que continuaba deprimida. Se resistía a asistir a un grupo de apoyo para personas con trastorno de consumo de opioides. La ciudad universitaria donde vivía era pequeña y no quería arriesgarse a enfrentar el estigma de la gente si se enterara de sus dificultades. Se resistía a participar en grupos de apoyo para personas con dolor crónico y discapacidad porque suponía que se sentiría más triste. Estaba segura de que, si seguía las instrucciones del nuevo médico, todo cambiaría y volvería a sentirse bien, por su cuenta.

Su terapeuta le hizo esta reflexión: "Parece que estás tratando de arreglar algo en tu cuerpo que sientes que está mal. Tal vez, en tu mente, te comparas con un ideal y te falta algo".

Tamara le respondió: "Me comparo con una persona que no sea dependiente del OxyContin y pueda caminar sobre sus dos pies. No es exactamente un ideal".

Pero se quedó pensando en esa conversación. Nunca se habría referido así a alguien con dolor crónico o un bastón, y lo sabía. Sentía que su cuerpo la había traicionado. Se sentía atrapada en su dolor, a pesar de que lo estaba manejando de una forma diferente. Su cuerpo le resultaba incómodo, difícil de mover y sin atractivo. Hacía mucho tiempo que no sentía que se veía bien. De repente, se sintió furiosa con Alisha, su exesposa, por dejarla. *Si Alisha no se hubiera ido, tal vez aún me sentiría como una mujer, y no como una colección de enfermedades*, pensó.

Una vocecita interior le susurró: *No es culpa de Alisha. No es culpa de tu cuerpo, ni de tu madre. Ni siquiera es* tu *culpa. Al mismo tiempo, la tarea de cuidarte es tuya.* Tamara sintió que algo en su interior se calmó. Sintió que, debajo de su enojo, culpa y miedo, estaba muy triste. Y se dio cuenta de que el simple hecho de suspender su consumo de opioides no haría que se sintiera mejor.

Miyu

Miyu se miró las piernas, donde cicatrices finas se cruzaban formando una estrella. Habían pasado tres años desde que se había lesionado con una navaja y había necesitado hospitalización por su anorexia, pero aún no estaba lista para mostrar su cuerpo, a pesar del calor. Se puso pantalones largos y se fue a la terapia.

Recientemente, Miyu había empezado a salir con alguien nuevo, un chico que había conocido en el gimnasio. Había logrado posponer cualquier contacto sexual estructurando las citas, de modo que fueran con grupos de amigos o durante el día y al aire libre. Pero sabía que llegaría el momento en que el chico querría besarla y se sentía ansiosa. Cuando imaginaba que él viera sus cicatrices o su cuerpo sin ropa, le daban ganas de vomitar. Respiró hondo y soltó el aire lentamente.

Su terapeuta le preguntó si ella quería besar a este chico y a Miyu le costó encontrar la respuesta. "¿Tal vez?". Cuando la pronunció, pensó en lo que una frase como esa podría decir de ella. ¿Por qué no sabía si quería besarlo?

A sus veinticuatro años, Miyu llevaba casi diez años entrando y saliendo de la recuperación de su anorexia y autolesiones. Había estado en tratamiento internada, en tratamiento ambulatorio intensivo, en grupos, campamentos y, ahora, en terapia individual para mantener la estabilidad que tanto le había costado lograr. Miyu aún tiene dificultades para comer cuando está estresada, pero tiene un buen sistema de soporte en su familia, sus amigos y la terapia, y cuenta con muchas herramientas para ayudarse. Ya casi nunca siente el impulso de cortarse la piel, y está orgullosa de tener tres años sin usar los cortes o la restricción deliberada de comida para lidiar con sus problemas.

Al principio, para los padres de Miyu fue un choque el nivel de su enfermedad en la adolescencia. En su hogar, no hablaban de las emociones y no eran conscientes de las dificultades de Miyu porque ella mantenía buenas notas y no faltaba a la escuela. Miyu tenía una hermana y un hermano que eran mayores y muy exitosos. La familia se había concentrado en ayudarlos a pasar por el periodo estresante de las aplicaciones para entrar a la universidad.

Miyu había logrado ocultar de su familia los cortes en la piel y la restricción de alimentos usando ropa grande. Si le daban náuseas o sentía dolor abdominal por no comer, culpaba la menstruación, y hacía a un lado la comida de su plato diciendo que ya había comido otros alimentos. Miyu llevaba un diario detallado de las calorías que consumía y las horas que se ejercitaba. Su menstruación nunca se había estabilizado, así que no notó que llevaba meses sin ella. Simplemente quería ser más delgada, lo que significaba para ella ser más sexy, lista para que un hombre la viera y se la llevara en sus brazos. Este sueño ocupaba toda su atención. Hacía dibujos de su novio perfecto, basado en uno o dos chicos de la escuela o en su artista favorito de K-pop.

Luego, sus notas empezaron a bajar y se desmayó en la escuela más de una vez. La enfermera escolar les dijo a los padres de Miyu que podría tener un trastorno alimenticio y que debía ver a un médico. Miyu no quería entrar en tratamiento pero, por ser menor de edad, no tuvo opción. Se rehusó a participar en un grupo y no cumplió con casi nada de su primer tratamiento internada. Faltó casi a todo su último año de la secundaria. Volvió a la escuela, tuvo una recaída, volvió al tratamiento y se resistió. Miyu aún quería ser más delgada. Completó su examen de General Educational Development (GED) mientras estaba en tratamiento "porque estaba aburrida".

Los padres de Miyu eran rígidos y cuidadosos en la terapia familiar pero realmente querían que Miyu estuviera bien y fuera feliz, así que cumplieron con todo lo que el médico sugería. Fue un proceso difícil. A lo largo de algunos años, poco a poco Miyu logró ver que su anorexia le provocaba un daño real y empezó a participar en su propio tratamiento. Cuando cumplió dieciocho años, se quedó en casa y sus padres la ayudaron a pasar por los sistemas médicos y de salud mental de los que dependía para obtener ayuda.

Por fin, Miyu se ha mudado a un apartamento con una amiga, tiene dos años de trabajar en una tienda donde la han ascendido a subgerente y se siente lista para empezar a buscar una relación. Cuando Jake, el chico guapo del gimnasio, le pidió su teléfono, ¡se sintió aliviada! De inmediato borró todas las aplicaciones de citas que había estado viendo y empezó a fantasear sobre casarse con Jake y tener una familia.

Claro que, primero, tenía que superar el terror de besarlo.

Arati

Arati corre detrás del autobús mientras equilibra su bolso del trabajo y su vaso térmico, y siente una punzada de vergüenza que conoce muy bien. Otra vez llegará tarde a clases. Como estudiante de estadística en la universidad, Arati se esfuerza por cumplir con sus horarios exigentes y el cuidado de su hijo de tres años. Siempre se siente inferior, nunca es lo suficientemente buena.

Arati quedó embarazada en la universidad, soltera y sin la intención de ser madre en ese momento. A sus padres les horrorizó que decidiera tener al bebé sin casarse, pero Arati estaba segura, en lo más profundo de su ser, de que esta era la decisión correcta. El padre de su hijo cumple con sus compromisos financieros y ve al niño de vez en cuando, pero Arati era consciente de que estaba eligiendo la maternidad sola cuando optó por tener al bebé.

Desde el día en que ella nació, sus padres esperaban que la hija mayor estudiara medicina. Habían inmigrado de la India en la década de los 70 y priorizaron crear una ruta para que la pequeña Arati y, luego, sus dos hermanas menores, tuvieran éxito. Desde el embarazo, Arati siente que sus padres la valoran menos y se esfuerza por ser la mejor madre y estudiante que puede ser, aunque no esté siguiendo sus sueños. En silencio, sabe que hay una parte suya que ellos nunca entenderán: su sexualidad. Arati se siente atraída por personas de todos los géneros y se identifica como bisexual. La disonancia en su interior a veces es insoportable. Ha dependido de sus padres en términos financieros y para el cuido de su hijo, pero les oculta una parte importante de sí misma.

Sin un diagnóstico formal de trastorno de déficit de atención/hiperactividad (TDAH), que indicaría la necesidad de tratamiento, Arati se ha vuelto dependiente de Adderall, un estimulante recetado comúnmente, para obtener energía y concentración. Se lo compra a un compañero, lo que es fácil y normalizado en la universidad. Siente que el Adderall es necesario en días como hoy, en que estará en la universidad al menos diez horas. Por las noches, Arati toma vino para relajarse, a veces media botella, por lo general, más.

Hace poco, Arati conoció a una persona atractiva en una reunión de estudiantes LGBTQ+ en STEM. La nueva persona usa los pronombres ella/elle, le coqueteó sin disimulo y parece entusiasmada de conocer a Arati. Intercambiaron el número de teléfono, se han enviado algunos mensajes y decidieron salir en una cita.

Cuando Arati se estaba preparando para su cita y preparando a su hijo para dejarlo en la casa de los abuelos, se miró al espejo. Entró en pánico. Se dio cuenta de que, incluso con sus años de experiencia sexual, se sentía extraña, poco sexy y desconectada de su propio cuerpo. Trató de mejorar su postura, encoger el abdomen y echar los hombros hacia atrás. No hizo ninguna diferencia. Pasó mucho tiempo eligiendo ropa que escondiera la mayor parte de su cuerpo, sintiéndose a la vez crítica y desesperada.

También se sintió culpable por tener una cita en vez de quedarse con su hijo. Arati tomó más Adderall, lo que le provocó un poco de náuseas, por lo que casi no comió. Luego, bebió más alcohol de lo normal para calmar su ansiedad.

Arati disfrutó a la nueva persona pero se sintió fuera de control. Sabía que estaba consumiendo más Adderall y alcohol de lo que solía tomar, y que lo hacía con más frecuencia. Le dio miedo lo que podría pasar si no hacía nada al respecto. Cuando se despidió de la persona con la que había salido, le quitó las manos de la cintura, avergonzada de su cuerpo blando.

Arati aprovechó el centro de orientación de su universidad y encontró a una terapeuta que trabajaba con personas queer y podría abrir espacio para sus diversas identidades e inquietudes. La terapeuta le sugirió considerar reducir su consumo de estimulantes y abrir espacio en su agenda llena para su propio placer y para redescubrir su cuerpo. A Arati, ninguna de las sugerencias le pareció fácil, pero ambas le parecieron correctas.

Escuchar los mensajes de tu cuerpo

Empecemos estableciendo algunas expectativas: es posible que nunca te enamores por completo de la apariencia de tu cuerpo. Los mensajes externos críticos, la presión por coincidir con los estándares de belleza y la forma en que nuestros privilegios y marginalizaciones intervienen en el cuerpo de cada persona constituyen un conjunto enorme de aspectos que enfrentar. Sin embargo, esto no significa que estés condenada a odiar tu cuerpo. De hecho, creemos que puedes vivir en un estado más profundo de aceptación, incluso de gratitud, por tu cuerpo, exactamente como es en este momento. Y este también es el punto de partida para sentirte más sensual, más segura de ti misma y más sexy en tu cuerpo. Sentirte bien con tu apariencia es un regalo, una adición encantadora a tu vida, pero ya no es la meta integral.

La clave para tener una visión más neutra, incluso positiva, de tu cuerpo es esforzarte por ser más consciente sobre cómo se siente y qué puede hacer, en vez de cómo se ve o qué no puede hacer. Cuando escuchas los mensajes de tu cuerpo, empiezas a trabajar contigo, en vez de contra ti.

No vamos a pretender que tu relación con tu cuerpo existe en un vacío. De hecho, la mayor parte de las cosas negativas que te dices son el resultado de sesgos violentamente crueles que no inventaste tú. Los sistemas que promulgan la opresión basada en el cuerpo no van a cambiar de la noche a la mañana. Tenemos mayor capacidad para cambiar los sistemas cuando cultivamos al menos una relación neutra con nuestro propio cuerpo y una visión positiva del cuerpo de los demás.

Como escribe Jessi Kneeland en *Body Neutral: A Revolutionary Guide to Overcoming Body Image Issues*, "en vez de pedirle a la gente que 'se sobreponga a' o 'se libere' de su contexto social, la neutralidad corporal nos pide que lo aceptemos, reconozcamos, consideremos y exploremos con los ojos abiertos y la mente clara. Solo de esta forma, podremos reconocer plenamente la verdad de que un cuerpo individual no es en realidad el problema"[4].

Estas son algunas técnicas prácticas para ser más gentil con tu cuerpo. Es seguro cultivar una conciencia diaria de tu relación con tu cuerpo, experimentar las sensaciones de tu cuerpo y ver cómo luce tu cuerpo. Si estás acostumbrada a escuchar críticas internas incesantes al verte al espejo, el siguiente ejercicio es para ti.

EJERCICIO

El espejo, parte 1

Encuentra un momento en el que estés sola y no te interrumpan. Quítate toda la ropa y párate desnuda frente a un espejo de cuerpo entero. Si no tienes un espejo de cuerpo entero, puedes hacer este ejercicio con un espejo de mano, moviéndolo lentamente por tu cuerpo, de modo que puedas ver cada parte, una por una. No necesitas preparar tu cuerpo para esta actividad: puedes tener vello, olor, granitos, piel seca. Deja que tu cuerpo exista tal y como es, en este momento.

Si te asusta un poco la idea de mirarte desnuda, no eres la única. A mucha gente le resulta difícil ver su cuerpo sin el camuflaje de la ropa. El objetivo de este ejercicio es mirar, no juzgar. Evita pesarte antes o después de este ejercicio; evita tratar de hacer que tu cuerpo se vea "mejor" en el espejo. Trata de mirar tu cuerpo con nuevos ojos... Ojos que valoren tu vitalidad.

Si te invaden pensamientos negativos, es hora de hacer una pausa. Escríbelos, compártelos con un grupo o terapeuta, haz un ritual para sacártelos de la mente. En este momento, lo único que haces es ver tu cuerpo con cierta curiosidad. ¿Qué ves?

La terapeuta de Arati le sugirió que probara con este ejercicio. Mientras Arati se miraba, se dio cuenta de cuántos pensamientos negativos tenía de su cuerpo. Eso la puso tan triste y ansiosa, que tuvo que detenerse y vestirse.

Cuando le describió su experiencia a la terapeuta, ésta le recordó con gentileza que podía empezar lentamente y tratarse mejor, empezando por una parte de su cuerpo a la vez y ampliando un poco esa área cada día. Al seguir la sugerencia de la terapeuta, Arati se sintió mucho menos amenazada. Después de varias semanas, pudo ver su cuerpo en el espejo sin tristeza. Lo reconoció; descubrió que podía verse diferente según la luz, las sombras y la posición que adoptara. Lo más importante es que empezó a conectar su forma de ver su cuerpo con lo que estaba pensando o cómo se sentía ese día.

Esto fue una revelación, una comprensión realmente nueva. Su cuerpo (y la forma en que ella lo veía) tenía relación con el "resto" de Arati. Había una conexión irrevocable. Por ejemplo, si Arati estaba estresada por sus tareas de la universidad, se sentía más crítica, por lo general de su estómago. Si se sentía tranquila y estaba disfrutando de un momento de cariño con su hijito, podía ver su estómago como una parte esforzada y verdaderamente increíble de su cuerpo.

EJERCICIO

El espejo, parte 2

Intenta simplemente ver tu cuerpo algunas veces, o durante algunas semanas. Si esto te genera un malestar muy fuerte, detente y busca algún apoyo. Este ejercicio puede ser desafiador, pero no debería hacerte entrar en pánico. Si ver tu cuerpo te genera pánico o repulsión, es hora de buscar más ayuda.

Cuando logres ver tu cuerpo sin concentrarte en una supuesta imperfección, estarás lista para el siguiente paso: empezar a aceptar tu cuerpo. Una vez que tengas cierta idea de cómo luces, mira qué sucede cuando intencionalmente sustituyes cualquier evaluación negativa por palabras de aceptación.

Respira suavemente. Dile en voz alta a tu reflejo: "Estás bien. Me gustas tal como eres. Esto está bien. Este cuerpo está bien". Incluso si no crees por completo en esta afirmación, decirla en voz alta abre la posibilidad de que sea verdad y ese es el inicio del cambio que buscamos. Las investigaciones sobre las afirmaciones respaldan continuamente la idea de que, aun cuando no creamos totalmente en ellas, decirnos palabras positivas en voz alta nos ayuda a mantener una autoimagen más positiva.

Ahora, el verdadero desafío: mira lentamente todo tu cuerpo y expresa amor por cada parte, tal y como lo harías con el cuerpo de una niña a la que amas. Hazlo primero verbalmente: agradécele a tu cuerpo estar ahí, expresa tu aprecio por lo que hace por ti. Por ejemplo, puedes agradecerles a tus pies que te ayuden a caminar, correr y bailar. Puedes agradecerle a tu cuello que te permita mirar hacia atrás. Puedes agradecerle a tu columna que te permita inclinarte hacia adelante. Puedes agradecerles a tus hombros que lleven tus bolsas de un lado al otro. Sin importar qué tan extraña te sientas, prueba hacer el recorrido completo, diciéndote algo gentil y expresándole gratitud a cada parte tuya. Cuando hayas terminado, siéntate en silencio por un minuto y pon atención a cómo te sientes. Escucha tu cuerpo.

Arati pudo hacer esta parte del ejercicio solo durante algunos momentos antes de sentirse abrumada. Se sintió tonta y le resultó casi insoportable. Se dio cuenta de que no tenía problema en hacer algo similar con su propio hijo (solía jugar con él diciéndole que amaba sus bracitos, sus piernas, su barriguita, sus pies). ¿Por qué le resultaba tan difícil hacerlo consigo misma? No lo sabía, pero estaba determinada a seguir intentándolo. A medida que siguió practicando en las semanas siguientes, su vergüenza fue desapareciendo y empezó a ansiar el tiempo que pasaba consigo misma. La incomodidad de estar realmente consigo misma cedió espacio a la expectativa de este nuevo ritual que anhelaba.

Un día, la terapeuta le comentó a Arati que su presencia había cambiado. Parecía más tranquila y más cálida. Arati sonrió porque también lo sentía. "Siento mis nalgas en la silla de la clase", comentó. "Siento el aire en mi piel cuando estoy afuera. Cuando beso a mi hijo, realmente puedo olerlo y sentir su piel. Por ser estudiante universitaria, parece que debería vivir solo en función de mi cabeza. El resto de mi cuerpo solo existe para mantener el funcionamiento de mi cerebro. Estoy cansada de eso. Quiero volver a sentir todo mi cuerpo".

Escuchar nuestro cuerpo es una tarea difícil para la mayoría de nosotras. Esperamos que nuestro cuerpo simplemente funcione tal y como siempre lo ha hecho, independientemente de cuánto cuidado le ofrecemos. En los días en que no sientas que eres amable con tu cuerpo, es importante que recuerdes que tus sentimientos son una respuesta comprensible a los mensajes negativos constantes de nuestra familia, comunidad, cultura y medios.

Muchas de nosotras hemos pasado años desconectadas emocionalmente de nuestro cuerpo. No nos motivan a hacer otra cosa. Aprender a hacernos amigas de nuestro cuerpo es un proceso que requiere tiempo. Quienes han pasado por un embarazo, una transición de género, la recuperación de una cirugía, o cualquier otro cambio importante en el cuerpo, encontrarán esta actividad especialmente desafiadora y solidaria. Independientemente de cómo te sientas sobre los cambios de tu cuerpo, no hay problema ni con tus sentimientos ni con tu cuerpo.

Después de que realmente logres verte por completo desnuda en el espejo por primera vez, sin consternación ni decepción, podrías experimentar poco a poco una sensación de familiaridad y tolerancia, incluso tal vez de autoconfianza. Por fin, se desarrollarán la aceptación y el cuidado de tu cuerpo tal y como lo conoces ahora. Este es un paso relevante en dirección a la recuperación sexual y es un paso que tú has logrado.

Muchas de nosotras no somos capaces de aceptar nuestro cuerpo de la noche a la mañana pero, con la práctica, empezaremos a apreciar e incluso a disfrutar nuestra singularidad. Incluso si aún quieres hacerle cambios a tu cuerpo, puedes decidir aceptar tu cuerpo en el presente, sentirte bien con él y ser grata, sabiendo que es precioso tal y como es.

EJERCICIO

Escuchar sin mirar

Acuéstate y cierra los ojos; empieza a sentir lo que ocurre en tu interior. Siente tu respiración: cómo entra y sale el aire. Siente cómo se llenan tus pulmones y se vuelven a vaciar. Siente tu pecho subiendo y bajando. Siente el latido de tu corazón. Escucha el sonido que hace al bombear la sangre por tu cuerpo. Siente la sangre circular a cada parte de ti para mantenerte viva. Agradécele a tu cuerpo por hacer todo eso solo, sin la necesidad de ayuda de tu mente consciente.

¿Qué pasa con tus genitales?

Aunque en esta sección nos concentraremos en la experiencia de personas con vulva, es importante recordar que la experiencia de ser mujer no depende de haber nacido con anatomía femenina, y que hay muchas personas que nacieron con una vulva y viven como hombres trans o tienen identidades de género más complejas.

Para las personas no binarias o intersexo que quieren evitar el lenguaje de la anatomía femenina, suelen circular algunos términos con neutralidad de género: *bits*, *partes privadas*. A las personas intersexo que, en la mayoría de los casos, han nacido con genitales atípicos, casi siempre sus médicos o sus padres les asignan una identidad de sexo binaria; una práctica que muchas personas están tratando de cambiar. Algunas personas trans adoptan términos para sus genitales alineados con su identidad de género; otras podrían no hacerlo. Aunque muchas mujeres trans optan por cirugías de afirmación de género, muchas no lo hacen o no son asequibles para ellas. La verdadera diversidad y variedad de genitales humanos no se refleja en el lenguaje o las prácticas actuales de la sociedad. La terminología que usamos para nuestros genitales es profundamente personal y un reflejo de nuestra cultura.

Si no sabemos cómo lucen nuestros genitales o cómo llamarlos, y el simple hecho de pensar en ellos nos sonroja, no es de extrañar que nos cueste disfrutarnos como criaturas sexuales. "Tócame aquí; no me toques ahí" podría ser lo más específico que logremos. Y, si no queremos o no podemos mirarnos, no nos sentiremos plenamente cómodas de que cualquier amante nos vea. No es fácil buscar o crear espacios en los que nos sintamos sexuales por nuestra cuenta.

Muchas mujeres nunca han visto sus propios genitales. Cuando éramos niñas, con la curiosidad de los genitales así como de otras partes de nuestro cuerpo, algunas podemos habernos explorado un poco. Sin embargo, con frecuencia, aprendemos desde muy pequeñas que eso no se permite y, por lo tanto, no lo hacemos, o nos sentimos culpables cuando lo hacemos. A eso les sumamos los mensajes que nos lanza la publicidad: que necesitamos una ducha o un desodorante y protectores para mantenernos "frescas". Es lógico que tantas mujeres se sientan desmotivadas para explorar sus propios genitales. Las empresas asociadas a la menstruación aún no logran usar en la publicidad sustancias similares a la sangre que sean "realistas", porque causarían demasiado malestar.

Otro factor que aumenta la dificultad de las personas para hablar de sus propios genitales es que el acceso a educación sexual integral en las escuelas públicas no es uniforme en todo el país. Aunque la mayoría de los jóvenes tienen acceso a internet, podrían no contar con adultos confiables que sean compasivos y estén bien informados. Cada vez más, los jóvenes reciben mensajes acerca de sus cuerpos mediante la exposición a la pornografía. Pero la pornografía está diseñada para entretener y excitar, no para educar o informar.

En foros de asesoramiento en todo el país, aún es común escuchar las inquietudes de chicas que están angustiadas porque uno de sus labios vaginales es el doble de grande que el otro. Se sienten tan avergonzadas por este "defecto" que el contacto sexual con una pareja les genera mucha ansiedad. El hecho es que la mayoría de las personas con vulvas tienen uno de los labios menores más corto y el otro más largo. Eso es lo común.

En todos los seres humanos, la misma variación que ocurre entre otras partes del cuerpo ocurre en los genitales. Por ejemplo, la mayoría de la gente tiene un pie ligeramente más largo que el otro y nadie tiene las orejas en simetría perfecta. Algunas mujeres tienen senos con dos tamaños de copa diferentes. ¿Por qué nuestros genitales serían diferentes?

La falta de exposición a la información básica sobre sexualidad puede generar angustia profunda, vergüenza y una autoimagen negativa. Además, produce mayores índices de embarazos no deseados, ITS y experiencias sexuales no deseadas.

Con el paso de los años, mucha gente ha intentado contrarrestar estas fuerzas. *Sex for One: The Joy of Selfloving*, de Betty Dodson y publicado originalmente en 1987, incluía muchas imágenes de vulvas dibujadas a mano, que ilustraban la diversidad y variedad de cuerpos normales. Más recientemente, Women's Health Victoria produjo *The Labia Library*, una colección de fotos que muestra muchos tipos de vulvas. Le artista Sam Hil Atalanta creó The Vulva Gallery y The Body Diversity Gallery en Instagram, donde cualquiera puede ver dibujos y pinturas a color de cientos de diferentes partes humanas, perfectamente normales. Una simple búsqueda en Google con la pregunta "¿Mis labios menores son normales?" devolverá muchos artículos acerca de cómo, cuando se trata de vulvas, la variación es la regla y no la excepción.

EJERCICIO

Explorar tus genitales

Este ejercicio se ha vuelto un referente popular para los interesados en la sexualidad. Podrías tener la tentación de saltártelo, en especial si lo has realizado alguna vez antes, pero te recomendamos que trates de hacer el esfuerzo aquí y ahora. El objetivo de realizar este ejercicio como parte de tu recuperación sexual es que te transformes en la persona que mejor conoce tu cuerpo.

Haz este ejercicio cuando estés sola y te sientas segura y sin interrupciones. Puedes abordarlo con dos objetivos: ver qué hay allí y sentir qué pasa cuando tocas varias partes tuyas.

Para este ejercicio, necesitarás un espejo de mano y una linterna. Siéntate con un apoyo en la espalda, tal vez con almohadas, y con las rodillas dobladas y separadas. Podrías poner almohadas debajo de tus rodillas para ayudarte a mantener esta posición cómodamente. Si te resulta difícil físicamente tocarte la vulva, puedes usar un juguete, a una pareja, u otra solución que te permita ver y explorar.

Empieza viéndote el área genital cuando no estés excitada. ¿Cuántas partes diferentes puedes ver? ¿Puedes nombrarlas? ¿Sabes cuáles son sus funciones físicas y sexuales? ¿Estás familiarizada con tu aroma normal, y puedes percibir cuándo cambia?

Haz este ejercicio una vez por semana, durante un mes. Si tienes un ciclo menstrual regular, mira si tus genitales cambian conforme avanza tu ciclo. Mira si logras relajarte en el ejercicio e incluso disfrutar tu exploración.

Cuando a Miyu se le pidió que hiciera este ejercicio, pensó que sería fácil. Conocía los aspectos básicos de la anatomía femenina. Sin embargo, se sorprendió realmente al darse cuenta de que nunca había conectado esta información con su propio cuerpo. Cuando miró su vagina, tuvo la sensación de que estaba viendo un mundo completamente desconocido.

Miyu se miró con absoluta fascinación. Notó que los labios externos eran suaves y de un tono marrón rosáceo, mientras que los labios interiores eran casi morados en los bordes y más rosados por dentro. ¡Le sorprendió lo arrugados que se veían sus labios interiores! Practicó el ejercicio varias semanas y notó que a veces estaba resecada y a veces más lubricada, según su ciclo.

Había pasado bastante tiempo desde la última vez que se había podido tocar. Se sentía terriblemente avergonzada, aunque estuviera sola. Miyu no tenía un recuerdo consciente de haberse tocado alguna vez, excepto cuando se duchaba o limpiaba después de orinar.

Al empezar a tocarse, vio cómo alejaba sus dedos al instante. Sentía culpa y vergüenza... vestigios de los mensajes de su infancia. *Calma*, se dijo, *calma. Puedes hacerlo. No hay nada de malo en hacerlo.*

Se tocó cada parte suavemente: sus labios exteriores, sus labios interiores, su clítoris y su orificio vaginal. Empezó a preguntarse: *¿Es resbaladizo? No, es más como un pétalo, seco y suave. Ay, es un poco irregular. Me pregunto si siempre está así.*

Cuando pudo relajarse, Miyu empezó a notar cómo se sentía el resto de su cuerpo cuando se tocaba cada área. Cada parte de su vulva le generaba una sensación ligeramente distinta y única.

Proporcionarte placer sexual

Si esta última parte del ejercicio te resultó difícil, sigue leyendo. Verás que no estás sola.

La mayoría de mujeres en recuperación, ya sea de trauma, trastornos de consumo de drogas, trastornos alimenticios u otras conductas compulsivas, ha pasado toda la vida tratando de descubrir lo que la gente quiere. El deseo de recibir atención, aprobación y validación puede ahogar cualquier otro deseo, especialmente los que se consideran "egoístas".

Esta socialización debilita nuestro conocimiento de nosotras mismas. Podríamos negar que tenemos sentimientos sexuales. Podríamos fingir orgasmos para complacer o calmar a una pareja. Podríamos enfatizar la actividad física del sexo sin conexión con nuestro yo emocional. Podríamos no tener un modelo de crecimiento o comprensión.

El simple hecho de tener a una pareja para tener sexo se supone que sea suficiente, pero el resto no se cuida solo. Cuando nos preguntamos qué nos satisface sexualmente, en verdad podríamos no saberlo. Podríamos pensar que nuestra satisfacción siempre es el resultado de la satisfacción de nuestra pareja, o darnos cuenta de que tenemos una idea antigua de nuestra propia sexualidad que no ha madurado ni cambiado desde que la formamos. Para algunas personas, la falta de placer sexual con el paso del tiempo está tan arraigada, que podríamos sentir que tenemos que desistir y "aceptar" que los sentimientos sexuales no van a ocurrir. Esto no es sinónimo de asexualidad... es adormecimiento.

La capacidad de brindarnos placer sexual es una parte importante de desarrollar sentimientos positivos acerca de nosotras mismas como seres sexuales. Todas tenemos diferentes experiencias de la infancia con respecto a tocarnos. Miyu, como vimos, nunca dejó que su mano se perdiera "ahí abajo". Tamara realmente no descubrió su yo sexual hasta que empezó a salir con mujeres en la universidad. Arati siempre disfrutó el sexo y la masturbación, pero perdió el contacto con su yo sexual cuando tuvo a su bebé. Ash sabe cómo complacer a los hombres, pero apenas como un medio para un fin. De forma similar, Nova puede recorrer el complejo mundo del erotismo y la excitación sexual pero le cuenta sentir placer para ella misma. Michelle se sentía obligada con su esposo, Chris, a brindar satisfacción sexual y solo volvió a disfrutar la masturbación después de trabajar en su sobriedad.

Históricamente, las mujeres han recibido muchos mensajes negativos sobre la masturbación. Los mensajes culturales acerca del autoplacer han cambiado rápidamente, pero no de manera uniforme. Las mujeres, las personas no binarias y otras personas con género expansivo tienen un mayor acceso a juguetes sexuales y educación sexual con afirmación de género si residen en ciertos estados. Sin embargo, en otros estados les dicen a los jóvenes en la escuela que cualquier actividad sexual que no se destine a la reproducción es pecado, o que la masturbación en realidad es un abuso a sí mismos.

Algunas religiones creen que la masturbación es una actividad carnal que degrada tu carácter o fibra moral. Otros mensajes negativos pueden entrar sigilosamente en nuestra vida sin manifestarse de forma explícita, por ejemplo: si la masturbación se tolera, es solo para mujeres sin pareja. Es algo que haces como último recurso e incluso en ese caso es "anormal".

En los Estados Unidos, ¡algunas personas reciben ambos mensajes a la vez! Su música favorita puede celebrar una vagina húmeda, mientras que en su familia cualquier expresión de sexualidad es motivo de vergüenza. En vez de recibir un conjunto de orientaciones claro, la mayoría de las personas existen en un conjunto complejo de valores diferentes y, a menudo, contradictorios. Las enormes disparidades en la educación sexual y las creencias acerca de la sexualidad afectan el desarrollo de cada persona.

Te animamos a que reflexiones sobre los mensajes que has recibido sobre tu propia exploración sexual y tus creencias y valores actuales.

Hemos escuchado a mujeres que expresan su miedo de que si se masturban, especialmente con un vibrador, no van a disfrutar tanto el sexo en pareja. Insistimos en que las causas de la insatisfacción al tener sexo con una pareja suelen estar relacionadas con la calidad de la relación, no con la forma o la frecuencia con que se masturba una de las personas. Los vibradores son una tecnología de asistencia y ninguna investigación indica que les hagan daño a quienes los usan.

Las razones para masturbarse son poderosas: en primer lugar, se siente bien. En segundo, cuanto mejor conozcas cómo responde tu cuerpo, mejor sabrás qué te gusta. Esto puede ayudarte a ayudar a tu pareja a darte placer, pero es maravilloso el simple hecho de conocerte. Hay otras razones para masturbarte: puede brindar una liberación agradable de ansiedades imprecisas, puede ayudar a relajarte para dormir, es conveniente para tus fantasías, es una buena forma de amarte y es divertido ver qué ocurre.

Si has sido adicta al alcohol u otras sustancias, podrías haber tenido una respuesta sexual depresiva y tengas que aprender que puedes tener una experiencia sexual satisfactoria. Las mujeres que han sido sometidas a abusos sexuales también podrían experimentar un conflicto y tener dificultades con el placer sexual y el orgasmo.

La masturbación es una forma excelente de volver a conectarte con tus respuestas sexuales. Al estimularte suavemente y con cuidado, puedes aprender cómo respondes a diferentes formas de toque. Si has tenido experiencias sexuales abusivas, es muy importante que seas particularmente gentil y cuidadosa contigo misma.

Nuestro consejo para todas, independientemente de que apenas estén empezando a tocar su cuerpo o que tengan años de experiencia: ve con calma. Usa un lubricante en tu piel más sensible. Prueba diferentes caricias o presiones. Prueba un tipo de juguete diferente, si te gusta usarlos. Si sientes que te gustaría contar con más instrucción o ideas, y tienes la capacidad financiera de pagar por el acceso, la biblioteca de videos de OMGYES.com es amplia y útil. También puedes consultar *Becoming Cliterate* de Laurie Mintz o *Come as You Are* de Emily Nagoski.

Tal vez tengas orgasmos físicamente más poderosos sola que los que experimentas con una pareja. Esto se debe a que nadie conoce tu cuerpo como tú, y solo tú puedes saber lo que sientes de un momento a otro. No tienes que pensar o distraerte en el placer de nadie más. Si no te gusta lo que estás sintiendo, puedes parar o cambiarlo de inmediato. Si la presión es muy fuerte, puedes reducirla. Si necesitas ir más lento o más rápido, puedes hacerlo. Y no tienes que perder un solo momento en la agonía de cómo explicárselo o negociar con tu pareja. Con el paso del tiempo y la experiencia, el sexo con una pareja puede volverse muy satisfactorio, aunque siempre será diferente del sexo a solas.

Quizás tengas la experiencia opuesta y descubras que solo el sexo en pareja te satisface; la masturbación no te resulta interesante. No hay nada de malo en preferir el sexo en pareja. No obstante, si sientes que dependes de otra persona para tu placer, la relación podría adoptar cualidades adictivas. (Si esta dependencia es un tipo de juego picante acordado previamente y conocido como negación del orgasmo, ¡disfrútalo!). Se trata de que te tomes el tiempo para conocer las respuestas sexuales de tu propio cuerpo y asumas la responsabilidad de tu propio placer.

Recuerda: el orgasmo es algo encantador, pero no es el único tipo de placer sexual que puedes disfrutar. La meta de alcanzar el orgasmo puede generarte demasiada presión, ansiedad y dificultar que lo logres. Prueba una meta menos exigente, como pasar tiempo sintiéndote bien y ofreciéndote algún placer, sin esperar un orgasmo. Irónicamente, ¡en estas condiciones es más probable que el orgasmo llegue!

En el capítulo 10, volveremos a la masturbación y la exploración de nuestro cuerpo. Con la base de una aceptación más gentil de nuestro cuerpo, una atención más consciente de nuestros sentidos y un mayor esfuerzo hacia el placer sexual, en los próximos capítulos podremos concentrarnos en la historia de nuestra vida sexual hasta ahora y lo que queremos para ella de aquí en adelante.

PARTE

2

Acciones: La jornada exterior

De la misma forma que la jornada interior nos exige ser honestas sobre nuestros pensamientos y sentimientos, la jornada exterior requiere que veamos con honestidad los patrones de nuestra conducta. Aquí nos concentramos en nuestras relaciones e interacciones sexuales. Puede ser muy difícil y doloroso reconocer lo que ha pasado y lo que pasa en nuestra vida actualmente. Debemos asumir este proceso paso a paso, reconociendo que el autocuidado durante el proceso es recuperación en acción.

Estos son los temas que abordaremos en la parte 2:

- **Exploración de los asuntos sexuales en la familia y la infancia.** ¿Cómo lidiaba tu familia con los asuntos sexuales? ¿Cómo se referían (o no) a los asuntos sexuales? ¿Cómo llamaban a las cosas? ¿Cómo explicaban las cosas?
- **Hablar honestamente de los eventos sexuales de tu pasado personal.** Esto incluye desarrollar tu propia historia y nombrar los eventos de forma precisa, de acuerdo con tu comprensión.

- **Mirar tus propias conductas sexuales,** incluso trazar tus conductas sexuales y compulsivas o adictivas. ¿De qué forma tu experiencia sexual y tus conductas adictivas influían e interactuaban entre sí?
- **Mirar tu selección de parejas sexuales.** ¿Con quiénes has sido sexual y por qué? ¿Qué características tenía la relación?
- **Practicar vivir en el presente.** Esto es esencial para la sexualidad.

CAPÍTULO 5

Explorar los patrones de la conducta sexual

Te deseo una apertura grandiosa y gloriosa—que te liberes de antiguos miedos y críticas, que accedas suavemente al disfrute sexual, la curiosidad y la abundancia. Qué te tumbes al sol y recibas la luz en todos los lugares ocultos. Qué honres la oscuridad y aprendas de sus misterios. Que la risa se propague por tu juego sexual y que despiertes plenamente a la maravilla de tu propio ser suculento y salvaje.

SARK, autora de *Succulent Wild Woman: Dancing with Your Wonder-full Self!* Edición del 25.° aniversario, entrevista personal

LA JORNADA EXTERIOR de la recuperación sexual implica ver nuestra propia vida desde una perspectiva fresca. Ahora, el trabajo interior que hemos realizado rinde frutos reales: podemos ver con más claridad y ser más honestas con nosotras mismas sobre lo que vemos. Nuestra comprensión de nuestras acciones pasadas y nuestras interacciones presentes sigue profundizándose a medida que se desarrolla nuestra recuperación. Conforme la falta de autenticidad desaparece, empezamos a entender las motivaciones detrás de nuestras acciones pasadas y vemos lo que podemos hacer hoy para alimentar el crecimiento y la expansión sexual.

Patrones emergentes

Los patrones de conducta sexual de los que apenas tenías una leve conciencia al principio de la recuperación ahora empezarán a surgir con mayor claridad. Para la recuperación sexual, es esencial mirar honestamente tu pasado sexual. Cuando puedas ver los patrones de tus relaciones sexuales, empezarás a entenderlos y, si así lo eliges, a cambiarlos. En la recuperación, existe un vínculo entre ver y comprender con quién te has relacionado y convertirte en quien quieres ser. Comprender el pasado es esencial para crear la vida que quieres ahora y en adelante.

Podrías encontrar muchas razones para no ver tu historia sexual. Constantemente, en terapia grupal y sesiones privadas, en conferencias y en línea, hemos escuchado estas razones para evitarlo:

"Mi vida anterior es cosa del pasado. ¿Para qué despertar esos recuerdos?".

"Mi pasado no me ha afectado. De cualquier forma, estoy empezando de cero".

"Estoy limpia y sobria ahora y mis acciones sexuales pasadas eran parte de mi adicción. ¿Por qué tengo que verlas? ¡No puedo disculparme de cosas que no recuerdo!".

"Por fin mi vida está estable. Ver mis patrones sexuales solo me va a traer más dolor".

"Ya no soy esa persona".

Podría incomodarnos mucho la idea de que nuestro pasado sexual tiene el poder de afectar nuestra conducta sexual presente. Sin embargo, entender cómo nos hemos formado nos permite cambiar. Conocernos a nosotras mismas y conocer nuestra historia abre aún más la posibilidad futura de elección y libertad sexual.

Al principio, las sobrevivientes de trauma sexual podrían sentir como si caminaran sobre una cuerda floja. Le coautore Vanessa recuerda la sensación desorientadora de equilibrar el deseo de ver honestamente lo que había pasado y sus acciones como respuesta a ello, y el deseo de evitar experimentar una retraumatización o vergüenza. Es cierto que recordar eventos traumáticos sin el respaldo adecuado puede generar un nuevo trauma. A medida que avances con las tareas de autoconciencia, te motivamos a que elijas un ritmo que sea seguro para ti y reúnas el apoyo que necesitas. Podrías llamar a alguien de confianza, una madrina o pareja de recuperación, hablar sobre el proceso en terapia, o llamar a una línea directa de ayuda.

A veces, necesitarás una inyección de valor para ver la realidad de tu vida. A veces, necesitarás permiso para ir lentamente, descansar y recuperarte.

A Ash le costaba mucho aceptar que había un patrón de abuso en sus relaciones. Durante su primera experiencia con la sobriedad, se resistía a hablar de su pasado sexual. Le había resultado muy doloroso construir una imagen propia de resiliencia y fortaleza. Aunque era consciente de que había sufrido abuso sexual en la infancia, nunca había considerado las experiencias sexuales posteriores como abuso porque, por lo general, satisfacía sus necesidades básicas de sobrevivencia mediante el sexo: un lugar para vivir, drogas, seguridad física, etc.

Al principio de su vida adulta, Ash había desarrollado una relación con Ben que se basaba en el respeto mutuo pero, en última instancia, experimentó síntomas de salud mental y conductas que hicieron que Ben no se sintiera seguro. Para Ash, la pérdida de esta relación fue lo más importante, no su pasado. No obstante, una voz interior le pedía que mirara con más profundidad su historia sexual, con la esperanza de encontrar pistas para el presente.

Al trabajar con una terapeuta de trauma, Ash descubrió que hablar de sus patrones sexuales había sacado a la luz material doloroso que había estado enterrado muchos años, incluidos recuerdos de abuso sexual cometido por otros adultos, además de su padrastro. "Pensaba que, en mi niñez o adolescencia, usaba a la gente para sobrevivir", recuerda Ash. "Pero ellos eran los que abusaban de mí porque ¡yo era menor de edad!". Esta fue una distinción importante para Ash.

Al mismo tiempo, cuando Ash reflexionó sobre su conducta, pudo ver cómo había continuado el patrón de tener sexo como medio para un fin. "Terminé usando a algunas personas y lastimándolas", agrega. "Y algunas de ellas terminaron lastimándome a mí también". Ash le contó a la terapeuta sobre la pareja que había tenido antes de Ben, con quien había vuelto a consumir heroína y alcohol. "Teníamos peleas físicas", recuerda. "Drogarnos y tener sexo era una de las mejores formas de terminar la pelea".

Mientras consultaba a una terapeuta especializada en trauma, Ash siguió trabajando en Los Doce Pasos con su madrina. Ash había consumido alcohol y otras drogas desde la adolescencia para lidiar con el dolor del trauma en su vida y para desarrollar seguridad en situaciones aterradoras. Ahora que había logrado la sobriedad, el dolor que Ash sentía sobre sus relaciones sexuales era abrumador. "No quiero repasar cada detalle de quién le hizo qué a quién", recuerda que le decía a su madrina de AA. "Quiero reconocer que causé mucho daño y que también me lo causaron a mí, y que a veces ocurría simultáneamente. No quiero hacer otra lista de errores".

La madrina de Ash vio la sabiduría de esta elección, aunque fuera contra las tradiciones de Los Doce Pasos. Para Ash, la lista de abusos y daños era menos importante que el reconocimiento de que no siempre había estado en control y los motivos para ello. Ash necesitaba procesar su sensación original de traición y miedo derivados del abuso sexual en su infancia y el abandono de su madre, y el hecho de que ahí era donde ponía su energía.

Mientras la terapeuta de trauma trabajaba lentamente con Ash en sus recuerdos y experiencias dolorosos (con cuidado y contención, usando técnicas de EMDR, diarios y apoyo grupal), la madrina de AA estaba pendiente de su sobriedad. Con el tiempo, Ash pudo examinar cómo su vida había seguido los patrones de sus experiencias de la infancia y vio que su sexualidad había soportado una carga enorme. Pudo manifestar una mayor sensibilidad hacia su yo infantil y cultivar su autocompasión. Ash siguió trabajando en mentoría en un centro de tratamiento, mantuvo su sobriedad y se ha esforzado por depositar una mayor confianza en sus amistades.

"Nunca dejaré de ser sobreviviente", es algo que ahora logra decir. "Pero no vivo huyendo de mi pasado. No soy solo eso".

Reconocer tu historia sexual puede ser emocionalmente desafiador. Tu historia podría no derivarse de abuso sexual en la infancia como en el caso de Ash, pero todos tenemos una historia que nos hace pensar, sentir y actuar tal y como lo hacemos ahora. Ver los patrones de tus interacciones sexuales podrían hacer surgir diversos sentimientos que no seas capaz de prever y no quieras experimentar.

Creemos que reconocer tu pasado, hasta donde puedas, te ayudará a avanzar hacia un futuro más saludable. Requiere medir la fe en el proceso y la resiliencia de tu yo interior. Las siguientes secciones te guiarán por el reconocimiento de tu pasado, tus patrones y la elección clara de lo que quieres llevarte de aquí en adelante y lo que no.

Infancia y problemas sexuales familiares

La primera tarea de la jornada exterior es buscar la verdad de tus experiencias sexuales familiares y en tu primera infancia. Tu sexualidad, que incluye tus ideas más básicas de lo que es y lo que significa el sexo, se formó en el crisol de tus experiencias de la infancia. Fue cuando empezaste a absorber los mensajes sobre el sexo que te han acompañado toda la vida. Puedes extraer esos mensajes de tu inconsciente, volverlos explícitos, ver tus creencias sobre la sexualidad y reconocer de dónde las sacaste.

Recuerdos

Empieza con tus recuerdos. Recuerda y di en voz alta o anota lo que experimentaste con respecto a la sexualidad en la infancia. Las conductas y actitudes de tus padres, abuelos, tíos, padres de acogida, hermanos mayores, y otros responsables de tu cuidado han influido en gran medida en tus sentimientos sobre tu cuerpo, tu sexualidad y tus relaciones. Recordar esas conductas y actitudes y especificar incidentes particulares generará más recuerdos y perspectivas acerca de las conexiones entre las actitudes de tu hogar y las tuyas.

Si no estás en terapia o en un grupo de apoyo para la recuperación, escribir un diario personal o en el *Cuaderno de trabajo de Despierta tu sexualidad* es buen paso hacia el reconocimiento del papel que la sexualidad desempeñó en tu familia.

Pregúntate lo siguiente:

- ¿Cómo tus padres o los responsables de tu cuidado expresaban sus sentimientos entre ellos? ¿Eran cariñosos delante de ti? ¿Alguno de tus padres o los responsables de tu cuidado hacían bromas sobre lo difícil que era llevarse a su pareja a la cama? ¿Alguno de tus padres o los responsables de tu cuidado actuaban como si el sexo fuera una carga que debían soportar?
- ¿Tus padres o los responsables de tu cuidado hablaban abiertamente sobre los cambios que experimentarías en la adolescencia, o acerca de límites sexuales, sexo seguro o prevención de embarazos?
- ¿Alguna vez hubo una conversación sobre sexualidad queer o se esperaba que fueras heterosexual?
- Si tenías un sistema familiar complejo, con divorcio o varios padres y padrastros, ¿notabas una cultura diferente en los diferentes hogares?
- ¿Qué *no* decían tus padres o los responsables de tu cuidado?
- Si tuviste contacto con tus abuelos, ¿sus valores parecían similares o diferentes a los de tus padres o las personas que te cuidaban?

Tus respuestas a este tipo de preguntas empezarán a crear una imagen más completa de los mensajes que recibiste sobre el sexo y el género, y sobre la forma en que te los transmitieron. Ahora, profundiza más y explora el tono emocional.

- ¿Los mensajes sobre el sexo se expresaron como advertencias y reprimendas, o fueron más implícitos, contenidos en silencios y en vacíos en la conversación?
- ¿Los responsables de tu cuidado eran tranquilos y relajados con respecto a la sexualidad, tal vez con la esperanza de no causarte mucha tensión? Recuerda cómo te sentías en esos momentos.

Investigar estos recuerdos puede ser todo un desafío. Si sufriste abusos sexuales cuando eras niña, o sospechas que podrías haberlos sufrido, se recomiendan la terapia individual y quizás otros apoyos. Podrías buscar a un profesional de orientación con experiencia de trabajo en trauma sexual infantil y que sepa cómo ayudar a las clientas a recuperarse del abuso en la infancia, como hizo Ash.

Algunas personas que han experimentado abuso en la infancia no logran recordar completamente incidentes específicos, y eso no significa que su dolor sea menos severo. Ash, por ejemplo, tenía recuerdos claros de algunos de los abusos que experimentó de parte de su padrastro, pero también tenía fases largas de su infancia que no recordaba. Su terapeuta especializada pudo ayudarle a aceptar este aspecto difícil de su trauma.

El trauma afecta nuestra memoria. Algunas personas tienen la teoría de que el objetivo es la protección: cuanto menos recordamos, menos podríamos sufrir. Otras creen que los recuerdos simplemente están reprimidos pero aún residen en el cuerpo. De cualquier forma, si tienes síntomas en el presente, como pesadillas recurrentes, ataques de pánico, conductas adictivas, etc., y sospechas que están relacionadas con abuso sexual en la infancia u otro tipo de violencia familiar, es prioritario que encuentres a un equipo de apoyo correcto.

Hablar con los miembros de tu familia

Puede ser útil hablar con tus hermanos, primos u otros miembros de la familia acerca de lo que recuerdan de sus experiencias de la infancia. Podrías obtener validación de tus propios sentimientos y, sin duda, obtendrás perspectivas sobre cómo otros familiares recuerdan lo que ocurrió. Tal vez no reconozcas a los personajes de sus recuerdos porque sus percepciones o experiencias fueron diferentes de las tuyas, lo que es una fuente de información importante.

Antes de que acudas a los miembros de tu familia con este tema, considera si son capaces de tener una conversación tranquila y adulta acerca de la sexualidad. También tienes que pedirles su consentimiento para participar. Si hubo abuso, adicción u otra forma de trauma en tu infancia, los miembros de tu familia tienen sus propios recuerdos dolorosos y tal vez no estén tan preparados como tú para hablar de ellos.

Si tienes contacto con tus padres o los responsables de tu cuidado y sientes que pueden hablar de estos asuntos contigo de manera segura, una conversación acerca de sus valores y elecciones durante tu infancia podría ser esclarecedora. Para tus padres podría ser más fácil revelar su incomodidad y ansiedad sobre el sexo y la forma en que te criaron ahora que tu infancia quedó atrás. Incluso podrían estar arrepentidos de sus actitudes sexuales y la manera en que las transmitieron. Podrían agradecer la oportunidad de expresar la insatisfacción que sienten ahora acerca de las prácticas con las que los criaron a ellos y compartir detalles al respecto.

A veces, el valor de hablar con los padres no está en obtener validación o información, sino en el propio proceso. Ser directa, honesta y asertiva puede ser una conquista personal importante, independientemente de la respuesta. Si la idea de hablar con tus padres sobre este tema te da pánico, haz una pausa e investiga el miedo. Como siempre, tú eliges qué hacer. Podría ser algo desafiador, pero no tiene que causar un trauma adicional.

Tu meta a la hora de hablar con tus padres o los responsables de tu cuidado acerca de sus actitudes sexuales cuando eras niña es aprender más sobre la fuente de tus creencias sobre la sexualidad ahora que eres adulta. Si llegas a la conversación con la expectativa de cambiar las creencias de tus padres, es probable que te decepciones. Si esperas una disculpa por lo que te parece que fueron actitudes dañinas de su parte durante tu infancia, es probable que no la recibas. Pero si realmente deseas aprender más sobre cómo lidiaban con la sexualidad en el hogar de tus padres cuando eran chicos, podrías salir de la conversación con una mayor comprensión de tus propias actitudes y su origen. La capacidad de comunicarte con los demás acerca de tus actitudes es esencial para tu propia comprensión, aceptación y crecimiento.

Durante varias semanas, después de que salió en las noticias la historia de un predador sexual de las celebridades, el grupo de recuperación de Michelle estuvo comentando cómo habían aprendido sobre el sexo y los límites cuando eran niñas. La noticia había disparado recuerdos y síntomas dolorosos para algunas mujeres del grupo con historias de abuso sexual en la infancia y, a medida que el grupo las apoyaba, las conversaciones regresaban a cuánto había afectado su familia de origen la propia comprensión y las actitudes sexuales de cada persona.

Muchas de las mujeres del grupo habían experimentado atención inapropiada de familiares o amigos de la familia mayores, y comentaron lo poco preparadas que se sentían la mayoría de ellas para decir no, lo difícil que fue contárselo a alguien y cómo las había afectado que no les creyeran.

Incentivada por las historias de otras mujeres del grupo, Michelle por fin compartió que había sido agredida sexualmente años antes, mientras trabajaba como asistente legal. Con todo el apoyo que recibió, pudo procesar parte de su miedo, vergüenza y furia del evento.

"Sentía que le había dado al tipo falsas esperanzas durante varios meses", le comentó Michelle al grupo, "porque no quería herir sus sentimientos. Nunca le dije que sí cuando se me insinuaba, pero tampoco le dije realmente que no". Michelle ahora se sentía furiosa consigo misma. "Cuando me atacó, sentí que no podía moverme ni hablar. Ni siquiera en ese momento le dije que no".

Una mujer del grupo le dijo de inmediato: “Michelle, él te mostró exactamente por qué le tenías miedo. Tratabas de mantenerte a salvo de alguien que cruzaba los límites a diestra y siniestra. Tal vez no hayas sido la primera mujer que ese tipo lastimó y es probable que no hayas sido la última. Estabas tratando de evitar que se enojara: ¡es perfectamente lógico!”.

Otra mujer le brindó más apoyo: “Quedaste paralizada. Eso es completamente normal. No dijiste que no porque no podías hacerlo. Tu cerebro asumió el control y te paralizó porque estabas bajo amenaza. Tú no hiciste nada malo. Para empezar, él no debía haberte puesto en una posición en la que tuvieras que decirle que no”.

“¿Cómo aprendieron todo eso?”, preguntó Michelle. Las respuestas fueron variadas. Algunas mujeres del grupo habían sido educadas sobre límites de una forma más cómoda y madura, mientras que otras, como Michelle, recordaban principalmente el silencio y la incomodidad en torno del tema cuando eran niñas. Algunas tuvieron terapeutas que les habían recomendado libros sobre la recuperación del abuso, el acoso, la violación o la violencia sexual. Algunas habían conocido a otras mujeres en centros de tratamiento o en el sistema legal criminal que lidiaban con los efectos de su trauma. Algunas tenían parejas que las habían ayudado a encontrar una mayor comprensión del amor y la seguridad.

Lo que todas tenían en común es que habían tenido que educarse por su cuenta cuando se hicieron adultas, al madurar, tener nuevas experiencias y desarrollar su propio sentido de lo que significaba para ellas la sexualidad.

Una mujer del grupo compartió que a su madre la habían violado y siempre les había dicho a ella y a sus hermanas que necesitaban estar juntas y “patear en la espinilla” a quien tratara de tocarlas. “Nunca nos dijo que el sexo podía ser agradable para nosotras”, agregó. “El mensaje era que teníamos que protegernos de los hombres”. Michelle se dio cuenta de que había muchas cosas que no sabía de su madre, Donna. Se preguntaba cuándo y cómo se habían formado las ideas de Donna sobre la sexualidad y los límites.

Michelle siempre se había sentido incómoda hablando de sexo con ella y recordaba cómo, cuando le vino la menstruación por primera vez, su madre le había dicho que tenía que "cerrar las piernas". El padre de Michelle experimentó la adicción activa al alcohol durante toda la infancia de Michelle y ella se dio cuenta de que nunca los había visto a él y a Donna expresarse afecto, picardía o atracción.

Todas las mujeres del grupo de Michelle acordaron tener al menos una conversación por semana con una persona de su vida que hubiera afectado su entendimiento de la sexualidad. En el caso de quienes no tuvieran a sus padres vivos o no pudieran comunicarse con ellos de forma segura, podría tratarse de otro familiar o una antigua amistad.

Michelle se sorprendió de que su madre pareciera abierta a tener una conversación telefónica acerca de sus actitudes sexuales durante la infancia de Michelle. De hecho, cuando Michelle comentó que le gustaría hacerle algunas preguntas sobre su propia crianza, casi parecía que Donna había estado esperando tener permiso para compartir su historia.

Los padres de Donna se habían conocido en la secundaria, justo antes de que el padre (el abuelo de Michelle) se desplegara en el Pacífico, durante la Segunda Guerra Mundial. "Nunca hablaron de tiempos", comentó, pero por la rapidez con que se casaron y nació su primer hijo, parece claro que "su madre quedó embarazada y tuvieron que tomar esa decisión". Donna recordó cómo su madre le enseñó a abrochar su faja y sus compresas menstruales de tela, además de una única conversación sobre cómo debía mantenerse "pura" y nunca dejar que un hombre le pusiera las manos o los labios encima hasta que fuera su esposo.

"Claro que no seguí ese consejo", se rió Donna. Michelle se sorprendió un poco porque nunca había imaginado que su madre tuviera otras relaciones antes de su padre. "Salí con muchos chicos antes de tu padre", le contó Donna, "y esa fue la diferencia. Tu padre era un joven".

"Entonces, ¿por qué siempre me dijiste que debía esperar para tener sexo hasta que me casara?", preguntó Michelle.

"Porque no siempre fue divertido para mí", respondió Donna en voz baja. "En esa época, que te vieran como una chica libertina significaba que algunos chicos pensaban que simplemente podían aprovecharse de ti como quisieran".

De repente, Michelle se dio cuenta de que su madre había sido agredida sexualmente y nunca había dicho nada. Sintió una oleada de tristeza y compasión por la vergüenza que parecía que aún experimentaba su madre. Michelle respiró hondo y le dijo: "Entonces pensabas que me estabas ayudando a estar a salvo de situaciones peligrosas al evitar que fuera 'libertina'",

Donna suspiró. "Me imagino que sí", le dijo. "A tu padre no le importaba mi pasado; simplemente pensaba que yo era inteligente y divertida y nos llevamos tan bien en los primeros años que yo siempre sentí que tenía una deuda de gratitud con él".

Durante esa llamada, mientras su madre le contaba su propia historia, Michelle tuvo la sensación de estar frente a piezas de un rompecabezas que por fin encajaban. Para Michelle, resultó lógico que Donna hubiera soportado el alcoholismo de su padre porque se sentía avergonzada de la conducta que ella había tenido antes de casarse. Tenía más sentido que nunca hablara de sexo porque eso reavivaría las propias experiencias traumáticas de su madre.

Michelle se dio cuenta de que había creado enormes expectativas de sí misma y de Chris, su esposo, porque quería tener un matrimonio "mejor" que el de su mamá. Cuando colgó, lloró y escribió algunas notas sobre su experiencia para compartirlas con su grupo.

Desafíos para un desarrollo sexual saludable en la infancia

Muchas familias saludables que son constructivas en otras áreas flaquean cuando se trata del sexo. Se trata de un asunto difícil y poderoso. Debido a que la sexualidad es tan polarizadora en la sociedad estadounidense y puede ser tan difícil emocionalmente para los padres hablar de ella, la mayoría de nosotras recibimos cierta forma de mensajes negativos, incluso en forma de silencios.

A medida que las nuevas generaciones de padres tratan de mejorar lo que experimentaron en su infancia, hay más recursos disponibles para respaldar conversaciones apropiadas según la edad sobre la sexualidad y el género. Aun así, los educadores sexuales, médicos, psicoterapeutas y otros profesionales que trabajan con sexualidad dan fe de que tenemos mucho camino por delante.

Hay diversas formas en que las familias pueden afectar negativamente nuestro desarrollo sexual, desde provocaciones incómodas hasta abuso sexual. Solo tú sabes hasta dónde tus propias experiencias de la infancia te han afectado, pero tal vez te resulte útil leer una lista de experiencias más o menos comunes y ver si alguna de ellas se aplica a tu caso. Junto con las mujeres y las personas no binarias con las que hemos trabajado hemos identificado los siguientes desafíos:

- Mi familia me dio información incompleta y confusa sobre el desarrollo sexual y lo que podía esperar de las experiencias sexuales.
- Mis padres siempre me dijeron que me cubriera el cuerpo. No querían que "me les ofreciera" a los chicos de esa forma, lo que me hizo sentir insegura y temerosa de la sexualidad masculina.
- Mi madre me sometió a diversas dietas, me avergonzaba por el tamaño de mi cuerpo y me decía que nunca iba a conseguir un hombre si era gorda. Pero *soy* gorda y lo he sido toda mi vida, independientemente de lo que haga. Me ha tomado

años recuperarme de mi trastorno alimenticio para dejar que mi cuerpo sea del tamaño que es en realidad.

- Era muy pequeña y estaba jugando al "médico" con un amiguito antes incluso de que fuera consciente del sexo. Mi abuela nos vio, envió a mi amigo a su casa y me encerró en mi habitación por horas. Me sentía avergonzada y aterrada y no tenía idea de qué había hecho malo.
- Mi religión era muy clara: no sientas deseo sexual y, si lo haces, bajo ninguna hipótesis seas gay. A los doce años, sabía que no había espacio para mí porque quería besar chicas. No pude salir del closet hasta que tuve edad para mudarme y salir de casa.
- Mi tía siempre me hacía comentarios sexuales inapropiados, hablaba sobre los cambios de mi cuerpo o me preguntaba sobre mis experiencias sexuales. Me contaba sobre los hombres con los que había tenido sexo, ¡pero yo no quería saber al respecto!
- Un amigo de mis padres siempre inventaba excusas para tocarme, abrazarme o empujarme con su cuerpo contra la pared "jugando"... Yo dejaba que eso pasara porque pensaba que si trataba de rechazarlo haría una escena.
- Mis padres dormían en camas separadas y tenían mesas de noche y lámparas separadas. Las camas siempre estaban impecables, como si nadie hubiera dormido en ellas. ¡No imagino cómo pudieron acercarse lo suficiente para concebirme!
- Mi tía y mi tío abusaron sexualmente de mí durante años. Cuando traté de preguntarles a mis primas si alguna vez les había pasado algo así, me gritaron, dijeron que yo era una mentirosa que sería capaz de decir cualquier cosa para llamar la atención y me alejaron de ese lado de la familia.

- Mis padres siempre hablaban de su vida sexual delante de mis hermanos y de mí. Decían que querían que estuviéramos informados y nos sintiéramos cómodos con el sexo porque era una parte muy importante de la vida. Pero, a medida que fui creciendo, me di cuenta de que ellos nunca consideraron la posibilidad de estar irrespetando nuestros límites.
- Tuve un profesor que me pedía que me quedara después de la clase, sola. Se sentaba a mi lado y se inclinaba sobre mí mientras yo hacía "créditos extra". Me respiraba en la oreja y, con el tiempo, se empezó a tocar mientras yo completaba los ejercicios. Eso me enfermaba y avergonzaba, pero nunca se lo conté a nadie.
- Antes de irme a la universidad, mi madre me preguntó si tenía alguna pregunta sobre sexo. Nunca habíamos hablado de eso y yo ya tenía sexo con mi novio, así que le dije que no. Me respondió: "Muy bien, imaginé que era probable que ya lo supieras todo". Me pregunto dónde cree que obtuve esa información.

Estos eventos pueden tener un efecto diferente en diferentes personas. En vez de definir la *sexualidad saludable* en términos de cómo deberían verse o comportarse los cuerpos, podemos pensar en el funcionamiento sexual saludable como consecuencia de la honestidad, la comunicación clara y la libre elección. Es de esperarse cierto grado de vergüenza o incomodidad durante el desarrollo sexual adolescente, pero la sensación de estar atrapadas en experiencias sexuales que no queremos es una indicación de abuso.

Podríamos descubrir que tenemos valores muy diferentes de los de nuestros padres, lo que es común. Esto es especialmente válido para las personas queer, trans y no binarias. No obstante, nuestro sentimiento de inseguridad emocional o física cuando tratamos de comentar nuestras diferencias también podría ser indicación de abuso.

Independientemente de que hayas crecido en una ignorancia confusa de la sexualidad, un nivel de exposición incómodo o quizás una mezcla extraña de ambos, mereces entender tus propias experiencias y procesar sus efectos con seguridad. Si sabes que te violaron sexualmente cuando eras niña o joven, podrías tener respuestas emocionales y físicas mucho más fuertes a esta parte del proceso de recuperación.

En vez de juzgarte por no mostrar la calma y compostura que quisieras, te motivamos a que estés consciente de cómo te sientes en realidad y de enfrentar esos sentimientos con cuidado y respaldo. El estrés y los recuerdos dolorosos pueden ser "motivos" para volver a las conductas adictivas, así que es importante que tomes tu tiempo, te cuides y permitas que tus sentimientos y recuerdos te recorran lentamente, parte por parte, mientras mantienes la recuperación que ya lograste.

Identificar y comunicar los límites

Cuando alguien se te acerca demasiado, sientes que se han violado tus límites físicos. Es posible que te vayas echando hacia atrás para establecer la distancia correcta para ti. Los límites emocionales funcionan igual. Los límites dicen: "aquí es donde tú terminas y yo comienzo".

En las familias con desafíos emocionales considerables debido a la adicción, el abuso u otro trauma, los límites físicos suelen ser demasiado rígidos o enredados. Los límites rígidos son como paredes entre los niños y los responsables de su cuidado. "En mi familia nadie se tocaba nunca", nos contó una mujer. "Cuando mis padres se acercaban mucho para sacarnos una foto, se sentía muy incómodo. ¿Recuerdas el escudo invisible que mencionaban en los anuncios de pasta dental? Era lo que pasaba con mis padres y el afecto: como si hubiera un escudo invisible entre nosotros". La falta de contacto en la familia de esta mujer le generó la sensación de distanciamiento, aislamiento y soledad. En su vida adulta, solo se sentía segura cuando estaba desconectada y cerrada emocionalmente. Le costó mucho aprender a desarrollar intimidad.

En el otro extremo, las familias con límites enredados o demasiado permeables pueden confundir a los niños sobre dónde terminan ellos y empiezan los demás. Los responsables del cuidado con un sentido poco claro de sus propios límites y los de los demás pueden ser especialmente invasivos con sus niños. Esto puede crear una forma nociva de cercanía e intensidad de sentimientos.

Una mujer nos relató: "Mi madre era psicóloga, por lo que era de esperarse que fuera un poco más sensata. Siempre quería saber qué pensaba y qué sentía yo. Luego, analizaba mis pensamientos y me explicaba que yo no estaba de mal humor porque tuviera gripe, sino ¡porque estaba evitando mis sentimientos! Parecía que siempre estaba dentro de mi cabeza. Me imponía su propia versión de la realidad, en vez de validar y respetar lo que yo experimentaba". Los niños criados en familias demasiado enredadas carecen de un sentido de separación e individualidad que les permita saber y decir lo que está bien y lo que no lo está. Podrían transformarse en adultos que, inconscientemente, irrespetan los límites de los demás y permiten que los demás irrespeten los suyos.

Los límites sexuales con frecuencia son muy confusos en las familias con múltiples desafíos. Los padres podrían ser invasivos y rígidos a la vez. Los adolescentes podrían carecer de privacidad en el baño y, al mismo tiempo, ser obligados a someterse a regulaciones poco realistas con respecto a salir con otros chicos. Los responsables del cuidado podrían expresar horror ante una desnudez involuntaria pero tolerar tocamientos inapropiados; algunos se tocan entre ellos y a sus niños con total impunidad.

Una clienta contaba: "Cuando tenía doce años, mi padre siempre hacía comentarios sobre mis senos, por ejemplo, que me rebotaban y debería usar un sostén. Eso realmente me avergonzaba e hizo que me volviera muy cohibida. Pero, cuando traté de hablar de sexo con mis padres, me dijeron que no tenía edad para saber nada". Mensajes confusos, silencios confusos y una gran cantidad de reglas específicas: es algo muy difícil de lidiar para los jóvenes.

Los padres también podrían ser invasivos sin ser rígidos, lo que los amigos de los hijos suelen interpretar como que son "geniales". A los padres podría parecerles que no hay nada de malo en interactuar con las cuentas de las redes sociales de sus hijos, hacerse amigos de los chicos con los que sus hijos salen o beber con sus hijos adolescentes y sus amigos. Lo que importa es si los hijos se sienten cómodos con esta conducta o les incomoda y les genera impotencia e incapacidad de expresar sus límites.

Por otra parte, los responsables del cuidado pueden ser rígidos sin ser invasivos. Podrían evitar escuchar a los jóvenes cuando quieren hablar de cómo anda su vida, minimizar sus experiencias y decirles "Espera hasta que seas mayor". Los responsables rígidos pero distantes hacen cosas como exigirle a su hija que vuelva de sus citas siempre a las 10 p. m., incluso si la película que fue a ver termina a las 10:15 p. m., y luego prohibirle que vuelva a ver a la persona que le gusta porque llegó tarde.

Los niños que no tienen claros los límites sexuales se transforman en adultos que manifiestan confusión acerca de la conducta sexual apropiada cuando tienen una cita y podría resultarles difícil negarse si los demás los presionan. Pocos padres son capaces de ayudar a sus adolescentes a entender qué tipo de juegos sexuales "están bien" en una cita, porque no saben cómo motivar a sus hijos a *sentir cuáles son sus propios límites*. Aún menos comunes son los padres que cuentan con las herramientas para ayudarles a sus adolescentes a desarrollar un sentido de la expresión sexual apropiada cuando lo que empezó como una cita avanza para convertirse en una relación.

Es importante echarles un vistazo detallado a los límites físicos, emocionales y sexuales de tu infancia. ¿Dónde estaban? ¿Cuándo sentiste que los irrespetaron? ¿Ansiabas más proximidad y menos rigidez? ¿O necesitabas límites definidos con mayor claridad? Tus respuestas a estas preguntas podrían darte una perspectiva de cómo defines tus límites ahora y si te gustaría cambiarlos. Los límites pueden crear seguridad y oportunidades de intimidad al mismo tiempo. ¿Cómo sería esto en tu propia vida?

Como adulta en recuperación de una adicción o un trauma, es probable que estés trabajando en la identificación y expresión de los límites. Identificar los límites es el trabajo interno y expresarlos es el trabajo externo. Podría resultarte positivo practicar los siguientes pasos:

1. **Nota que necesitas un límite e identifica cuál es.** Los límites tienen que ver con fronteras y protección; necesitamos límites para definirnos y evitar que nos fundamos con los demás sacrificando nuestro yo. Si se han irrespetado tus límites repetidas veces, es probable que tengas problemas para notar cuándo necesitas un límite. Aprender a sentir tus propios límites requiere que entres en sintonía con las sensaciones de tu cuerpo, algo llamado conciencia plena o mindfulness.

   ¿Cuándo sientes que te aprieta el pecho o se cierra tu garganta, una descarga de calor o de frío, el deseo de sacudir tus manos o piernas, la dificultad para respirar hondo, náuseas, o el deseo de disociarte? Pon atención y mira si está ocurriendo algo de lo que quieras escaparte, cambiar o rechazar. En esta situación, ¿te sientes temerosa o con cierta dificultad pero segura para continuar? ¿O te sientes fuera de control e insegura y necesitas dar un paso atrás y establecer límites?

   Todos tenemos un sensor interno que decide si estamos bien o no. A veces, le coautore Vanessa lo llama el "medidor de todo bien/todo mal". Cuando empiezas a sentirte mal con respecto a una situación, podría ser hora de establecer un límite. Cuanto mayor sea tu capacidad de escuchar las sensaciones de tu cuerpo, mayor será tu información sobre lo que está bien para ti o lo que no lo está. Esta capacidad se obtiene con tiempo y práctica. No te desanimes si no tienes claras las respuestas de tu cuerpo de inmediato.

2. **Si corresponde, comunícales tu límite a quienes podrían verse afectados.** Este paso es especialmente difícil para las sobrevivientes de abuso y violencia pero, una vez que estamos en condiciones más seguras, es muy importante practicarlo. Comunicar un límite es diferente de pedirle a otra persona que cambie su conducta. Los límites no controlan a los demás; les dicen lo que haremos y lo que no haremos. "Ya no voy a hablar más de ese tema hoy" es un límite. En contraste, "¡Deja de hablarme de eso!" es pedirle a alguien que cambie su conducta.

   Hay momentos en los que no es apropiado comunicar un límite. Tienes la libertad de dejar de comunicarte con cualquier persona, en cualquier momento. Ten en cuenta que la comunicación de límites forma parte de una relación continua y que crear límites sin comunicarlos suele significar que te estás alejando de la relación.

3. **Preocúpate por ti, independientemente de la respuesta de los demás al límite.** Identificar y comunicar los límites puede causarnos estrés, en especial cuando empezamos a practicar. Podríamos ser demasiado estridentes o muy tímidas al principio. Podría aterrorizarnos lo que la otra persona diga o haga, sobre todo si hemos sido violadas antes. Independientemente de lo que pase, recuerda que establecer límites es una habilidad que puedes aprender y, a medida que la practicas, requiere tiempo y cuidado propio después. Incluso si todo sale bien, toma un momento para reconocerlo. Esto te ayudará a sentirte más segura la próxima vez.

4. **Separa un momento para considerar el límite y revisarlo cuando sea apropiado para ti.** A veces, después de establecer un límite, podrías querer volver atrás y considerarlo de una forma más integral. Fuera del calor del momento, tal vez puedas ver por qué surgió el límite y hacer elecciones más claras para ti acerca de cómo proceder. Los límites no se supone que sean muros de cemento. Su objetivo es cultivar un sentimiento de seguridad para nosotras y las personas con las que tenemos una relación. Esto significa que cambian a medida que nosotras cambiamos, y eso es algo bueno.

Nombrar el pasado personal

Nombrar tus experiencias sexuales es esencial para desarrollar la honestidad acerca de la sexualidad en la recuperación. Decir en voz alta lo que pasó y lo que no pasó y nombrarlo como corresponde suele ser un proceso doloroso. Debemos hacer el duelo por el dolor que nos causaron y por el daño que podemos haberles ocasionado a otras personas.

A medida que empieces a ver tu pasado sexual, podrías descubrir (así como Ash), que has minimizado los abusos de tus experiencias sexuales. Ash le dijo a su terapeuta de trauma: "He tenido mucho sexo que no quería. Sé por qué lo hice pero, aun así, creo que no quería enojarme con la gente que me forzó a tener sexo a cambio de algo que yo necesitaba de ella. No quería creer que fueran tan egoístas, o que habían abusado de mí una y otra vez, mucho después de haber salido de la casa donde me lastimó mi padrastro. Era demasiado deprimente darme cuenta de que había salido de una situación de explotación para caer en otra".

Es muy importante poder ver algo como realmente es y etiquetarlo de acuerdo con las palabras que te parecen adecuadas. Cuando Ash pudo nombrar su experiencia, le ayudó a ver que había hecho lo mejor que había podido para sobrevivir a una situación terrible durante años después del abuso sexual inicial en su infancia, y que había sufrido de coerción, explotación, violación y agresión sexual.

Nombrar el pasado puede ser una experiencia dolorosa. Como sucede con muchas personas que han sido lastimadas, podrías haber sobrevivido escondiendo la conciencia de la realidad de tus experiencias sexuales. Pero, a medida que creces en tu recuperación, encontrarás que superar conductas antiguas significa decir la verdad acerca de dónde has estado.

Si crees que nombrar honestamente el pasado te genera sentimientos inmanejables, no dudes en buscar ayuda. Los grupos de autoayuda, grupos de apoyo y la terapia individual pueden respaldarte al enfrentar la realidad de tus experiencias sexuales pasadas.

Unirte a un grupo de apoyo

Nombrar tu pasado podría ser más fácil cuando estás en un grupo de recuperación que incluya la sexualidad como uno de sus temas. En un grupo de este tipo, muchas mujeres, personas no binarias y personas con género expansivo se sienten seguras por primera vez en su vida para hablar y nombrar lo que realmente les pasó. Podrías descubrir que tus experiencias con la sexualidad son similares a las de otras personas del grupo y que ellas saben y entienden exactamente de qué hablas.

"No estaba segura de querer integrar un grupo de mujeres", nos comentó una mujer. "Pensaba que, por ser trans, las otras mujeres podrían pensar que no pertenecía allí. Pero, por el contrario, me sentí completamente bienvenida y me di cuenta de que no estaba sola en mi lucha con el alcohol, las drogas y la recuperación de la violación. Claro que las mujeres cisgénero tuvieron experiencias diferentes, pero tenían secretos y vergüenza y pudimos conectarnos mediante esos temas. Me ayudó a sentirme más firme cada vez que asistía".

Estar en un grupo puede ayudar a eliminar la carga enorme de la responsabilidad individual que sentimos con frecuencia en nuestras luchas con la sexualidad. Muchas, llegan a ver que sus conductas adictivas son reacciones al abuso, los traumas generacionales y otros problemas que son mucho mayores que una sola persona. En un grupo, podemos empezar a aceptar las formas en que nuestra expresión sexual ha reflejado nuestra autoestima o nuestro deseo de ser aceptadas, amadas y validadas.

Lamentablemente, muchos grupos de recuperación femeninos y queer tienen un acuerdo tácito de no hablar de sexo. Esto puede enviar el mensaje de que el sexo no debe ser importante en la recuperación del consumo de sustancias, puesto que nadie habla de él. O las personas que asisten podrían temer que nadie más tenga dificultades y problemas sexuales, y que hay algo muy diferente (y roto y equivocado) con ellas.

Si formas parte de un grupo en el que no se menciona el sexo, tal vez necesites romper el hielo sugiriendo la sexualidad como tema de una reunión particular. Fue así como Michelle y su grupo empezaron a hablar de la sexualidad. Una de las participantes en el grupo preguntó si podía hablar del abuso sexual en la infancia porque habían salido varias noticias sobre un predador sexual de celebridades. El grupo apoyó la conversación y abrió niveles más profundos de compasión y recuperación.

El grupo de apoyo que Nova inició solía comentar asuntos sexuales porque todas eran mujeres, femmes y personas no binarias que trabajan en negocios relacionados con el sexo. Debido a que el trabajo sexual era un tema constante de conversación, el grupo también hablaba de sexualidad fuera del trabajo y se apoyaba en asuntos como las relaciones, el establecimiento de límites, la comunicación sexual, la salud sexual y muchos otros temas.

La sexualidad es uno de los asuntos de conversación más difíciles para la gente. Pero, cuando tenemos la oportunidad, es impresionante lo que necesitamos decir, lo que queremos decir y lo que tenemos que decir. Si no es apropiado para tu grupo, puedes buscar otro para obtener apoyo adicional que aborde específicamente la sexualidad y las relaciones.

Algunos grupos, como el de Nova, están a cargo de las propias participantes y otros están bajo la guía de terapeutas con licencia u otros facilitadores con capacitación especial. Si buscas en línea "grupo de recuperación" más el tema más importante para ti, puedes encontrar el camino correcto. Puedes buscar un grupo que trabaje con un texto, o participar en una reunión de recuperación para mujeres y ver si se ha formado algún grupo pequeño en torno de la sexualidad.

Programas de recuperación

Debido a una nueva conciencia de parte de mucha gente que trabaja en el campo de la recuperación, diversos programas de tratamiento tienen grupos regulares para mujeres y personas queer. Según el programa, estas reuniones deberían incluir a personas trans, no binarias y con género expansivo. Casi siempre, quienes participan manifiestan la importancia de estos grupos en su recuperación y cuánto valoran su existencia. Hay algo inherentemente empoderador en un grupo que se concentra en nuestra vida tal y como la experimentamos.

Este empoderamiento nos ayuda a nombrar nuestras experiencias honestamente. Si trabajas en un programa de tratamiento que no tiene grupos femeninos, podrías sugerir que uno de los grupos regulares se separe por género al menos una vez por semana. Los programas de tratamiento que han creado grupos para mujeres y han visto su eficacia los han transformado en parte de su programa estándar.

Los grupos de apoyo son de todas las formas y tamaños: algunos están a cargo de participantes, otros de un terapeuta o facilitador capacitado. Algunos son grandes, otros pequeños. Algunos se reúnen en persona, otros en línea. Algunos tienen un costo, otros son gratuitos. Algunos siguen un contenido, otros se basan apenas en conversaciones en tiempo real.

La mayoría de los programas de recuperación tienen directorios de reuniones y grupos y con frecuencia puedes enterarte de las sucursales preguntando en esas comunidades. Muchos terapeutas recomiendan ciertos grupos y una gran cantidad de orientadores coordinan grupos que tienen información publicada en línea. Tal vez tengas que buscar un poco hasta encontrar el grupo correcto. ¡O puedes empezar uno propio y trabajar con *Despierta tu sexualidad* y el *Cuaderno de trabajo de Despierta tu sexualidad* juntos!

CAPÍTULO 6

Enfrentar nuestros desafíos

Cuando mi cuerpo se siente bien, mi vida se siente bien y quiero seguir así y luchar por mi derecho de existir y de amar y de crecer y de evolucionar. Esto es válido en el contexto de una reunión, o de una relación, o de una noche haciendo el amor. No significa la ausencia de malestar, incomodidad, conversaciones difíciles o aprendizaje. Pero la mayor parte de la experiencia debería ser la presencia: estar viva plenamente. Y creo que eso ocurre cuando experimentas paz, placer, conexión. Como cantaba Nina [Simone]: "Feelin' good" (Al sentirte bien).

adrienne maree brown, *Pleasure Activism: The Politics of Feeling Good*

SOMOS SERES ricos y complejos y, para muchas de nosotras, la sexualidad es una faceta central de esta riqueza. No existe aislada, separada del resto de la vida. Nuestra sexualidad se ve afectada por todo lo que afecta nuestro estado de ánimo: el estrés, la ansiedad, las ansias de consumir drogas, el sueño, la nutrición, las conexiones sociales, etc. Puede ser útil considerar cómo nuestros sentimientos sexuales podrían estar relacionados con todo lo demás que ocurre en nuestra vida. Al reconocer estas conexiones podemos obtener otro nivel de comprensión personal.

Cuando empieces a decirte la verdad sobre tu pasado sexual, a ponerles nombres precisos a tus experiencias y a juzgarte menos, también empezarás a ver más a fondo lo que estabas buscando o querías comunicar mediante tu conducta sexual. Empezarás a reconocer tus anhelos. Tus anhelos podrían incluir que te abracen, que te toquen, que te amen, que te validen, estar en control, sentir emoción, probar algo nuevo, sentirte segura, evitar la soledad, sentirte conectada, disfrutar algo, escaparte, sentirte eufórica, mostrar amor.

Como parte de la jornada interior de la recuperación, miraste honestamente tus sentimientos sexuales y empezaste a enfrentar tu dolor. La jornada exterior de la recuperación requiere que mires honestamente tus patrones sexuales adultos y nombres tus experiencias.

En este capítulo, hablaremos un poco de algunos de los desafíos más comunes que vemos en la vida sexual de las mujeres, las personas no binarias y las personas con género expansivo que están en recuperación de la adicción y el trauma. Hablamos de la dinámica de relaciones desequilibradas, de evitar el sexo y de la conducta sexual fuera de control. Si te reconoces en estas descripciones, no estás sola; le ocurre a toda la gente en su propio proceso de recuperación. La sexualidad saludable (independientemente de cuál sea tu definición) empieza con la conciencia honesta de tus acciones pasadas y la identificación de los valores y deseos que tienes en el presente. Luego, viene la práctica de alinear tu conducta con tus valores y deseos.

Desequilibrio de poder en las relaciones

Nuestra sociedad socializa a las mujeres para que tengamos relaciones desequilibradas, es decir, nos enseñan a sentir satisfacción al satisfacer las necesidades de los demás, al ponerlos en primer lugar en nuestra vida. Venimos de muchas generaciones de mujeres que aprendieron a centrar su vida en torno de las necesidades de su pareja, sus cónyuges, sus hijos o sus padres ancianos, a menudo, a costas de su propio crecimiento, desarrollo y satisfacción. Esta historia es aún más compleja para las mujeres trans, las personas no binarias y las personas con género expansivo, además de las mujeres que tienen como pareja a otras mujeres. No obstante, nadie sale incólume de las normas de género dominantes en nuestra sociedad.

Incluso las mujeres que se rebelan contra estas normas se ven afectadas por ellas porque hacen que se sientan como mujeres "beligerantes" o "egoístas", cuyo inconformismo es peligroso para todo el mundo. Un ejemplo común son las miles de mujeres sin hijos que comparten su vida en redes sociales y reciben comentarios de odio y vergüenza en el sentido de que actúan contra la naturaleza y nunca serán realmente felices. Las mujeres trans y muchas personas no binarias deben luchar contra estas expectativas de las mujeres, además de las dificultades que generan los prejuicios contra sus identidades de género.

Debemos agregar apenas una nota breve de que, para algunas personas, el desequilibrio de poder es parte del juego sexual, como ocurre en el BDSM. Aunque tradicionalmente ha sido el acrónimo en inglés de *bondage, discipline, dominance, submission, sadism y masochism* (ataduras, disciplina, dominación, sumisión, sadismo y masoquismo), el BDSM se refiere a una amplia gama de prácticas de relación y sexuales que suelen involucrar un intercambio de poder claro entre la pareja. El BDSM consensual puede ser un excelente espacio para practicar límites, comunicación sexual y autoconciencia con parejas de confianza. El desequilibrio de poder en las relaciones *que causa angustia* es algo completamente distinto.

En el sexo kink consensual, que no es exactamente un sinónimo de BDSM, podría haber o no un desequilibrio de poder como parte de la experiencia. El *sexo kink consensual* se refiere más ampliamente a prácticas sexuales que se salen de las normas dominantes. No obstante, tanto en el sexo kink como en el BDSM, una dinámica de poder es una elección consciente de todos los involucrados y, entre los diversos sentimientos que pueden generar, deberían estar la satisfacción y el placer. Los desequilibrios de poder abordados en esta sección son muy diferentes: tienden a desarrollarse con el paso del tiempo sin conversaciones de por medio, causan angustia considerable y crean conflicto en las relaciones, lo que dificulta lograr una conexión sexual.

Cuando no aprendemos a definir y satisfacer nuestras propias necesidades emocionales, dependemos de los demás para nuestro propio sentido del yo y la autoestima. Podríamos tener dificultades para establecer límites porque tememos el abandono. Sexualmente, esto podría significar poner constantemente las necesidades sexuales de la pareja antes de las nuestras: tener sexo sin suficiente excitación, permitir que la pareja siempre decida el tipo de sexo que vamos a tener, tener sexo aunque nos sintamos molestas, sentirnos culpables de la respuesta de nuestro cuerpo a nuestra pareja, etc.

Es normal tener cierta dificultad para identificar y reivindicar los límites sexuales, porque es normal que hayas tenido una educación insuficiente o incluso incorrecta sobre tu sexualidad. Muchas mujeres criadas en hogares religiosos estrictos luchan contra el concepto de que no deberían tener ninguna autonomía sexual. Para otras, podría simplemente ser vergonzoso hacer un comentario cuando la pareja hace algo que no se siente bien. En ciertos casos, aprendemos a no herir el ego de nuestra pareja para que no se enoje, nos castigue o se vuelva peligrosa.

En una relación consensual en la que los adultos comparten el poder, los asuntos sexuales se consideran un motivo para bajar el ritmo, ser curiosos y ofrecer apoyo. Debido a que muchas de nosotras no aprendimos en la infancia que tenemos el derecho de que nos traten con dignidad y respeto, podríamos haber perdido la capacidad de escuchar, honrar y valorar nuestros propios sentimientos y deseos sexuales. Tal vez nunca hemos tenido a nadie que haya bajado el ritmo y tratado de entender nuestras dudas, miedos o inquietudes. Si unimos esta historia a la socialización de los chicos y los hombres, que les dice que tienen derecho al sexo cuándo y cómo lo quieran, el resultado será un desequilibrio de poder en la relación sexual. Claro que el problema del desequilibrio de poder no se reserva a las relaciones de tipo heterosexual, pero es donde se torna más visible y normalizado.

Valorar una relación no te desequilibra; de hecho, crea equilibrio e intimidad. Es la falta de mutualidad, la forma en que una de las personas pone más tiempo y energía en la relación que la otra, lo que puede generar dinámicas de relación desequilibradas.

En su libro *Emotional Labor: The Invisible Work Shaping Our Lives and How to Claim Our Power*, la autora Rose Hackman describe, a partir de investigaciones y con gran detalle, las formas en las que se espera que las mujeres brinden atención emocional y apoyo logístico a la vida de quienes las rodean, así como lo que ocurre cuando ese esfuerzo no es reconocido o correspondido. No es de sorprender que el resultado sea que las mujeres sientan mayor estrés y resentimiento.

En otras palabras, si se espera que una persona atienda las necesidades de la otra en la pareja y no hay suficiente reciprocidad para que la relación esté equilibrada, se producen estrés y resentimiento. Es muy difícil sentirte excitada, relajada, honrada y emocionada con respecto al sexo si has estado cuidado a otras personas todo el día y no ves que la tarea termine en el dormitorio.

Veronica, con setenta y pocos años, se identifica como una persona con un historial de dinámicas de relación desequilibradas. Creció en el medio oeste de los EE. UU., en el seno de una familia de clase trabajadora. Su madre era muy pasiva y se había casado a los dieciocho años para escapar de su familia abusiva. Veronica también había huido de su familia mediante el matrimonio, pero también a través de la educación. Sabía que necesitaba estabilidad financiera para salir de lo que consideraba un entorno sofocante, así que se esforzó mucho para conseguir becas y obtener de otras formas los medios para educarse. Durante años, trabajó como bióloga en un laboratorio médico del condado.

Cuando Veronica pensaba en su familia y en cómo aprendió sobre la sexualidad, reconocía algunos patrones familiares:

> "Fui criada en la década de los 50, cuando nadie, realmente *nadie*, hablaba de sexo. Mi madre ni siquiera me habló de la menstruación hasta que llegué llorando, a los once años, porque pensé que me estaba desangrando.

> Cuando me casé, a los diecinueve, era bastante ignorante acerca de mi propio cuerpo y el sexo en general. Me había masturbado desde que estaba pequeña y sabía cómo tener un orgasmo, pero no sabía que también podías tenerlo con una pareja. Durante los diez años en que estuve casada, nunca tuve un orgasmo. Simplemente pensaba que el coito era diferente de la masturbación. Más satisfactorio en ciertas formas, menos en otras.
>
> Mi esposo era alcohólico. Yo bebía con él por las noches. Teníamos sexo en la posición del misionero y yo me dormía ebria. A la mañana siguiente, tenía un dolor de cabeza horrible, pero siempre se lo atribuí a la bebida. No se me ocurría que el dolor de cabeza también podía ser respuesta a mi frustración y desesperanza y a las mentiras que me decía sobre mi vida.
>
> No tenía idea de que podía aprender y reivindicar mis propios deseos sexuales. Pensaba que, en el matrimonio, tu trabajo era complacer a tu marido y que, si no lo hacías, él te abandonaría y con toda razón. Ahora, cuando recuerdo los dolores de cabeza que tenía, me digo '¡por supuesto!'. Tenía acumulada una enorme tensión física y sexual que no liberaba, además de resentimiento".

A veces, desarrollamos adicciones o conductas compulsivas para escapar del malestar de nuestras relaciones desequilibradas. Michelle y Chris, mientras trabajaban en su desconexión en la terapia, llegaron a un sorprendente impasse: ambos sentían que cada uno dependía demasiado del trabajo emocional y físico del otro en su hogar.

Michelle había identificado que su bebida, además del alivio que le brindaba de otras formas, era una forma de escapar de las presiones de la maternidad, especialmente el agotamiento y la frustración de ser madre y ama de casa. Sentía que Chris esperaba que lo hiciera todo perfecto, como una esposa de los años 50, y estaba enojada con él por no ayudar más en la casa.

Para Chris, Michelle parecía incapaz de cuidar de su hogar y de los niños en el momento en que él volvía a casa después del trabajo, porque ella estaba bebiendo exageradamente. Él se sentía responsable de la seguridad de los niños, de cuidarlos cuando Michelle se emborrachaba por las noches, cuando salía a almorzar y beber, o cuando estaba de resaca. Además, aún estando en su trabajo, tenía que monitorearla después para garantizar que no tomara decisiones inadecuadas cuando estaba sola con ellos. Cuando Michelle dejó de beber y empezó su recuperación, también necesitaba horas lejos de los niños para ir a las reuniones. Aunque Chris vio una mejoría en su vida doméstica y estaba feliz por la sobriedad de Michelle, su relación necesitaba una comunicación más profunda sobre las expectativas de cada uno y sobre la forma de ayudarse en adelante.

Evitar el sexo

Podríamos sentir la necesidad de evitar el sexo con otras personas por muchos motivos. La mayoría de ellos tiene que ver con nuestra sensación de seguridad. Si no nos sentimos seguras para expresar nuestra sexualidad, trataremos de no hacerlo. Si nuestro cuerpo envía señales de peligro cuando alguien nos toca, evitaremos el contacto. A veces, nos esforzamos por crear más seguridad para nosotras mediante la sobriedad, la recuperación, la terapia y el apoyo grupal, pero aún nos sentimos temerosas, ambivalentes y evitamos las experiencias sexuales.

Evitar el sexo durante un periodo podría llamarse *celibato* o *abstinencia*. No hay nada de malo en tomar un tiempo para evaluar tus propios sentimientos sexuales sin tener sexo con otras personas, como decidió hacer Nova. Nova no planeaba mantener la abstinencia del sexo el resto de su vida. No obstante, sacar algunos meses para concentrarse en sí misma y aprender más acerca de su cuerpo, en especial sus dificultades con la adicción a las metanfetaminas y la restricción alimentaria, fue una experiencia positiva. Pudo centrarse en su propia recuperación sin la presión de ponerles atención a los sentimientos de otra persona acerca del sexo. A medida que Nova experimenta cambios en sus relaciones con la comida y con su propio cuerpo, podría tener más energía disponible para tener citas y parejas.

Lo importante es notar *cómo se siente* abandonar las expectativas del sexo. Si te sientes bien al evitar el sexo, como si te quitaras un peso de encima, evitar el contacto sexual con otras personas podría ser un experimento de autoconciencia y recuperación. Al igual que Nova, podría resultarte un lugar de libertad y una experiencia rica e informativa. Tal vez necesites esa pausa para volver a conectarte con tu propio cuerpo y tus sentimientos antes de empezar una nueva relación sexual o para volver a una relación conocida.

No obstante, si evitar el sexo te genera angustia, podrías investigar un poco la naturaleza de tu motivación para evitarlo. Algunas personas tienen la necesidad de evitar el sexo con otra gente porque tienen un historial de conducta sexual fuera de control. Es algo similar a la necesidad de dejar de beber antes de que la verdadera recuperación empiece a ocurrir. Es importante la calidad emocional del motivo para evitar el sexo. Algunas personas no tienen miedo; evitan el sexo simplemente porque no es lo que quieren para ellas. Otras quieren una mayor conexión sexual pero experimentan síntomas de trauma cuando lo intentan: disociación, parálisis, adormecimiento, etc. Si sabes que estás evitando el contacto sexual pero no estás segura del porqué, mira si algunas de las siguientes opciones se aplica a tu caso.

Orientación sexual

A veces, evitar el sexo está relacionado con la necesidad de la persona de descubrir o expresar algo sobre su orientación sexual. No hay motivo para tratar de forzarte a ser más sexual si no experimentas atracción sexual o el deseo de expresarte sexualmente con una pareja. Podrías estar en una fase completamente normal de menos sentimiento sexual.

Si toda tu vida se ha caracterizado por este sentimiento, podrías considerar identificarte en el espectro de la asexualidad. Es un mito que la asexualidad es una enfermedad, un desequilibrio hormonal o una condición psicológica. La asexualidad es una orientación sexual y las personas que se identifican como asexuales por lo general se consideran parte de la comunidad LGBTQIA+.

Aunque mucha gente que se identifica como asexual evita por completo el sexo en pareja, otras podrían practicarlo por diversos motivos y disfrutarlo. Debido a que la asexualidad existe en un espectro, el hecho de evitar el sexo no significa que una persona tenga que identificarse como asexual. Identificarse como asexual es una elección personal basada en cómo se siente la persona con respecto a su sexualidad. Si te interesa aprender más sobre la asexualidad, un buen punto de partida es el libro de Sherronda J. Brown, *Refusing Compulsory Sexuality: A Black Asexual Lens on Our Sex-Obsessed Culture*.

Despierta tu sexualidad se orienta a las mujeres, personas no binarias y personas con diversidad de género que buscan recuperarse sexualmente, lo que significa descubrir y experimentar tu sexualidad particular. Para algunas personas, esto significará enfrentar que su orientación sexual no es heterosexual: tal vez tu adicción o trauma te han ocultado tu asexualidad, bisexualidad, pansexualidad o lesbianismo.

Recuerda que este fue el caso de la coautora Stephanie, que tuvo que reconocer su atracción a las mujeres cuando dejó de beber. La recuperación sexual no garantiza que tu sexualidad singular sea socialmente aceptada, personalmente cómoda o incluso totalmente comprensible para ti al principio. Algunas personas no experimentan cambios en su orientación sexual con el paso del tiempo, y otras sí. Lo fundamental en la recuperación es la presencia honesta y en tiempo real con la forma en que te sientes y, luego, la coherencia de tus acciones con tus valores. Para algunas personas, esto incluye evitar el sexo mientras consideran sus verdaderos deseos.

Factores sociales

Los factores sociales suelen entrar en juego cuando se evita el sexo. Debido a que, en general, hay demasiado miedo y vergüenza en torno de la sexualidad femenina, el simple hecho de no ser sexual podría parecer la opción más fácil. Para muchas mujeres es extremadamente complicado enfrentar la desaprobación de la sociedad hacia la expresión sexual de las mujeres. Nos condenan si lo hacemos y nos condenan si no lo hacemos.

Si te interesan prácticas sexuales no normativas, incluidos el kink y el BDSM, tienes que atravesar una amplia gama de factores sociales subculturales, como el hecho de que elegir a una pareja para estas prácticas es un proceso muy diferente de salir con alguien en una cita tradicional. Si lo que quieres es casarte con un hombre y te preocupa que si tienes sexo con él muy pronto se arruinarán tus probabilidades, tienes que calcular muy bien el momento para "ceder". Si eres bisexual y sales con una mujer, podrías sentirte presionada a probar continuamente que eres "suficientemente queer". Si tienes una discapacidad visible, las parejas potenciales podrían convertirte en un fetiche, en vez de interactuar contigo como ser humano integral, y tal vez tengas que analizar esta dinámica en las personas con las que tengas citas. Si eres una persona trans o no binaria, podrías tener que abrir más espacio que antes para la comunicación acerca del género en tus relaciones. La lista es interminable y puede ser desalentadora.

Para muchas personas, las dificultades para encontrar parejas con las que puedan estar plenamente presentes hacen que la conexión sexual parezca inalcanzable. Podrían empezar a suprimir sus propios sentimientos sexuales para evitar más decepciones.

Aunque pueda ser complicado encontrar a las parejas adecuadas, conocerlas y sentirte cómoda en tu sexualidad sin la ayuda de sustancias o hábitos, es una posibilidad cien por ciento real. Volveremos a abordar este tema más adelante.

Adicción

Empecemos con el alcohol. La bebida suprime las respuestas fisiológicas de los órganos sexuales, lo que significa que las mujeres que beben en exceso podrían tener más dificultad en responder al toque, sentir excitación física y lograr el orgasmo que las mujeres que no beben. Excitarse y lograr la satisfacción sexual mientras beben activamente podría parecer fútil y muchas mujeres simplemente dejan de intentarlo. O, es tanta la energía concentrada en beber, controlar la bebida y pensar en el siguiente trago que queda muy poca para invertir en desarrollar relaciones sexuales. Algunas mujeres beben con regularidad hasta quedar inconscientes y, así, no pueden estar presentes para tener sexo.

La sexualidad suele ser una de las primeras cosas que las mujeres descuidan para conservar su tiempo y energía para su conducta adictiva. En cualquier adicción, debe reservarse una cierta cantidad de vida cotidiana para obtener la sustancia o la privacidad y sumergirse en la conducta.

Las diferentes sustancias afectan nuestra respuesta sexual de formas diferentes. Nova pasó años consumiendo alcohol, cocaína y metanfetaminas con el fin de mantenerse despierta y participar en las fiestas de sus clientes en el club de striptease. La cocaína y las metanfetaminas solían darle energía y activar su sexualidad, pero también suprimían su respuesta orgásmica. Podía excitarse pero luego se sentía frustrada y consumía alcohol para tranquilizarse y dormir. Este ciclo la hacía sentirse anestesiada y contribuyó a su confusión acerca de las señales sexuales que su cuerpo le enviaba.

Cuando iniciamos la recuperación, debemos enfrentarnos a nosotras mismas y nuestras elecciones. Si nos avergüenza nuestra sexualidad o cualquier experiencia sexual, nuestra sexualidad podría terminar al final de la lista de prioridades. Podemos entender por qué algo capaz de generar tanto conflicto se reprime con tanta facilidad.

Violación de límites

La violación de límites ocurre en un continuo, desde la falta de privacidad hasta el encubrimiento, el abuso emocional y el abuso físico. Un incidente de violación no tiene que ser sexual para tener un impacto negativo en la sexualidad de una mujer. El sexo podría sentirse amenazador e inseguro debido a una violación o a incontables violaciones con el paso del tiempo.

Carolyn, una trabajadora social de treinta y pocos años, llegó a terapia por la falta de expresión sexual en su relación actual. Llevaba seis años de sobriedad y contaba con un sólida práctica de recuperación en AA, pero estaba infeliz porque no se sentía muy sexual en la sobriedad y sentía que faltaba algo. Se dio cuenta de que siempre había evitado el sexo, muy raramente había superado esa evasión y, luego, solo lo hacía cuando bebía.

"Mi familia respondía perfectamente al estereotipo de blancos de clase media", empezó a relatar. "Por fuera, parecía excelente; todos éramos talentosos y exitosos. Todos practicábamos deportes y éramos populares en la escuela. Pero, en casa, nadie respetaba a nadie. Después de cenar, los conflictos se volvían estridentes, sarcásticos y crueles. Yo trataba de alejarme, pero nunca sabía cuándo mis hermanos podrían invadir mi habitación o el baño sin tocar la puerta. Mi mamá entraba a mi cuarto buscando evidencias de que consumía drogas o tenía sexo, aunque no era así. Vivía al borde, con miedo de que me gritaran en cualquier momento.

Cuando empecé a tener sexo, me sentía asustada y ni siquiera podía aproximarme de alguien si no estaba embriagada. Incluso ahora, tras seis años de sobriedad, me cuesta mucho acercarme a las personas. Necesito sentirme realmente cercana a alguien para poder ser sexual, así que solo he tenido a dos parejas en mi vida. Quiero sentirme más libre y más relajada. La mayor parte del tiempo tengo miedo".

Carolyn trabaja en una agencia de servicios familiares. Hace cerca de un año, empezó a trabajar con una colega, Lauren, para desarrollar una subvención para un programa grupal. Debido a la intensidad del proyecto de investigación, se volvieron amigas y empezaron a salir a cenar e ir al cine de vez en cuando. Carolyn sabía que Lauren era lesbiana, pero nunca hablaban de su vida amorosa. Aunque Carolyn había tenido varios encuentros sexuales con mujeres cuando bebía, no se permitía tener ninguna fantasía o sentimiento sexual por Lauren.

Carolyn comentó: "Trabajé con Lauren durante nueve meses antes de considerar siquiera que me sentía atraída por ella. Me asustaba mucho cuánto me gustaba. Incluso entonces (lo cual es típico tratándose de mí), Lauren tuvo que tomar la iniciativa. Todo lo hizo bien: me habló de cómo se sentía y me preguntó si quería salir con ella en una verdadera cita. No me presionó para nada sexual y me dijo que valía la pena esperarme. Me siento muy atraída por ella ahora, pero a veces me paralizo de miedo cuando me busca. Esta relación es importante para mí. Realmente me gustaría aprender a ser más sexual".

Recuperarte de una vida entera de violación a tus límites requiere tiempo y paciencia. Carolyn tiene un excelente punto de partida: una pareja dispuesta a recorrer este camino con ella. Aprender a ser "más sexual" es aprender a sentirnos más cómodas con nuestro cuerpo, nuestra vulnerabilidad, nuestros límites, nuestros deseos y nuestra comunicación.

Conducta sexual fuera de control

Evitar el sexo y manifestar una conducta sexual fuera de control podrían parecer actitudes opuestas, pero ambas son mecanismos para lidiar con el dolor en nuestra vida sexual. Las mujeres, las personas no binarias y las personas con género expansivo que han experimentado abusos sexuales o violación es muy probable que elijan un extremo u otro para enfrentar el trauma y sentir cierto control de lo que les pasa. El terapeuta y autor Douglas Braun-Harvey define la *conducta sexual fuera de control* (OCSB, por sus siglas en inglés) como un "problema de salud sexual en el que los deseos, pensamientos o conductas sexuales se sienten fuera de control"[1].

Toma en cuenta que esto no incluye la agresión sexual o la violación que le ocurren a una persona mientras está drogada, ni la agresión sexual o la violación que una persona puede cometer mientras está drogada. La OCSB se refiere a manifestar conductas sexuales que infringen nuestros valores sexuales, dentro de un marco de experiencias consensuales. En otras palabras, aunque nuestra conducta podría lastimar los sentimientos de alguien o generarnos angustia, las conductas no son crímenes contra otra persona.

Cierta OCSB ocurre como resultado de la embriaguez, el consumo de drogas o la disociación. Una vez que la persona empieza a recuperarse de su adicción o trabaja en su trauma, su conducta sexual podría cambiar como consecuencia, de modo que esté más alineada con sus valores. Su OCSB era un síntoma de la adicción. Fue el caso de Hannah.

Cuando cumplió veintiséis años, Hannah tuvo un ascenso meteórico en una corporación importante. Llevaba un año en recuperación cuando le contó la siguiente historia a su grupo:

> "Mi ejemplo más vergonzoso de mala conducta sexual sucedió en la conferencia de aniversario de la empresa. Era de gala y yo empecé a beber en mi habitación del hotel mientras me arreglaba. Cuando el DJ empezó, yo

> llevaba cuatro horas bebiendo sin parar. Recuerdo que me puse a bailar y nada más. La mañana siguiente, la resaca era más fuerte de lo normal.
>
> Mientras devolvía la llave de la habitación en la recepción del hotel y en el transporte al aeropuerto, me encontré a varios compañeros de trabajo. Había una sensación incomoda. Podía sentir cómo la gente me miraba. Me encontré a una amiga del trabajo y me la llevé a un baño del aeropuerto para que me dijera qué pasaba.
>
> Le costó mucho contarme lo que yo había hecho, pero por fin pude tener una idea. Había tratado de besar a otro gerente en la pista de baile mientras su esposa nos miraba. Les dije que deberíamos hacer un trío y todo el mundo escuchó.
>
> Me quería morir de la vergüenza. No solo no podía recordar lo que había pasado, sino que todo el mundo lo había visto y lo recordaba perfectamente".

Hannah se sentía profundamente avergonzada mientras contaba su historia. La experiencia la hizo buscar ayuda para su consumo de alcohol y se unió a un grupo en línea. Su conducta en la fiesta era muy diferente de lo que ella llamaba sus valores sexuales. Aunque no tenía pareja, era un poco introvertida y raramente salía en alguna cita.

Cuando dejó de beber, Hannah pasaba la mayor parte del tiempo trabajando o en el gimnasio. No obstante, después de sacar a la luz esta historia en una reunión, llegó a la conclusión de que le decía algo más sobre sus sentimientos sexuales. *Podrían estar reprimidos*, pensó, *pero no puedo seguir ignorándolos, en especial si existe el peligro de que salgan de forma impredecible y completamente desconectados de mis valores cuando estoy desinhibida*. Decidió examinar más de cerca este aspecto de su vida.

Otro tipo de OCSB continúa incluso en la sobriedad del alcohol y otras drogas. Es lo que la gente llama "adicción al sexo". Hay muchas comunidades de recuperación a las que les parece la mejor descripción de su experiencia, y mucha gente se siente vista y apoyada al identificarse con el término. En vez de entrar en un debate sobre la validez del término, queremos honrar a quienes lo usan para describir sus propios sentimientos y conductas, además de usar el término *OCSB* para abarcar a quienes han tenido una conducta sexual que sentían fuera de control. Por ejemplo, algunas personas descubren que, una vez que logran la sobriedad de las drogas, el alcohol u otras conductas, el sexo se vuelve el área en la que actúan de forma impulsiva o compulsiva, quizás por primera vez. Podrían no identificarse como "adictos al sexo", pero les preocupa su conducta.

No existe una definición específica de lo que es una conducta "fuera de control": para una persona, tener a más de veinte parejas en un año podría sentirse fuera de control, mientras que para otra es algo perfectamente normal. Una persona podría sentirse segura con sexo kink consensual con una persona que sea dominatrix profesional, para otra podría ser una conducta fuera de control. Para la gente no monógama que está en relaciones basadas en el consentimiento tener varias parejas a la vez es algo normal. Para una persona monógama que engaña a su pareja, estar con varias personas a la vez probablemente se sentirá como algo fuera de control. Además de la noción básica del consentimiento mutuo, tú eres la única que sabe cuáles son tus valores y cuándo los infringes. Considera las siguientes preguntas:

- ¿Qué quiero cuando quiero sexo?
- ¿Qué tipo de pareja(s) sexual(es) quiero tener?
- ¿Qué tan a gusto me siento para hablar abiertamente de sexo con mi(s) pareja(s)?
- ¿Con qué nivel de riesgo sexual me siento cómoda?

- ¿Mis parejas anteriores dirían que me interesaban sus límites y obtuve su consentimiento apropiado para nuestras experiencias sexuales?
- ¿Diría que mis parejas anteriores han estado interesadas en mis límites y obtuvieron mi consentimiento para nuestras experiencias sexuales?

La OCSB no es lo mismo que la experiencia de una relación fuera de control, pero pueden ocurrir al mismo tiempo. Repetimos: mucha gente siente la palabra *adicción* más apropiada para la experiencia, mientras que a otras les parecen más verdaderas *compulsión*, *impulsividad* o *fuera de control*.

Tuvimos una conversación esclarecedora con la autora Elizabeth Gilbert, cuyos libros son éxitos de ventas indiscutibles y quien se identifica como adicta al sexo y el amor en recuperación, además de haber logrado la sobriedad de todas las sustancias que alteran el ánimo y la mente. Años de terapia y otros abordajes han ayudado hasta cierto punto a Elizabeth; sin embargo, actualmente participa en un programa de Los Doce Pasos que por fin le ha brindado el tipo de apoyo que más necesitaba. Para Elizabeth, el significado del término *adicción* tiene muchas capas.

Nos comentó: "Mis relaciones siempre empezaban con una pasión tremenda y terminaban con una vergüenza tremenda. Casi siempre sobrepuestas. Y cualquiera que vea mi historia de vida y mi currículo romántico y sexual diría 'esta persona no está bien'. Yo lo sabía. Pasé años en terapia abordando el tema y nadie usó nunca la palabra *adicción*. Curiosamente, en las páginas de *Come, Reza, Ama*, yo sí usé la palabra *adicción*. ¡Y eso fue hace veinte años! Usé el lenguaje de la adicción para describir lo que me pasa en el enamoramiento y la obsesión, pero aún no sabía que existía algo como la adicción al sexo y el amor. Creo que había escuchado sobre la adicción al sexo, pero la asociaba a los hombres con un tipo particular de conducta que no se parecía a la mía".

Para Elizabeth, la "adicción al sexo y al amor" es un marco que la ayudó a cambiar su vida a través de una solución espiritual. Actualmente es abstinente de las relaciones sexuales y románticas y ha encontrado una enorme libertad y paz en el proceso. Elizabeth nos dijo: "Tengo una vida con mucho placer. Y no la tenía antes. Tuve una vida con mucho sexo. Tuve una vida con muchos orgasmos. ¡Era como un bufé! Pero como el bufé de un crucero.

En última instancia, no es lo mismo que el placer. La necesidad emocional que nunca dejé de experimentar es exactamente lo opuesto al placer. Para mí, el placer no puede existir sin serenidad. La serenidad, para mí, no puede existir en el estado de necesidad. Así que el placer y la necesidad son cosas muy diferentes. Incluso decirle a alguien 'Necesito placer; necesito que me des placer' significa que estoy muy lejos del placer. La cantidad de cortisol y adrenalina que me corre por las venas cuando lo exijo o lo necesito, o cuando trato de conseguirlo, en realidad no es algo agradable".

La experiencia de Elizabeth es particular de ella pero, al mismo tiempo, le brinda perspectivas a mucha gente. La intriga constante de buscar y seducir a una nueva persona puede reducir temporalmente la ansiedad y el estrés, además de aumentar tus sentimientos de poder y autoconfianza. Las mujeres suelen comentar que usan la seducción como forma de sentirse bien consigo mismas. Era el caso de Elizabeth y de Nova, que decidió hacer una pausa en las relaciones románticas y las citas tras algunos años de sobriedad del alcohol y las anfetaminas.

Sin la validación constante de los hombres, Nova buscó el amor y el apoyo en otros lugares. Les dijo a sus amigas que, en sus días buenos, se sentía querida y apoyada por ellas y lograba brindarse atención y respaldo; y en los días malos, recurría a sus redes sociales en busca de validación. Cuando trató su trastorno alimenticio, buscó reducir la dependencia de su autoestima de la opinión de los demás.

En última instancia, es la tarea de todo el mundo en la recuperación: determinar la mejor forma de actuar en línea con tus valores. Como nos contó Elizabeth: "Antes de la recuperación, diría que no conocía la paz. Ahora sé que es rara, pero también sé cómo se siente y cómo cultivarla".

Línea temporal de la historia sexual

Completar una Línea temporal de la historia sexual es una forma eficaz de ver cómo tus experiencias de vida (incluidas tus adicciones o conductas compulsivas) han moldeado tu conducta sexual. La Figura 2 es un ejemplo que refleja las experiencias de Ash. La Figura 3 es un cuadro vacío para que lo completes tú, o puedes usar la Línea temporal de la historia sexual del *Cuaderno de trabajo de Despierta tu sexualidad*.

La Línea temporal de la historia sexual empieza con la línea horizontal inferior: desde los cero años hasta tu edad actual, en intervalos de cinco años o los que prefieras usar. Al lado, hay una línea vertical que empieza en -10, llega hasta 0, y luego sube hasta 10. Esta es la medida de si la experiencia fue positiva o negativa para ti. A medida que traces tu historia sexual a lo largo de los años en este cuadro puedes etiquetar cualquier experiencia que sea especialmente significativa.

Después de que hayas completado el gráfico de tu historia sexual, puedes agregar otra línea (de puntos o de otro color) que ilustre tu historia con el consumo de drogas problemático, los trastornos alimenticios, otra conducta autodestructiva o síntomas de trauma importantes.

En el caso de las drogas o las conductas adictivas, podría ser todo un desafío decidir qué tan "positiva" o "negativa" fue una experiencia, debido a la forma confusa en que las drogas y las conductas adictivas nos hacen sentirnos a corto plazo. Evalúa según tus criterios actuales. En general, podrías suponer que los momentos de consumo fuera de control aparecerían abajo en el gráfico.

Al mirar tu pasado para identificar tus experiencias sexuales, podrías recordar incidentes que habías olvidado o podría sorprenderte cuán desgarradores son muchos de tus recuerdos. También podrías concientizarte de ciertos patrones, especialmente en la forma en que interactúan tu historia sexual y tu historia con la adicción o las conductas compulsivas. Ver cómo las líneas se entrecruzan y las formas en que se afectan y reflejan puede darte una perspectiva de cómo tu conducta sexual y tu consumo de drogas u otras conductas fuera de control te han acompañado durante tu vida. Comprender esta conexión aumenta en gran medida tu capacidad de crear el tipo de vida sexual que quieres en la recuperación.

Explicación de la Línea temporal de la historia sexual de Ash

La Figura 2 muestra la Línea temporal de la historia sexual de Ash. Ash dibujó una línea con los años de su vida marcados en intervalos de cinco años. El espacio sobre la línea se ha designado para las experiencias placenteras (marcadas de 1 a 10) y el espacio debajo de la línea se ha designado para las experiencias dolorosas (marcadas de -1 a -10). Ash ha indicado sus experiencias sexuales con una línea continua y sus experiencias con el alcohol/drogas con una línea de puntos.

Ash empieza a dibujar el gráfico de su historia sexual con una línea continua. Ash recuerda masturbarse a los tres años. Se trata de una experiencia positiva y placentera, sin culpa, porque en ese momento no tenía un nombre para lo que hacía.

A la edad de cuatro años, Ash experimentó el abuso sexual de su padrastro, que incluyó una violación violenta a los diez años. Durante esta época, Ash se disociaba de su cuerpo para protegerse.

De los diez a los quince años, Ash mantuvo una conducta sexual experimental constante. Algunas experiencias eran agradables, pero otras asustadoras o incómodas. En esta época, su autoestima empezó a conectarse con el hecho de ser atractiva para los chicos, aunque no se sentía como una chica femenina.

Entre los quince y los dieciocho años, Ash tuvo diversas experiencias sexuales, con frecuencia con chicos mayores o con hombres con alguna posición de poder, como miembros del personal de su hogar grupal. Cuando salió de su hogar grupal, Ash siguió teniendo sexo para satisfacer sus necesidades básicas. No sabe exactamente cuántas parejas tuvo durante ese tiempo. Vivió con un grupo de otros jóvenes queer que compartían una habitación en un motel, consumían drogas y vendían sexo para vivir.

A los veintitrés años, Ash pasó tres meses en prisión, logró la sobriedad en un centro de rehabilitación y se asumió como persona no binaria. Tuvo una relación breve con una mujer. Esta fue una experiencia bastante positiva para Ash, aunque prefiere salir y tener sexo con hombres.

Durante los siguientes cuatro años, Ash alternó periodos de recuperación y consumo de drogas. Tuvo varios empleos y relaciones románticas con gente diferente, pero le costaba practicar su sexualidad en estado de sobriedad. A los veintiséis años, Ash experimentó violencia sexual que disparó una depresión difícil.

A los veintisiete años, Ash conoció a Ben. Durante un año, la relación fue divertida, respetuosa, solidaria y sexy, pero Ash empezó a experimentar ataques de pánico y pesadillas.

Durante una emergencia psiquiátrica, hospitalizaron a Ash y salió de allí sin un plan de tratamiento coherente. Ash volvió a consumir las sustancias conocidas. Ben terminó la relación. Desde la ruptura, Ash no ha tenido a ninguna otra pareja sexual. Sin embargo, su recuperación sexual ha progresado. Ahora Ash logra masturbarse sin disparar una respuesta de miedo en su cuerpo, por lo que está en una línea ascendente.

Luego, Ash dibuja su relación con el consumo de sustancias con una línea intermitente. Recuerda su primer trago de cerveza y l[illegible] primera vez que probó un cigarrillo, cuando tenía seis años. [illegible] es uno de los pocos recuerdos que tiene con su madre, que f[illegible]ó antes de que enviaran a Ash a un hogar de acogida.

FIGURA 2

Línea temporal de la historia sexual de Ash

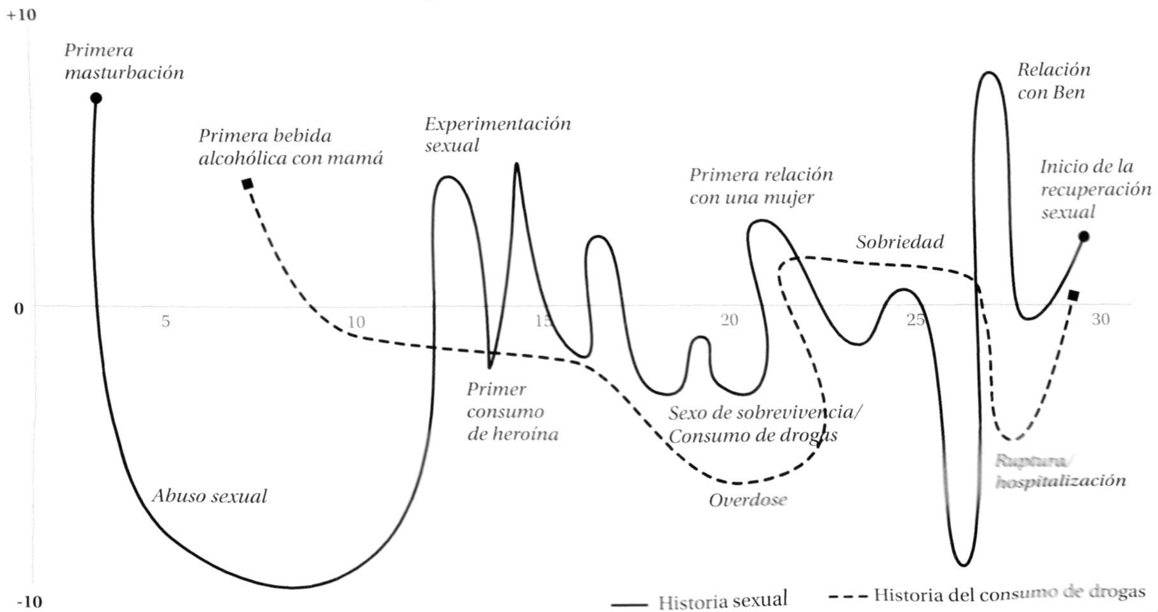

Ash recuerda que se bebía el alcohol de su mamá y su padrastro en secreto cuando tenía ocho años, y luego, en el hogar de acogida, cuando trataba de que hombres mayores le compraran bebida al salir de la escuela.

La primera experiencia de Ash con la heroína ocurrió a los dieciséis años, con un chico de la escuela que se la robó a su hermano. Ash sabía que esa era la droga que su madre consumía y tenía la curiosidad de saber por qué ella prefería la droga en vez de a sus propios hijos. Lo que empezó como un consumo ocasional, con el paso de los años se agravó.

A los dieciocho años, Ash consumía heroína y alcohol a diario. Su consumo tenía altibajos, según su situación financiera o su salud. A los veintiún años, tuvo una experiencia aterradora de sobredosis, pero un amigo usó naloxona para su reanimación y Ash redujo su consumo durante casi un año.

Cuanto terminó en la cárcel por conducir sin licencia y bajo los efectos de las drogas, Ash no estaba en el pico de consumo de heroína y se estaba cansando de la vida que llevaba. Durante los tres meses en prisión, recibió apoyo de mujeres sobrias. Buscó tratamiento. En ese periodo de transformación, Ash sintió que podía afirmar públicamente que era una persona no binaria. Quería usar los pronombres elle/le y el nombre *Ash*, en vez de su nombre legal. A la hora de trazar este periodo en el gráfico, a Ash le costó definirlo como positivo o negativo porque, aunque fue terrible estar en prisión y fue asustador buscar tratamiento, también fue una época importante para su sobriedad e identidad propia.

A los veinticuatro años, Ash llevaba un año en recuperación y no había pasado del Paso Cuatro porque no le había comentado a su madrina sobre su historia de abuso sexual. Salió de Alcohólicos Anónimos y tuvo cierta fluctuación en su consumo. Durante un periodo de sobriedad, a los veintisiete años, conoció a Ben.

Después de su emergencia psiquiátrica y hospitalización, Ash volvió a las drogas. Cuando Ben terminó la relación, Ash volvió a vivir en la calle. Finalmente, volvió a la recuperación con una sensación renovada de dedicación y, tras tres años de sobriedad, empezó a trabajar en la orientación de otras personas con casos similares.

Ash comenzó a abordar específicamente su historia de abuso sexual, sexo no deseado y conducta sexual descontrolada con una terapeuta de trauma. No ha empezado una nueva relación sexual con nadie, pero se siente más capaz de comunicar sus sentimientos y deseos sexuales.

EJERCICIO

La Línea temporal de tu historia sexual

Ahora, puedes completar el cuadro en blanco según tus propias experiencias. Los patrones que surjan en el cuadro pueden brindarte la información que necesitas para empezar a cambiarlos hoy mismo como parte de tu recuperación.

FIGURA 3

Línea temporal de la historia sexual

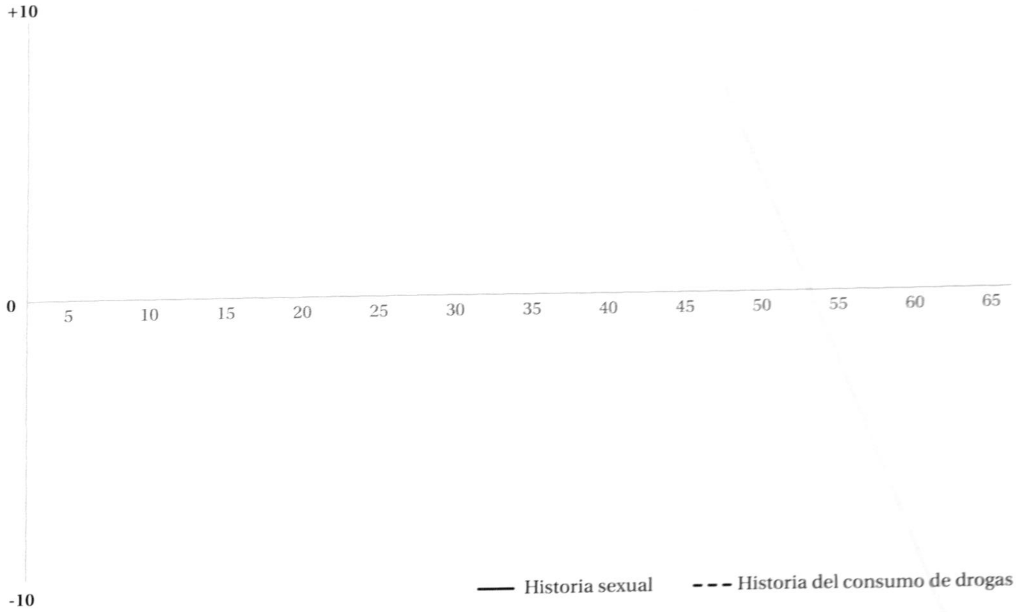

CAPÍTULO 7

Cómo elegimos a nuestras parejas

¿SI DEBERÍAS ENVIAR ESE MENSAJE?

No me preguntes. Soy pésima para eso.
La semana pasada le hice la misma
pregunta a una amiga que me respondió

"¿Qué ganas con eso?"
Me gano a mí. "Bueno", respondió.
"Ponte un recordatorio para dentro de
dos semanas

y ve cómo te sientes".
Excelente consejo, dije. Esperé dos horas.
Se me borraron

los recordatorios. Entonces lo envié y me
sentí victoriosa y me escondí debajo de la
cama, al lado de

un perro de peluche, un poco de polvo
y ¿qué crees? ¿Es amor?

Jillian Weise (alias Cy), *Cyborg Detective*

NO IMPORTA si lo hacemos de forma consciente o inconsciente: al buscar activamente o aceptar pasivamente a nuestras parejas para las relaciones sexuales, las estamos eligiendo. Puede ser muy revelador ver la conducta de la gente a la que hemos elegido a lo largo de nuestra vida.

Muchas de nosotras nos contamos historias de nuestras parejas en las que minimizamos su conducta hiriente, de la misma forma que podríamos tratar de minimizar la nuestra. Por ejemplo, si una pareja te critica con frecuencia, no la consideras agresora emocional sino te convences de que te corrige por tu propio bien. El marido que pasa casi todas las noches fuera de casa con sus amigos no te está dejando aislada; apenas se está distrayendo del estrés. La amante que exige pasar cada momento contigo no está tratando de controlar tu tiempo o tus otras relaciones, sino está perdidamente enamorada de ti. El novio que apareció en tu trabajo para garantizar que no coquetearas con nadie más ha sido lastimado muchas veces antes, así que es comprensible lo que hace. Puede ser doloroso investigar el pasado y ver todas las maneras en que justificamos una conducta que nos resultaba incómoda.

En otros momentos, podemos haber buscado a parejas saludables y seguras en las que podríamos refugiarnos. Fue lo que Ash pensó de su relación con Ben. Después de años saliendo con gente a la que no le importaban sus sentimientos o su bienestar, el progreso en la recuperación de Ash le permitió empezar a buscar una pareja en la que hubiera respeto mutuo, humor y atención. Ben amaba realmente a Ash, así que cuando ella empezó a experimentar síntomas graves de salud mental, Ben hizo su mejor esfuerzo para brindarle su apoyo.

Pero, cuando Ash volvió a consumir alcohol y heroína y a manifestar actitudes violentas, superó los límites de Ben y él tuvo que terminar la relación. El dolor de perder a Ben y su relación fue parte del proceso de recuperación de Ash, así como el reconocimiento de todas las características positivas de la relación. Ash le comentó a una amiga sobria: "Realmente me acerqué a lo que quería con Ben. Probablemente lo voy a extrañar durante mucho tiempo. Estoy tratando de verlo como una señal de que puedo llegar aún más cerca del tipo de amor que quiero con otra persona, cuando tenga la preparación que necesito".

Es importante echarle un vistazo detallado y cuidadoso a la conducta de tu(s) pareja(s), así como a la tuya. Esto no se debe a que quieras cambiarla(s) o controlar lo que hace(n), sino a que puedas ver dónde necesitas ajustar tus propios límites y comunicación.

Podrías sentirte más inclinada a mirar tu propia conducta porque tienes el control para cambiarla. Podrías preguntarte si te hace bien nombrar la conducta de la gente con la que has tenido intimidad, especialmente en el pasado. Pero al menos dos cosas positivas pueden resultar de esto. La primera es que, aunque no tengas control de la conducta de tu pareja, ahora o en el pasado, puedes identificar mejor cómo su conducta te afectó. La segunda es que puedes trabajar en aumentar tu experiencia de seguridad y conexión al comunicar tus límites, valores y sentimientos ahora y de aquí en adelante.

Si actualmente estás es una relación, tal vez temas que si te fijas honestamente en tu pareja tendrás que cambiar la relación. Sin embargo, antes de que elijas evitar fijarte honestamente en tu pareja actual, esa honestidad no significa que tengas que hacer cambios inmediatos. Simplemente requiere que digas la verdad sobre lo que ocurre ahora. Decir la verdad te permite evaluar tus opciones y saber que puedes elegir. Luego, puedes tomar las decisiones que te ayudarán a cuidarte.

Si en este momento no estás en una relación pero ocasionalmente sales con diferentes personas o te gustaría tener una relación en el futuro, este capítulo puede ayudarte a identificar los patrones que no quieres repetir, a considerar las conductas de las que necesitas estar consciente y a identificar con qué te sientes bien en una relación de pareja.

Si la monogamia no es lo tuyo, la selección de pareja podría exigir aún más consideración, puesto que todas tus relaciones se verán mutuamente afectadas por la salud y la calidad de cada una.

Si no tienes y no planeas tener una relación, echarle un vistazo a tu pasado puede informarte sobre tus convicciones y hábitos.

Independientemente de tu estatus con respecto a las relaciones, el hecho de ver cómo has elegido estar en una relación te ayudará a hacer elecciones más claras y más fundamentadas de aquí en adelante.

Muchas personas del campo de la recuperación de adicciones piensan que el principio de la recuperación no es un buen momento para hacer cambios importantes en una relación. La lógica indica que necesitas tiempo para concentrarte y ajustarte a tu recuperación, con el fin de descubrir cuáles son tus necesidades. Si ya tienes pareja, necesitas tiempo para ver cómo responde esta persona a los cambios que estás haciendo. Si no la tienes, necesitas tiempo para desarrollar cierta estabilidad y equilibrio por tu cuenta. A las personas que están en relaciones no abusivas les parecerá una opción sabia. Repetimos: ver la verdad de tu pareja en este momento, o recordar a parejas del pasado, no es lo mismo que tomar medidas para terminar o cambiar una relación. Puedes tomarte tu tiempo.

Pero esta orientación no aplica cuando se trata de relaciones abusivas. No hay duda de que permanecer en una dinámica emocional, física o sexualmente abusiva, sin intervenciones de apoyo, generará más daño. Tal vez tu pareja te esté lastimando con frecuencia. Tal vez tú estés lastimando a tu pareja debido a los patrones de conducta que tienes y aún no has podido cambiar, o quizás tu pareja y tú tienen conductas hirientes entre sí. Si sabes que estás en una relación abusiva pero aún no estás lista para irte, deberías concentrarte en crear la mayor seguridad que puedas en la relación, en este momento, y hacer planes para salir cuando estés lista.

Es posible que tengas ideas sobre cómo reducir los daños, por ejemplo, hacer pausas en las discusiones. Al mismo tiempo, podrías tener que investigar recursos, ahorrar dinero para cubrir los costos de la mudanza o hablar con una amistad o familiar de confianza que puedan ayudarte a salir cuando estés preparada.

Las mujeres corren el mayor riesgo de violencia cuando salen de una relación abusiva, así que es necesario tener un plan de seguridad claro, con apoyo fuera de la relación. Si no estás segura de lo que necesitas en tu plan de seguridad, puedes llamar a las líneas directas de ayuda que se incluyen al final de este capítulo o ver la sección de Recursos, en la contraportada del libro, para considerar algunas sugerencias.

Independientemente de las cualidades y patrones de conducta de tus relaciones, ver con claridad las elecciones que hiciste con tu pareja te ayudará a ser una persona sexual más saludable.

Amantes ideales y realidad

Cuando vemos las opciones en las aplicaciones de citas, nos presentamos en una reunión o echamos un vistazo a nuestro alrededor, con frecuencia buscamos a quienes parecen corresponder a nuestra imagen de "amante ideal". Muchos coaches de citas motivan a la gente soltera a hacer la lista de rasgos que busca en una pareja, así como de las cosas que no son negociables. Llevamos estas listas en nuestro interior y evaluamos a la gente que conocemos usándolas como referencia. Algunas de nosotras nos enamoramos a primera vista. (¡Esta persona es perfecta! ¡Cumple con todos los requisitos!). Y, con frecuencia, nos desenamoramos con la misma precipitación. (No era perfecta. Está claro que esta relación no tenía futuro).

A medida que las vamos conociendo mejor, se transforman en personas reales para nosotros, de modo que dejamos de proyectar nuestro ideal en ellas. Con el tiempo, pasamos página o elegimos desarrollar una relación más consciente.

Si sientes que tu pareja es ideal, perfecta y, por lo tanto, mejor que tú, es hora de que te detengas y consideres que tu percepción de ella podría no estar sincronizada con lo que la persona es en realidad. Si sientes que tu pareja se queda corta a tu ideal, vale la pena pensar si el ideal es alcanzable. Las nuevas relaciones pueden depender de la química, "la vibra" y la novedad. Las relaciones que duran más requieren una investigación más intencional de los valores compartidos, comunicación constante y honesta, y apoyo mutuo para crecer y cambiar.

Recuerda que toda la gente es contradictoria y compleja, ¡incluso tú! Te recomendamos que estés atenta específicamente a los siguientes patrones que podrías ver en las parejas que has elegido.

Parejas que luchan con adicciones

Cuando estamos involucradas activamente en nuestra adicción a las drogas, conducta compulsiva o síntomas de trauma, podríamos buscar compañías con las que podamos compartir este estado, en vez de parejas que estén en un proceso propio de crecimiento y recuperación. Cuando asumes el trabajo de cambiar tus patrones adictivos y entrar en recuperación, algunas relaciones anteriores podrían tambalearse porque la adicción (no la persona) ha sido la base para elegir la relación.

Es bastante común que quienes crecimos en familias con grandes desafíos, como padres con adicciones, abuso sexual en la infancia, u otro trauma, veamos con normalidad formas disfuncionales de relacionarnos con otras personas. Cargamos el peso del dolor generacional y los mecanismos destructivos de lidiar con las cosas y, a menudo, elegimos parejas con desafíos similares.

Las investigaciones actuales calculan que los hijos de alcohólicos tienen cuatro veces más probabilidades de desarrollar problemas con el alcohol y tienen un mayor riesgo de tener conflictos emocionales y de conducta. Esto no significa que no puedas cambiar el curso de tu propia vida; de hecho, solo tú puedes hacerlo. Conocer tu historia es parte de desarrollar la autocompasión que necesitarás para hacer un verdadero cambio. Tu pareja también merece conocer su propia historia.

Es difícil (o incluso imposible) mantener tu recuperación si tienes a una pareja que consume sustancias activamente. Es poco probable que la gente que lucha contra sus propias adicciones o conductas compulsivas pueda estar disponible emocional o sexualmente en las relaciones. Podrías empezar a sentir que no hay espacio en su vida para ti y tus necesidades. Tú no eres la prioridad; la principal relación en la vida de esa persona no es contigo.

Llegar a este callejón sin salida puede ser insoportable. El primer paso importante es decirte la verdad sobre cómo te sientes. ¿La conducta de tu pareja te dificulta la recuperación? ¿Esta persona está dispuesta a empezar a ver honestamente sus propios hábitos? ¿Qué necesitarías ver en ella para tener esperanzas con respecto a la relación?

Presta atención a tus respuestas aquí, porque muchas de nosotras desaceleramos o incluso saboteamos nuestra propia recuperación en el proceso de apoyar la de nuestra pareja. Este autosacrificio también puede impedir que la pareja esté realmente presente en las relaciones. Cuando una de las personas está constantemente enfocada en prever y satisfacer las necesidades de la otra, no puede haber un intercambio real ni el crecimiento emocional que se deriva de una auténtica mutualidad. Tú sola no puedes salvar a otra persona de su adicción o trauma. Y ella no puede salvarte de los tuyos.

Parejas no disponibles o emocionalmente distantes

Las personas pueden distanciarse y no estar disponibles emocionalmente de muchas formas. Por ejemplo, podrían ser infieles. Si son éticamente no monógamas, podrían manejar más relaciones de las que su capacidad les permite. Podrían tener límites rígidos que excluyen la intimidad. Podrían estar deprimidas y ser incapaces de apoyarte. Podrían estar absortas en sí mismas y no lograr conectarse con tu experiencia porque siempre están demasiado distraídas.

Las parejas distantes y no disponibles podrían tener buenos motivos para comportarse de la forma en que lo hacen, pero ellas son quienes tienen la responsabilidad de abordar esos motivos. Tu responsabilidad es reconocer que no estás experimentando la conexión profunda que deseas en una relación y tomar decisiones acerca de lo que quieres hacer. Una persona que no está disponible emocionalmente no puede y no le aportará a la relación el mismo nivel de comunicación, intimidad y compromiso hasta que sus emociones estén más cimentadas y esté disponible para hacerlo.

A veces, estar en pareja con una persona que no está disponible emocionalmente puede parecer un acuerdo aceptable, si las expectativas se pueden ajustar a la realidad. Todos tenemos fases de indisponibilidad debido a los eventos de nuestra vida.

Los adultos con frecuencia llevan vidas paralelas y no tratan de ser vulnerables o de estar presentes emocionalmente para la otra persona. Esto puede darles una sensación de seguridad. No obstante, las relaciones basadas en la intimidad y la comprensión mutua no pueden soportar ese nivel de distancia durante mucho tiempo. Solo tú sabes cuánto tiempo es demasiado para ti.

A medida que avanzó su recuperación, Tamara empezó a entender que se había vuelto una pareja emocionalmente inaccesible para su exesposa, Alisha. En un principio, Tamara sintió que el pedido de divorcio de Alisha había sido una emboscada. Se sentía herida y molesta y creía que Alisha no se había esforzado lo suficiente para seguir con ella. Después de un año de recuperación de su adicción a los analgésicos, y con el uso de alternativas para manejar su dolor y procesar sus emociones en terapia, Tamara obtuvo nuevas perspectivas.

Comentó: "Cuando Alisha me dijo que quería el divorcio, quedé estupefacta y caí en una depresión profunda. Pensaba que habíamos resuelto las cosas. Sabía que ya no estábamos locamente enamoradas ni consumidas por la pasión, pero habíamos construido una vida juntas ¡y me sentía orgullosa de ser la única pareja negra de lesbianas en nuestro pueblo! Yo tenía un horario extenso de trabajo en la universidad y ella tenía muchos amigos para ocuparse cuando volvía del trabajo, además de que creía en mi misión y mi objetivo, por lo que nunca reclamaba porque yo pasaba mucho tiempo fuera de casa. Le preocupaba mi salud, pero nunca me dijo que era infeliz.

Ahora veo que simplemente cada una vivía su vida por aparte y nos habíamos alejado. Nuestras conversaciones se limitaban a qué íbamos a cenar o a algún tema que nos estuviera incomodando en el trabajo. Sin duda ella lo intentó... Recuerdo noches en las que trataba de hablar del sexo o de tener más romance y yo la interrumpía y hacía oídos sordos. Yo también estaba demasiado absorta en mi trabajo y lidiaba con el dolor del accidente. Pensé que ella esperaría que yo mejorara. Pensé que teníamos tiempo para resolver cualquier asunto que fuera un problema para ella. No me daba cuenta de que me había aislado de ella emocional y sexualmente por años". Tamara perdió su conexión con Alisha y, aunque Alisha trató de volver a acercarse a Tamara durante algún tiempo, finalmente le resultó muy doloroso y decidió que tenía que terminar su matrimonio.

La respuesta inicial de Alisha al aislamiento de Tamara fue pedirle mayor conexión, y esto es comprensible. Una respuesta común a una pareja distante es perseguirla. A medida que nuestra pareja se empieza a alejar y teme la proximidad, corremos tras ella con miedo del abandono y la pérdida. Esto puede ocurrir una y otra vez y crear un patrón sólido. Ese patrón puede durar mucho tiempo. Finalmente, Alisha fue quien lo rompió.

En una de las reuniones femeninas de Tamara, una amiga llamada Rebecca compartió que ella era con frecuencia quien perseguía a sus parejas potenciales:

> "Durante varios años, pensé que el problema eran los hombres. Mis amigas y yo vivíamos quejándonos de ellos y del miedo que le tenían al compromiso. Tienes una cita estupenda, prometen que te van a llamar y nunca más escuchas de ellos.
>
> Cuando entré en terapia, empecé a ver que yo podía ser parte del problema. Apenas conocía a un hombre en línea, empezaba a fantasear que era el Elegido. Luego, pensaba que no existía nadie mejor que él, lo afortunada que era por haberlo encontrado y cómo nos íbamos a casar y tener una vida maravillosa. Luego, me invadía la idea deprimente de que pudiera abandonarme, que tal vez ni siquiera le gustaba o que tenía a otra novia de la que no me hablaba. ¡Todo esto en un periodo de una hora, mientras esperaba que respondiera mi mensaje!
>
> Cuando lo conocía en persona, yo estaba frenética. La relación entera había pasado por mi cabeza hasta su horrible final, ¡antes de haber empezado! Como yo 'sabía' que me iba a abandonar, creo que me agarraba con todas mis fuerzas mientras estaba ahí. ¡No es de extrañar que los hombres salieran corriendo!".

Al compartir su lucha con un grupo de apoyo, Rebecca aprendió a dejar de adelantarse y a darles a sus parejas espacio para avanzar por su cuenta. Necesitaba desacelerar y devolverse al presente, ver lo que ocurría en cada momento con ojos abiertos, en vez de imponerles una fantasía oscura a eventos que no habían ocurrido. Cuando lo logró, pudo disfrutar mucho más el proceso de conocer a los hombres de sus citas. Se esforzó por pedir lo que quería de una forma más clara y por compartir sus sentimientos con mayor honestidad con las personas que estaba conociendo.

Una pregunta importante para reflexionar es si es más probable que temas el abandono o el exceso de atención. Si te has visto en esta danza exagerada de perseguir y distanciarse, es posible que tiendas a asumir uno de esos roles. ¿Te aterroriza imaginar que no le importas a alguien de la misma forma en que esa persona te importa a ti? ¿O te da miedo que alguien se enamore de ti, genere demasiadas expectativas y tengas que salir corriendo?

Algo interesante de este patrón es que, a medida que quien persigue aprende a retroceder, quien se distancia suele acercarse para llenar el espacio. Quien se distancia puede tranquilizar a su pareja indicando que no pretende abandonarla. Quien persigue puede beneficiarse al desacelerar su pensamiento fantasioso sobre el futuro y evaluar qué es verdadero en la relación, en este momento. La clave está en la comunicación abierta sobre lo que experimenta cada miembro de la pareja.

Parejas abusivas

Hay muchas formas de describir y definir el abuso. En vez de enumerar las conductas de otras personas que "califican" como abuso, mira en tu interior para definir tú misma las conductas que han hecho que te sientas menospreciada, subestimada, irrespetada y lastimada. El abuso físico cruza una línea clara. Pero, ¿qué pasa con el abuso emocional? ¿El abuso financiero? ¿El abuso cibernético o en línea? ¿El acoso?

Desde afuera, podría ser difícil entenderlo, pero tendemos a repetir los patrones familiares de la infancia, incluso si fueron humillantes y dolorosos. Son una parte integral de quiénes somos y de cómo aprendimos a comportarnos y comprender el mundo. Algunas personas que experimentaron abuso infantil incluso sienten que son tan malas que merecen abuso y no son dignas de respeto. Eso nunca es verdad.

Los grupos de autoayuda, los grupos que se concentran en la recuperación del abuso y la terapia individual pueden ser de gran ayuda para las personas que provienen de contextos abusivos. La verdad es que cualquiera puede verse en una relación abusiva. La mayor parte del tiempo se desarrolla lentamente. Reconocer los patrones que parecen repetirse en tus relaciones es una tarea fundamental de la recuperación sexual, en especial si reconoces que ha habido abuso.

En términos generales, las parejas abusivas corresponden a dos categorías: quienes reconocen que son abusivas y toman medidas para obtener ayuda y cambiar su conducta y quienes no lo hacen. Si tu pareja no está dispuesta a buscar ayuda y hacer cambios, o *dice que lo hará pero nunca lo cumple*, es muy probable que la relación se mantenga en un ciclo abusivo. No todas las parejas abusivas pasan de la violencia verbal a la física o sexual, pero muchas lo hacen.

Alguien que está sufriendo abusos por lo general hará todo lo posible por lidiar con la situación y sobrevivir. A veces, una persona abusada encuentra formas de evitar que una situación empeore y tiene la esperanza de que el abuso se detenga. Podría satisfacer diligentemente las necesidades y deseos de la pareja abusiva, disculparse de cosas que no son su responsabilidad con tal de apaciguar a la pareja abusiva o tranquilizar a la pareja abusiva diciéndole que todo está bien para que se mantenga de "buen" humor.

Cuando estas acciones parecen funcionar temporalmente, refuerzan la creencia de que podemos controlar el nivel de abuso que cometerá la pareja, lo que, en última instancia, no es así. Algunas relaciones abusivas son bastante estables y duran años. Algunas relaciones abusivas son intermitentemente volátiles e incluyen rupturas, separaciones y reconciliaciones.

Es común que la persona abusiva entre en un estado de vulnerabilidad e inestabilidad después de lastimar a la otra. La persona abusada empieza a andar con pies de plomo, teme otra crisis y gasta su energía tratando de que su pareja esté feliz. La persona abusiva podría disculparse, prometer que va a cambiar o minimizar lo que ocurrió para que todo "vuelva a la normalidad". Cuando llega la siguiente crisis, la persona abusada trata con más ahínco de resolverla y volver a la homeostasis. Cuanto más larga es la relación, mayor es la necesidad de la persona abusiva de garantizar lealtad y secretismo para evitar asumir la responsabilidad o el riesgo de ser abandonada por la persona a la que está lastimando.

Las personas que nunca han estado dentro de una dinámica de relación abusiva no entienden por qué parece imposible terminar con ella o cambiarla. Cuanto más tiempo pasa, más difícil resulta irse, tanto por motivos emocionales como prácticos. Muchas personas abusivas manipulan las finanzas o las relaciones familiares para eliminar los medios de escape. Obtener control sobre otra persona puede llevar tiempo y la persona abusada suele decirse que no le importa hacer cambios para la otra persona mientras va cediendo su autonomía. La emoción de la reconciliación después de una explosión puede sentirse increíble, como si ambas personas hubieran derrotado juntas a un demonio y estuvieran profundamente enamoradas.

Reconocer la realidad del abuso puede ser vergonzoso y aislador debido al estigma que deben soportar las víctimas. Además, muchas personas abusadas, finalmente y tras ser arrinconadas, toman represalias y terminan adoptando también conductas abusivas. Cuando una persona abusiva puede decir "Tú no eres mejor que yo" y nos lo creemos, es mucho más difícil salir de la relación.

Le coautore Vanessa experimentó múltiples relaciones abusivas a lo largo de los años. Hasta donde le fue posible mantuvo el abuso en secreto de su familia y amigos, ocultó las lesiones, aumentó su consumo de drogas y desarrolló una propensión a conductas reactivas. Finalmente, tras una serie de casos cada vez más peligrosos de abuso físico y sexual, pudo tomar la decisión de buscar la recuperación.

Algunos años después, en una reunión familiar por motivo de las fiestas, compartió un poco de su experiencia. Un miembro de la familia quiso saber por qué Vanessa elegía a parejas abusivas. En esencia, la pregunta era "¿Cuál es tu problema que dejas que la gente te trate de esta forma?".

Las preguntas estigmatizadoras dirigidas a las sobrevivientes de violencia no nos ayudan a reflexionar acerca de nuestra experiencia. Por el contrario, nos ponen a la defensiva y hacen que nos sintamos solas y que no somos escuchadas. Además, las preguntas dirigidas a las sobrevivientes suelen concentrarse en el asunto equivocado. Los motivos por los que muchas de nosotras nos vemos atrapadas en la red de relaciones abusivas son bien conocidos: estas relaciones son comunes, están socialmente normalizadas y, al sanar de ellas, no recibimos apoyo de nuestra cultura.

Las relaciones abusivas empiezan con conductas menores, excusables. Empiezan con una pareja que tiene opiniones fuertes y hace un poco de "bullying". Otras personas suelen percibir esa conducta como inteligente, poderosa y dominante. La pregunta en realidad no es "¿Qué hay de malo con la gente abusada?" sino "¿Qué hay de malo con nuestra sociedad que permite que la conducta abusiva prolifere y no interrumpe los ciclos de violencia?".

Las respuestas están ante nuestros ojos pero, por ser asuntos sociales, son complejos y difíciles de resolver. Lo que podemos hacer aquí y ahora es romper los ciclos donde estamos y rehusarnos a seguir en relaciones que nos lastiman. También podemos empezar a ver desde el principio las señales de irrespeto, control e inestabilidad en nuestras parejas y establecer límites más claros sobre las conductas que toleraremos y las que no aceptaremos.

Por eso es tan importante desarrollar la capacidad de sentir tus propios sentimientos, con el fin de percibir cuándo te sientes asustada, irrespetada, subestimada o herida. Algunos programas de tratamiento tienen grupos especiales de cuidado posterior para las mujeres que enfrentan relaciones abusivas.

Hay muchas opciones una vez que decides priorizar tu seguridad. Te recomendamos usar las línea directas de ayuda que se incluyen al final de este capítulo y ponerte en contacto con un grupo de defensa. Brindan asesoría práctica para lidiar con la policía y el sistema legal, en caso de que elijas obtener una orden de alejamiento u otras opciones legales. También te ayudarán a planear cómo obtener el apoyo de tu familia, tus amigos, tu lugar de culto u otro recurso de la comunidad. Lo más importante es que pueden ayudarte a crear alternativas para ti, como encontrar lugares y personas que te apoyen durante el proceso de librarte de una pareja agresora.

Tus patrones de relaciones

Cuando empieces a identificar las tendencias y patrones en tu historial de relaciones sexuales y en tu árbol familiar, aprenderás qué necesitas hacer en un programa de recuperación sexual. Puedes usar un gráfico de relaciones y un mapa familiar para identificar tus patrones de relaciones. Son herramientas que te pueden ayudar a identificar tu historial de relaciones y a empoderarte para hacer nuevas elecciones.

EJERCICIO

El mapa familiar

El mapa familiar es un diagrama de las relaciones que existen entre los miembros de tu familia y tú. Tú decides quiénes forman parte del mapa: si te criaron varias personas, en un hogar de acogida o en otra estructura familiar no tradicional, elige a las personas con las que hayas tenido más contacto.

El mapa familiar es una herramienta visual que representa los patrones de relaciones en los que creciste y puede ayudarte a obtener información sobre tu historia emocional. El mapa familiar de Arati es un ejemplo para ayudarte a dibujar y analizar el tuyo. También podrías completar una versión de esta actividad en el *Cuaderno de trabajo de Despierta tu sexualidad.*

Instrucciones del mapa familiar

El círculo del centro te representa a ti, y el círculo mayor es donde vas a dibujar tu mapa. Dibuja círculos que representen a cada miembro de tu familia o a las personas importantes de tu infancia. Usa la clave para dibujar las líneas entre los miembros de tu familia y tú, de modo que describan tu relación actual con cada persona. Si quieres, también puedes dibujar líneas entre los otros círculos para representar las relaciones que tienen los miembros de tu familia entre ellos.

Mapa familiar de Arati

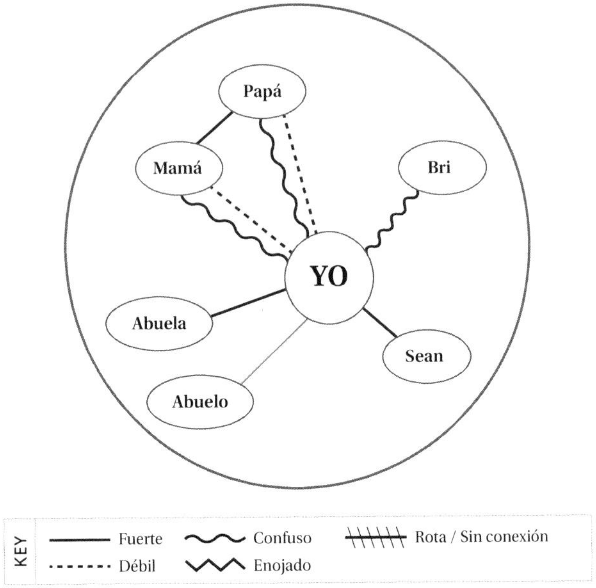

Explicación del mapa familiar de Arati

Arati dibujó a su familia inmediata, incluidos su mamá, su papá, su hermana (Bri) y su hijo Sean. Aunque tenía tíos y tías cercanos, al principio eligió mantener su mapa sencillo. Usó líneas de puntos y onduladas para mostrar que sus relaciones con sus padres se sentían débiles y confusas: más débil con su padre, más confusa con su madre. Luego, agregó una línea ondulada para conectarse con su hermana. Dibujó una línea fuerte de conexión con su hijo. Agregó a sus abuelos al mapa y dibujó una línea de conexión fuerte con su abuela y una un poco más suave con su abuelo.

Al ver su mapa, Arati se dio cuenta de que, antes de tener a su hijo, hubiera dibujado una línea de conexión fuerte con sus padres. Le dio tristeza reconocer este cambio. Cuando Arati imaginó agregar a una nueva pareja a este mapa, visualizó a alguien capaz de establecer una conexión con su hijo y sus padres.

Arati también reconoció que su relación con su hermana no era tan cercana como podría ser. Tendían a depender de sus padres para encontrar un motivo para verse y ambas tenían una vida muy ocupada. Bri se comunicaba con regularidad para saber de Sean, el hijo de Arati, y Arati sentía que podría ser agradable compartir más de su vida con su hermana. Se preguntó cómo se vería el mapa de su hermana.

Arati percibió que la relación de sus padres era muy fuerte, así que dibujó una línea de conexión firme entre ellos. No obstante, se dio cuenta de que en realidad no sabía cómo era la relación de ellos con su hermana o sus abuelos. Su familia cumplía con sus obligaciones en el sentido de que celebraban los días festivos y se reunían en ocasiones especiales, pero esto no le brindaba la información que buscaba en ese momento. También sabía que su familia extendida le aportaría más complejidad al mapa.

Este ejercicio evidenció para Arati que en su familia no se le había enseñado una conexión emocional profunda, a diferencia del valor de cumplir con el deber familiar. Como mujer queer, Arati supo que debería crear su propio camino hacia relaciones satisfactorias, distintas de las de sus padres y sus abuelos.

Se sentía grata por la presencia constante de su familia, pero anhelaba relaciones más sólidas con las que pudiera contar emocionalmente. Quería ser plena: madre, mente inquisitiva, pareja bisexual, mujer en recuperación. Sus sentimientos intensos de confusión y nerviosismo por salir con una persona nueva le resultaron más lógicos y pudo sentir cierta compasión por sí misma. Al poner energía en su propia recuperación y expresar su sexualidad, estaba haciendo algo que no había visto antes en su propia familia.

Tu mapa familiar

Ahora, puedes dibujar un mapa familiar usando tus propias experiencias.

Mapa familiar

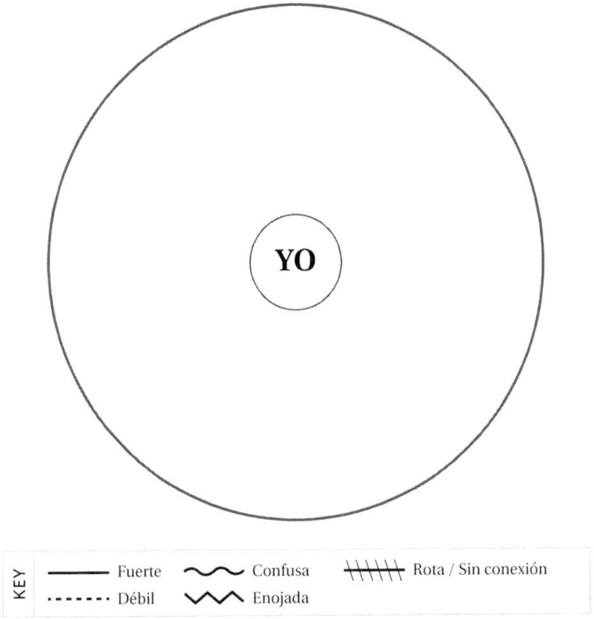

EJERCICIO

El cuadro de la historia de relaciones

El cuadro de la historia de relaciones te dará una imagen de quién eres en una relación sexual. Esto debería mostrarte cuál ha sido tu desarrollo como pareja y cuáles patrones y rasgos podrías estar repitiendo. Al estudiar el cuadro, puedes obtener pistas de lo que necesitas hacer para la recuperación sexual. Verás tu manera de interactuar en las relaciones y los tipos de parejas que eliges. Ciertos temas, sentimientos y características deben surgir como patrones. A medida que reflexiones sobre lo que ves, empezarás a tener una comprensión más profunda de ti misma.

Conforme revises tus patrones del pasado, podrías volverte más consciente de lo que no obtuviste en tus relaciones. También podrías volverte más consciente de las conductas sexuales que adoptaste y en realidad no disfrutaste. O podrías volverte consciente del tipo de atención que querías pero no recibiste.

Es importante que reconozcas que completar el cuadro es un paso importante para ser honesta sobre tu pasado sexual. ¡Felicítate por querer dar ese paso! Así como con la Línea temporal de la historia sexual, puedes completar el cuadro en este libro, en el *Cuaderno de trabajo de Despierta tu sexualidad* o en una hoja de papel separada. Una vez más, te instamos a *hacer el ejercicio*, no a limitarte a leerlo. Para que el ejercicio sea significativo, debes completar los espacios con honestidad, pensando cuidadosamente en tus relaciones pasadas y sus características.

Nombrar tu pasado de esta forma sistemática es la clave para desbloquear tu capacidad de sanar. Las elecciones que has hecho se volverán más claras, así como las veces en las que no tuviste elección, o sentiste que no tenías elección. No podemos cambiar el pasado, pero podemos cambiar cómo nos sentimos con respecto a él en el presente, y podemos cambiar cómo tomamos decisiones de ahora en adelante.

Instrucciones para completar el cuadro de la historia de relaciones

En la parte superior del cuadro hay espacios para anotar los nombres de las personas con las que recuerdes haber tenido relaciones sexuales. Tu decides qué califica como "relación". (Sugerimos que, si tenías sentimientos por esa persona, incluso si no fueron recíprocos, es mejor incluirla).

Si hay relaciones sexuales que te cuesta recordar por tus síntomas de trauma o el consumo de drogas, no te preocupes por tratar de recordarlas. Trabaja con los recuerdos que tengas. Si actualmente estás en una relación con expectativas sexuales, incluso si estás evitando la conexión sexual, anota el nombre de la persona en el último espacio (el más reciente).

En las otras casillas, vas a completar:

1. **Características de la persona.** Anota las palabras que mejor describan a la persona emocionalmente. Haz una imagen descriptiva de la persona. Algunos ejemplos de palabras para describir a la persona podrían ser *fría, cálida, indirecta, presente, distante, cariñosa, cruel, protectora, gentil, leal, insegura, honesta, confiable, sarcástica* o *valiente*.
2. **Características de la relación.** Usa las palabras que mejor describan tu interacción con esta persona, es decir, cómo sentías la relación. Algunos ejemplos pueden ser *protectora, distante, divertida, empática, imposible, cálida, solidaria, intensa, sin comunicación, aburrida, mentirosa, mutua, indiferente, crítica, emocionante, estable* o *tóxica*.
3. **Conductas adictivas.** Describe cualquier consumo problemático de alcohol u otras drogas, tuyo o de tu pareja, durante la relación, así como cualquier otra conducta adictiva/compulsiva que manifestara cualquiera de ustedes dos.
4. **Cualidades sexuales de la relación.** Elige las palabras que mejor describan las cualidades sexuales de la relación. Podrías considerar si la relación era *mutua, apasionada, unilateral, abierta, inexistente, compulsiva, tolerante, vergonzosa, tierna, cariñosa, rutinaria, obligatoria, atrevida* o *confusa*.
5. **Aspectos sexuales que te gustan y que no te gustan en la relación.** Repasa las cualidades sexuales de la relación que acabas de anotar y sepáralas en dos categorías: las que te gustaban y las que no te gustaban. Este también es el momento de reflexionar sobre las actividades sexuales en las que participabas y si, en general, te gustaban o no.

Qué buscar

Es importante notar si las palabras que usas para describir las características de la relación son idénticas a las características de la persona que describiste. Si es así, puedes ver el efecto de tu pareja en esa relación. ¿Dónde estabas? ¿Qué pasó con el efecto

Cuadro de la historia de las relaciones

Nombre	1)	2)	3)	4)	5)
Características de la persona					
Características de la relación					
Conductas adictivas					
Cualidades sexuales de la relación					
Aspectos sexuales que me gustan y que no me gustan en la relación					

que tú tuviste en la relación? ¿Cómo te expresaste en esa relación? ¿Qué dice esto de tu poder en la relación? Si sientes que tus características no determinaron el carácter de la relación, al menos en parte, este es un hecho importante de notar.

También podrías reflexionar acerca de la frecuencia con que te has sentido libre para expresarte sexualmente en una relación. ¿Cuánto de tu vida sexual ha sido determinado por los deseos y preferencias de tu pareja y cuánto por los tuyos? ¿Te has sentido motivada para pedir algo nuevo, iniciar el contacto sexual, comentar prácticas de salud sexual como anticonceptivos y barreras para evitar el contagio de ITS? ¿Por lo general te sientes satisfecha con las conexiones sexuales que has tenido o tienes una o dos que realmente sobresalen? ¿Cuáles fueron las cualidades y características de las parejas sexuales que te brindaron más satisfacción sexual?

Si el Cuadro de la historia de las relaciones revela patrones incómodos, no estás sola. Tu valor y honestidad te ayudarán a crear relaciones sexuales que sean mutuamente gratificantes y solidarias para tu recuperación.

Vivir en el presente

Vivir en el presente significa que eres consciente de lo que te pasa en este momento. Tal vez digas: "¡Claro que vivo en el presente! ¿Cómo podría vivir en otro tiempo?". El hecho es que la mayor parte del tiempo estamos en el pasado, sintiéndonos incómodas por las cosas que ya hicimos, o en el futuro, preocupándonos, planeando o tratando de controlar eventos que aún no suceden.

Cuando estamos todo el tiempo en el pasado, arrastramos nuestra historia con nosotras. Nos sobrecargamos con expectativas basadas en lo que nos pasó y esperamos que eso sea lo que nos siga pasando. O podríamos vivir en el futuro, como Rebecca, fantaseando cada relación nueva hasta una conclusión deprimente incluso antes de que empiece.

Darnos cuenta de que hemos pasado la mejor parte de nuestra vida ideando sobre el pasado o el futuro puede ser inquietante. Hemos perdido mucho tiempo y experiencia. Sin embargo, independientemente de cuánto tiempo de tu vida hayas pasado en otro lugar, puedes aprender a vivir en el presente y recuperar tu pasado sin tener que volver a vivirlo. Cuando vivas en el presente, te vas a conectar de nuevo con una parte mayor de ti misma.

Tu yo observador

Tal vez la mejor forma de aprender a vivir en el presente es permitir que tu yo observador entre en tu conciencia. El *yo observador* es una frase utilizada por los terapeutas y profesores de conciencia plena para reconocer una parte tuya, no crítica, que actúa como testigo de los eventos de tu vida. El yo observador puede ver cómo te sientes y actúas y sabe que algunos sentimientos y acciones particulares no conforman tu yo completo. El yo observador es un espejo en el que puedes mirar tus propias conductas y acciones sin juzgarlas.

Si has pasado muchos años sintiendo culpa y vergüenza, tal vez no creas que este aspecto tuyo exista. Pero existe y puedes desarrollarlo.

Desarrollar tu yo observador es diferente de disociarte de tu cuerpo y tus sentimientos. Observar no es lo mismo que salirte de ti para evitar enfrentarte. Observar no es lo mismo que usar el mecanismo de defensa de abandonarte porque es demasiado doloroso estar presente. Lo que hace tu yo observador es brindarte un lugar silencioso desde el que puedes ver tu propia conducta con reflexión y aceptación. Tu yo observador te ama incondicionalmente, pase lo que pase.

Permitir que tu yo observador esté contigo diariamente te permitirá notar, por ejemplo, que estás teniendo sexo con una pareja que no parece interesada en cultivar tu placer. Tu yo observador puede ayudarte a notar que la reunión a la que has asistido es emocionante porque te atrae alguno de los asistentes. Tu yo observador podría reconocer que la conducta de tu pareja es similar a la de uno de tus padres. Tu yo observador no juzga estas realidades, sino simplemente te las muestra para que puedas elegir cómo lidiar con ellas. Tu yo observador te alienta.

Un inventario diario

Tu yo observador te ayuda a mantenerte en el momento presente. Mantenerte en el presente con respecto a tu sexualidad y notar lo que haces puede implicar un gran esfuerzo, pero es un esfuerzo que compensa porque te vuelves capaz de elegir tu conducta sexual, en vez de apenas actuar según patrones inconscientes.

Realizar un inventario diario puede ayudarte en este proceso. Escribir las cosas en un diario puede ser particularmente útil porque te permite revisar tu progreso.

Por ejemplo, todas las noches, antes de acostarte, podrías hacerte estas preguntas: ¿Me sentí sexual/atractiva/interesada en la sexualidad hoy? ¿Cómo lo expresé? Muy pronto, verás que te resulta más fácil reconocer tus sentimientos y concentrarte en el lugar que ocupan en tu vida.

Mira más indicaciones para llevar un diario en el *Cuaderno de trabajo de Despierta tu sexualidad*. Anota también cómo te hace sentir llevar un diario. Tus sentimientos cambiarán a medida que te acostumbres a ponerle atención y escribir acerca de tu sexualidad.

Otra cosa que podrías descubrir es que eres una combinación de los pensamientos y sentimientos, así como de las experiencias que has acumulado durante toda tu vida. Podrías reconocer que aún reaccionas como niña o adolescente en ciertas situaciones. A medida que te observes, podrías empezar a reconocer a la niña interior, el yo crítico, el yo avergonzado, el yo romántico, el yo cotidiano, el yo adulto maduro: todas tus diferentes partes. Puedes empezar a cuestionar las actitudes y creencias que controlan los diferentes aspectos de tu ser. Luego, puedes empezar a elegir conscientemente cuál posición asumirás en cualquier circunstancia dada.

La selección de la pareja implica elecciones. El primer paso es entender la influencia de nuestras relaciones pasadas. El segundo es ver cómo y dónde siguen afectándonos. Darnos cuenta de que podemos elegir a la persona que seleccionamos en el presente y en el futuro es parte de la experiencia del despertar.

National Domestic Violence Hotline
(Línea directa nacional sobre violencia doméstica):
1-800-799-SAFE (7233) o 1-800-787-3224 (TTY)

Rape, Abuse & Incest National Network
(RAINN, Red nacional sobre violación, abuso e incesto)
Sexual Assault Hotline
(Línea directa sobre agresión sexual):
1-800-656-HOPE (4673)

PARTE

3

El poder de la elección: Recuperación continua

La transición entre la recuperación inicial y la recuperación continua está acompañada por un sentimiento de conexión con tu yo observador interno, esa parte sabia y no crítica de la que te habías alejado durante tanto tiempo. Al avanzar hacia la recuperación continua, una etapa que explorarás el resto de tu vida, esta conexión con tu yo observador te permite enfrentar asuntos más profundos que eran demasiado abrumadores para lidiar con ellos antes.

A medida que profundices, serás consciente de cómo la culpa y la vergüenza han restringido tu energía sexual y te han dejado evasiva o compulsiva y, como resultado, menos capaz de elegir las formas de experiencia sexual que resuenan mejor con tu yo interior.

Mucha gente descubre que sus asuntos asociados con las relaciones surgen tras cierto periodo de recuperación. Al principio, esto puede ser desalentador pero, en última instancia, es señal de que eres más consciente de cómo te sientes y qué quieres. Los temas pueden volverse más claros porque se les ha abierto espacio. Es incómodo, pero no significa que estés haciendo nada malo. Por el contrario, estás en un nuevo lugar, con nuevos desafíos. Has llegado a una nueva curva de la espiral ascendente.

En la recuperación continua, avanzarás para sanar el dolor de los problemas sexuales anteriores y disolver tu vergüenza. Cuando seas capaz de reconocer y pasar por recuerdos y sentimientos dolorosos, descubrirás tu centro de poder.

Al principio de la recuperación, un elemento esencial es construir una base de honestidad. Mientras sigues construyendo esta base en la recuperación continua, empezarás la tarea fundamental de recuperar tu empoderamiento. De esta forma, podrás crear una vida sexual saludable y satisfactoria, en tus propios términos.

CAPÍTULO 8

Elegir una nueva vida sexual

Es difícil describirle a alguien que no lo haya experimentado qué significa que un cuerpo se abra, pero es algo tan sagrado como caer de rodillas ante el púlpito y tan justo como una revolución. Es romper las amarras. Es destruir para poder transformar.

Prentis Hemphill, *What It Takes to Heal: How Transforming Ourselves Can Change the World*

LA JORNADA de la recuperación sexual implica desarrollo. Debes seguir por la ruta de la recuperación inicial antes de doblar la esquina hacia la recuperación continua. Sin embargo, cada persona crea su propia versión singular de esa ruta, abordando estas etapas a su manera, realizando el trabajo interior o con acciones externas según surja la necesidad y a medida que los problemas se presenten.

Recuerda que el proceso del despertar y la recuperación sexual puede adoptar la forma de una espiral ascendente (mira la Figura 1 en la página 90). A medida que avances por cada etapa, repasarás los mismos temas pero con mejores niveles de comprensión y trabajo. En los casos en que inicialmente necesitabas las definiciones más básicas, ahora percibes las sutilezas. La vida parece presentar los mismos temas una y otra vez. Pero, cuando estás trabajando en tu recuperación, los ves con un nuevo sentido de profundidad y complejidad. El progreso significa pasar a otro nivel de exploración propia, no "arreglarte" ni deshacerte de un tema particular de una vez por todas. Una situación familiar surge y, en vez de hacer lo que siempre has hecho, ves más de una forma de proceder. ¡Este es un logro clave!

El lema de Los Doce Pasos "Progreso, no perfección" es útil para el proceso de la recuperación sexual. Tu meta en la recuperación sexual no es convertirte en una amante perfecta, sino ser cada vez más consciente del papel que desempeña la sexualidad en tu vida. Quieres aumentar tu capacidad de reconocer tus sentimientos sexuales y actuar a partir de ellos. En ese proceso, te aceptarás como ser humano. Esto a veces significa cerrarte cuando quieres estar abierta; hacerles exigencias sexuales inapropiadas a quienes amas; perder oportunidades de expresar atención a través del toque sexual; guardar silencio cuando quieres decir no; entrar en pánico cuando todo parece estar bien.

Conforme asciendas en la espiral hacia una mayor comprensión, también empezarás a notar las veces en que estés plenamente presente para ti y para tu pareja, las veces en que trates tu cuerpo y el cuerpo de quienes toques con respeto y amor, las veces en que simplemente te ames por ser tú, las veces en que experimentes placeres inesperados.

La recuperación sexual no es un océano en calma que navegas como si estuvieras en un majestuoso trasatlántico. Seguirás teniendo altibajos. Pero, en la recuperación, tienes más acceso a la esperanza. Sabes que puedes cambiar tus patrones sexuales, porque ya lo has hecho. La desesperanza de sentirte fuera de control ya no es tu estado constante. A medida que obtienes esperanza, también empiezas a obtener poder personal.

El poder de cambiar

Para muchas personas en recuperación, la frase *impotente ante el alcohol* es profundamente familiar. Se trata de un concepto esencial de AA que ha ayudado a millones de personas. La coautora Stephanie escribió en *La mujer y su práctica de los Doce Pasos*: “admitir mi impotencia ante el alcohol me provocó una sensación de alivio y tranquilidad”. Comprender que la vida se había vuelto inmanejable, independientemente de cuántas veces necesitemos repasar el sentimiento, es un componente clave de la honestidad hacia nosotras mismas con respecto a nuestra experiencia.

Sin embargo, el sentimiento de impotencia también es una característica dolorosa del trauma. Esto significa que "admitir" la impotencia ante los síntomas del trauma podría no sentirse como algo aclarador, sino confuso o incluso degradante. Cuando alguien ejerció poder sobre ti de una forma que te lastimaba, en ese momento no estabas empoderada para detener el daño. Si has sobrevivido a un trauma, como un accidente en auto, un desastre natural, la prisión o un despliegue militar en una zona de combate, la impotencia es una característica horrible de la experiencia. Esto también ocurre con las personas que han sufrido los efectos de las injusticias estructurales, como el sexismo, el racismo, la homofobia, la transfobia, el capacitismo y la infinidad de formas en que la marginalización puede lastimarnos. Cuando el mundo en el que naciste no está hecho para que prosperes, la impotencia puede ser una realidad cotidiana.

Enfatizar la impotencia puede hacer que una persona con un historial de trauma sienta que no ha cambiado nada desde la época en que estaba en peligro. Los estudios muestran que las conductas fuera de control, incluidas el trastorno de consumo de drogas, los trastornos alimenticios y otras adicciones, aumentan con los síntomas de trauma. Cuando sobrevivimos a un trauma, podríamos consumir drogas, alcohol, sexo, comida o cualquier otra conducta para intentar controlar las emociones y sensaciones que surgen en nosotras. En otras palabras, muchas adicciones empiezan como una forma nuestra de ayudarnos con los síntomas del trauma, incluida la experiencia de ser una mujer o una persona con diversidad de género en una sociedad patriarcal. En última instancia, podríamos descubrir que la sustancia o la conducta se vuelven un problema en sí y, al reconocerlo, volver a los dolorosos recuerdos y sensaciones de estar fuera de control. Esta puede ser una espiral descendente desmoralizadora.

Irónicamente, cuando reconocemos que nuestra conducta o nuestra vida están fuera de control, podemos realmente empezar el proceso de recuperar el poder personal. Sanar del trauma requiere que nos sintamos empoderadas para hacer elecciones, no obligadas a hacer cosas. Sanar de la adicción podría requerir que nos empujemos a dejar algo que nos encantaba hacer. Podríamos tener que superar el desafío de asistir a una reunión grupal con gente que no conocemos, o la reticencia de hablar de nuestros sentimientos con un terapeuta. Tenemos que encontrar el equilibrio entre el desafío y la seguridad.

El miedo de sentirse forzadas a hacer algo puede mantener a las sobrevivientes de trauma estancadas y desmotivadas con respecto a su capacidad de hacer cambios en su vida. Es una complicación, pero no un obstáculo imposible. Probablemente necesitarás acudir a algo mayor que tú y recibir ayuda y apoyo para lidiar con la tensión. Tu capacidad de hacer elecciones, brindar libremente tu consentimiento y afirmar lo que quieres es la base de tu recuperación sexual.

Nova tuvo una revelación un día en que no quería dirigir la reunión de recuperación que había empezado para su comunidad de trabajadoras sexuales. Se sentía exhausta tras haber ayudado a alguien en una crisis la noche anterior. Durante una llamada con una amiga, Nova se sintió avergonzada por no querer realizar la reunión. Ella valoraba el servicio y temía que pensaran que era "egoísta". Su amiga le dijo que no había ningún problema en que tomara el día libre y dejara que otra persona dirigiera la reunión.

"De hecho", le dijo su amiga, "probablemente tu sobriedad será más fácil de mantener hoy si descansas". Nova reconocía con más rapidez las señales de ingobernabilidad en la vida de otras personas que en la suya. Creía que tenía que ser más fuerte, más capaz y más resistente que las personas a las que ayudaba. Pero entonces se dio cuenta de que el único motivo por el que era capaz de ayudar a otras personas era porque recibía apoyo, descanso, compañerismo, amistad y cuidado continuos. El poder de cambiar su propia vida no se derivaba de su actividad o autosacrificio constantes, sino de su interconexión.

"Necesitaba permiso para descansar", comentó Nova después. "Estoy trabajando en aprender a darme ese permiso yo misma".

Pon atención a la interrelación entre tu poder personal para hacer cambios en ti misma y el mundo que te rodea, y el poder colectivo mayor de la familia, los grupos de amigos y los movimientos a los que perteneces. Cuando te sientas impotente, puedes buscar apoyo. Cuando te sientas poderosa, puedes ofrecerles fortaleza y apoyo a los demás y a ti misma. Los altibajos son esperados.

Dinero, influencia social y sexo

Las estadísticas son alarmantes: aún las mujeres ganan menos que los hombres en todos los niveles de educación e ingresos. La menor brecha se presenta entre los trabajadores con el menor salario (en parte, debido a la existencia de salario mínimo), pero en el caso de los trabajadores con ingresos medios, la brecha es de casi el 15 %, y se amplía a más del 22 % entre los asalariados del nonagésimo percentil. Las mujeres negras e hispanas experimentan las mayores brechas salariales, incluso cuando se consideran la educación, la experiencia y las condiciones económicas regionales[1].

Las personas queer, en especial las mujeres cisgénero, bisexuales y lesbianas, las mujeres transgénero y las personas no binarias, tienen más probabilidades de vivir en la pobreza que las mujeres o los hombres heterosexuales. La discriminación en la vivienda y el empleo afecta en mayores niveles a las personas LGBTQ+. Esto también significa que las personas LGBTQ+ tienen menos probabilidades de recibir beneficios de salud de alta calidad mediante el empleo, lo que puede afectar los resultados de la recuperación. Estas injusticias económicas llevan a muchas mujeres queer, mujeres trans, personas no binarias y personas con género expansivo a depender de compartir su vivienda (con frecuencia con sus parejas) para cubrir sus gastos, en especial si tienen hijos.

Las comparaciones entre hombres y mujeres después de un divorcio muestran sin duda una mayor caída en el bienestar financiero de las mujeres. Esta falta de poder económico lleva a muchas mujeres a quedarse en matrimonios que ya no las satisfacen sexual o emocionalmente, o a seguir con hombres violentos y abusivos. Incluso a las madres solas de clase media, con estabilidad financiera relativa, les resulta difícil cubrir la atención de los niños mientras trabajan y esto influye en sus decisiones sobre las relaciones.

La principal conclusión es que nuestras opciones económicas moldean e influyen en nuestras decisiones con respecto a las relaciones sexuales. No elegimos a nuestras parejas en un mundo ideal de libertad y posibilidades infinitas; nos involucramos con gente real mientras lidiamos con sistemas prejuiciados.

Debido a esta realidad, cuanto más sepas sobre tu propio cuerpo, tus sentimientos y tus deseos, más empoderada puedes estar para defender la vida sexual que quieres, independientemente de tu situación financiera. Al cuidar tu cuerpo y desarrollar una comprensión de tus propios sentimientos sexuales, te mantienes arraigada de forma poderosa en tus propias elecciones.

Intercambiar sexo por otra cosa

Muchas veces, es posible que las elecciones sexuales sean un acto de sobrevivencia y no de placer. La elección de intercambiar sexo por seguridad, por drogas, por un lugar para dormir, por dinero, por aceptación, por la promesa de un ascenso o por cualquier otra cosa de valor surge de muchas formas y en muchos momentos diferentes de nuestra vida. No es raro que el sexo se vuelva una moneda de cambio.

La recuperación sexual implica hacer que estas experiencias sean conscientes y comprender cuándo te sientes empoderada para elegir cómo involucrarte sexualmente con otras personas y cuándo no es o no ha sido así. A veces, nuestras elecciones cambian radicalmente cuando nos volvemos más conscientes de nuestro poder para elegir. A veces adoptamos las mismas conductas, pero la forma en que nos sentimos con respecto a ellas cambia.

Cuando Nova empezó a trabajar en un club de striptease, era consciente de que estaría vendiendo una actuación sexual. Se sentía cómoda mostrando su cuerpo y en contacto con clientes masculinos y femeninas y no le avergonzaba su trabajo. Tenía conexiones con varios grupos en línea de derechos de trabajadores sexuales y se consideraba parte de un movimiento político. Nova creía que, siempre y cuando hubiera consentimiento, los adultos deberían tener el derecho de tener transacciones sexuales privadas. Cuando inició un grupo de recuperación para personas trabajadoras sexuales, sabía que se sentiría mucho más segura al hablar sobre su trabajo con gente que tenía una experiencia de vida similar. Aunque no trabajaba principalmente como prostituta o acompañante, había pasado muchas noches con clientes, bebiendo, consumiendo drogas y teniendo sexo. A veces recibía regalos en efectivo por su tiempo.

Cuando Nova logró la sobriedad, algunas de estas fuentes de ingresos adicionales desaparecieron. De todos modos, le iba bien como bailarina en el club, por lo que pudo mantenerse financieramente estable y poco a poco construyó una clientela que apoyaba su sobriedad. Cuando empezó a abordar su trastorno alimenticio y optar por el celibato durante un tiempo, enfrentó más desafíos; por ejemplo, el gerente del club le comentó que había subido de peso.

Nova empezó a hacer una lluvia de ideas sobre otras formas de usar sus habilidades para ganar dinero, como dar clases de pole dance y monetizar un canal de YouTube con sus videos populares. Su comunidad fue fundamental para apoyarla en los desafíos que enfrentó. Se reunían en línea todas las semanas y se ayudaban entre sí a mantener sus compromisos con su recuperación. Un problema que muchas enfrentaban era la presión de tener que beber y consumir drogas con sus clientes. Algunas sentían que lo más fácil era ceder, aunque eso socavara su sobriedad. Nova sabía que eso no iba a funcionar en su caso.

"Primero, realmente tuve que asumir el compromiso de no consumir alcohol ni ningún tipo de droga. Yo no era una consumidora esporádica; sin duda era adicta a las metanfetaminas y el alcohol me llevaba a consumirlas. Así que necesitaba parar por completo. Pero tampoco creo que estar drogada facilitara realizar un trabajo sexual", le comentó Nova a su grupo. "Creo que en ese momento debo haber dicho que sí, pero en realidad era más difícil. Tenía resacas horribles todo el tiempo. Me avergonzaban las cosas que había dicho y hecho. Perdía el conocimiento y no recordaba si había negociado correctamente con el cliente. Estar drogada me volvía descuidada. Además, no me permitía conocerme ni saber cuáles eran mis límites reales".

"Pero, ¿no es más difícil ir a trabajar ahora?", le preguntó una amiga del grupo.

Nova consideró cómo responder a la pregunta. "Estoy más presente en mi cuerpo y, por eso, ahora tengo que decir 'No' con más frecuencia, lo que es asustador porque ¿qué tal si el cliente se enoja o no me paga? Pero aún tengo clientes porque hay mucha gente que disfruta estar conmigo tal como soy. Tengo límites más claros, lo que hace que me sienta bien. Me acuesto sintiéndome bien conmigo misma y me despierto sabiendo qué pasó. No cambiaría mi tranquilidad por nada".

Para Nova, era posible intercambiar su atención sexual por dinero sin sentirse explotada, degradada o desempoderada en general. Su experiencia no es rara, aunque cada persona que entra al mercado de trabajo sexual de cualquier tipo (ya sea legal o ilegal, en persona o en línea, ante una cámara o no) enfrenta negociaciones complejas en torno del poder y los límites personales. La criminalización de ciertas formas de trabajo sexual afecta cada elección.

Ash, al igual que Nova, había tenido muchas experiencias sexuales que giraban en torno de las drogas y el apoyo monetario. Pero, a diferencia de Nova, Ash no usaba el término *trabajo sexual* para referirse a estos intercambios. Considerando las diferencias de edad y la naturaleza de explotación de muchas de las primeras experiencias sexuales de Ash, lo que le sucedió cumpliría con los criterios de tráfico humano. Pero ese término tampoco le parecía correcto a Ash.

Cuando hablaba de sus experiencias sexuales en su adolescencia, Ash solía usar la palabra *intercambio*. "Intercambiaba sexo por heroína y por un lugar para dormir", o "intercambiaba sexo por una noche fuera del hogar grupal", o "tenía sexo para que el gerente no dijera nada cuando llegaba tarde al trabajo". Para Ash, todos estos intercambios tenían metas materiales en mente. Algunas de las experiencias fueron traumáticas, pero muchas no lo fueron.

Intercambiar sexo era parte de la historia de Ash, parte de su forma de sobrevivir después del abuso sexual de la infancia y en su adicción, indigencia e involucramiento en el sistema legal criminal. Al principio, a Ash le resultaba difícil hablar de estas experiencias pero, poco a poco, descubrió que su honestidad acerca de su vida hacia que otras personas se sintieran a gusto para hablar abiertamente de sus propias experiencias. A medida que Ash progresó en su recuperación, pudo hacer elecciones más conscientes acerca de su cuerpo sexual. Aumentó su empoderamiento, en buena parte porque tenía empleo y estaba estable financieramente.

Es muy común que las mujeres, en especial las heterosexuales, se queden con parejas que ya no aman por el soporte económico. De hecho, esta podría ser una de las formas más comunes de intercambio sexual en nuestra sociedad actual. No es lo mismo que involucrarse en el trabajo sexual, en gran medida porque no es estigmatizada o criminalizada. Pero sigue siendo un tipo de intercambio comercial. Este tipo de intercambio es una parte importante de la historia de la coautora Stephanie.

Stephanie estuvo casada con su exesposo durante trece años. Tras un año de sobriedad, se divorció y obtuvo la custodia de sus hijos.

Stephanie recuerda: "Me casé cuando estaba en mitad de mis estudios universitarios, en parte debido a la presión familiar, en parte para seguirle los pasos a mi hermana menor que se había casado el verano anterior, y en parte porque nunca había sido independiente. Mis padres me habían mantenido hasta la universidad y sabía que no podía sostener el mismo estilo de vida que me brindaba mi familia.

Mi esposo era alto y apuesto, unos años mayor que yo, financieramente establecido y listo para sentar cabeza con una esposa y una familia. Era exactamente el tipo de hombre que mi familia quería para mí. Tenía un buen empleo, era exitoso, le gustaba viajar e ir a buenos restaurantes, se vestía bien, nos había comprado una casa segura y tranquila en un barrio de las afueras. Todo parecía perfecto.

Claro que nadie sabía que bebía mucho desde mi primer año en la universidad. Estaba en una hermandad y beber era una actividad perfecta y socialmente aceptable en las fiestas. Pero desde el principio, tenía lagunas mentales. En términos de la bebida, estar casada era ideal para mí. Me sentía segura; podía beber en casa desde la hora del cóctel en adelante sin preocuparme por lo que podía pasar. Aunque seguía teniendo lagunas, pensaba que todo el mundo que bebía olvidaba cosas.

El problema real fue que, al mes de casada, supe que había cometido un error. Mi esposo y yo simplemente no éramos compatibles emocional, política ni sexualmente y, como resultado, peleábamos con frecuencia.

Así que vivía en las afueras, bebiendo vino al almuerzo y luego desde la hora del cóctel hasta la hora de dormir. Sabía que era infeliz pero no podía enfrentarlo. Por supuesto, luego quedé embarazada. Más de una vez.

Tener dos bebés para cuidar destruyó cualquier posibilidad de que saliera del matrimonio. Yo sabía que en realidad no estaba presente para mis hijos, en especial por las noches. Los acostaba lo más temprano posible, completamente dependiente de que mi esposo respondiera a cualquier necesidad nocturna de los niños. Sabía que, si nos divorciábamos y algo pasaba, yo no tenía la mínima condición de funcionar. A las ocho o nueve de la noche, ya estaba suficientemente ebria para lidiar con cualquier problema. Estaba asustada. Sabía que, si seguía bebiendo de esa forma, no podía garantizar que fuera capaz de responder en una crisis.

Mi esposo nunca expresó infelicidad en el matrimonio. Yo era atractiva, me vestía bien y me desempeñaba bien socialmente, además de que el resto de la gente pensaba que era una buena madre. Me veía bien por fuera y era el tipo de esposa que él quería. Lo ayudaba a tener el tipo de vida que quería vivir.

Pero, por dentro, las cosas no andaban bien. Nuestra relación se siguió deteriorando y nuestras peleas verbales se volvieron realmente agresivas y vengativas. Sabía que yo no era feliz y que me quedaba con él apenas porque me daba miedo no poder cuidar a mis hijos por mi cuenta. Constantemente lo amenazaba con dejarlo, pero ni una sola vez lo cumplí.

A mediados de los setenta, recuerdo asistir a un almuerzo en el que las conferencistas eran Gloria Steinem y Phyllis Chesler. Parte de su presentación se refería a mujeres en matrimonios en los que se había perdido el amor pero se quedaban por seguridad financiera. Decían que era un intercambio. Le dije a una amiga en el almuerzo que, si creía en ellas, necesitaba divorciarme. En vez de ello, me fui a casa y me embriagué.

Finalmente, 'toqué fondo', llamé a AA y fui a una reunión. Obtuve a una madrina y me mantuve sobria con apenas un desliz. Pero sabía que tenía que salir de ese matrimonio; nunca había estado presente emocionalmente, ni siquiera al principio. Le dije a mi esposo que en AA recomendaban no hacer cambios importantes durante el primer año pero que, una vez que hubiera pasado ese año, me iría. En ese momento, sabía que podría cuidar a mis hijos, aunque fuera difícil. Ya no me emborrachaba en las noches; ahora podía ser responsable.

Por suerte, recibí algunos bienes en el acuerdo de divorcio y, si los necesitaba, mis padres serían mi respaldo. Cuando miro al pasado, me doy cuenta de cuántos años me quedé en un matrimonio porque no podía dejar de beber y me daba miedo no tener suficiente dinero".

Como les sucede a todas las personas que se divorcian, Stephanie tuvo que esforzarse por rehacer su vida. Tuvo que aprender a ser madre sola y a satisfacer sus propias necesidades directamente y sin alcohol. Al principio, la sorprendió que su título universitario en trabajo social no la preparaba para trabajar en el campo de la adicción porque no tenía tres años de recuperación.

Durante estos años, Stephanie aprendió a sentir compasión por sí misma. Había cambiado su capacidad de ser una "buena" esposa por la libertad de ser capaz de beber. En la recuperación, volvió a estudiar y obtuvo su doctorado, fue voluntaria en un programa de tratamiento y empezó un proceso para descubrir quién era sexualmente en realidad.

Stephanie sabía que era difícil y asustador llevar una vida honesta. Sabía cuánto tiempo le había tomado hacer algo y comprendía especialmente a las mujeres que empezaban el tratamiento. Conocía las luchas y los sacrificios que había que hacer para vivir honestamente.

Respetar la desesperanza

El camino de la recuperación continua no es lineal. En una espiral ascendente podrías tener algunos de los mismos problemas el resto de tu vida, pero tu relación con esos problemas cambia. A veces, un problema sexual está en primer plano, pasa a segundo plano y luego regresa.

Nos encantaría poder prometerte que, una vez que empieces a investigar tus sentimientos sexuales y a hacer las paces con tu cuerpo, te sentirás cada día mejor. Pero eso sería deshonesto. Para mucha gente, la recuperación sexual conlleva desafíos dolorosos porque implica enfrentar el trauma sin el efecto adormecedor de sus adicciones.

Las personas pueden temerle en extremo al sexo sin alcohol u otras drogas. Podrían sentirse extrañas, inseguras de sí mismas o frustradas por la dificultad de acercarse a la gente sin el "vínculo" que ocurre cuando beben o consumen juntas. Durante la recuperación del consumo problemático de una droga, un trastorno alimenticio u otra conducta compulsiva, al principio podría no haber gozo sexual. Cuando todo parece demasiado difícil y el futuro es asustador, la desesperanza puede consumirnos. Esta es una experiencia poderosa y vivirla requiere cuidado y atención.

Respetar la desesperanza significa reconocer y permitir que el sentimiento pueda entrar y, cuando lo haga, sentirlo plenamente, *sin ninguna acción que implique lastimarte*. De hecho, si podemos dedicarnos gentileza y ternura al enfrentarla, más rápidamente la desesperanza se transformará en otra cosa. Esa otra cosa solo necesita ser un rayo de luz, una grieta en el muro del dolor.

Cuando le coautore Vanessa empezó la recuperación, sentía una vergüenza demoledora por cada elección horrible que había hecho en la vida y cada experiencia dolorosa a la que había sobrevivido. Sin drogas que anestesiaran sus sentimientos, Vanessa empezó a perder la esperanza de sentirse bien alguna vez. Su relación de pareja había terminado de forma dramática, le costaba encontrar empleo y temía perder su casa, además de que sentía una inmensa soledad y agotamiento por los años con síntomas de TEPT: ataques de pánico, dificultades con los toques íntimos, enfermedades repetidas y dolor crónico. Todo parecía imposible de superar.

Entonces, Vanessa contó con una mentora y amiga mayor que le dijo algo sorprendente. "Sumérgete en la desesperanza. Deja que la desesperanza te tire al suelo. Respira desesperanza. Ábrele la puerta a la desesperanza en tu familia de sentimientos".

Cuando Vanessa dejó que el sentimiento de desesperanza la invadiera por completo fue realmente terrible. Entró en un estado de ideación suicida. Solo pudo hacerlo con seguridad porque no estaba sola con sus sentimientos; tenía la orientación y el amor de alguien que había pasado por ello. Luego, la mentora le preguntó gentilmente: "¿Quieres dejar de estar viva? ¿O solo quieres que termine el dolor?".

Este fue su punto de inflexión. Al darse cuenta de que lo que más quería era que se acabara el dolor, Vanessa pudo pedirles ayuda a más personas. Empezó el largo proceso de escuchar, ponerles atención y sanar las fuentes de su dolor.

Vanessa recuerda: "Pensaba que prefería estar drogada que sin esperanza. Siempre estaba luchando para salvar algo: voy a salvar mi relación sacrificándome un poco más. Voy a salvar a la persona que amo de su propia adicción. Voy a salvar mi espacio en mi programa, aunque no estoy suficientemente bien para aprender. Pensaba que si me dejaba invadir por la desesperanza me mataría. Pero, en vez de ello, la desesperanza fue el lugar desde el que pude realmente reconocer que necesitaba cambiar.

La desesperanza fue mi forma de aceptar que había fallado; aunque sacara un poco de agua, no había cambiado la realidad: el barco de mi vida se estaba hundiendo. Mi relación de pareja de tantos años se había acabado y no estaba segura de que pudiera recuperarme de esa pérdida. No podía imaginar sentir amor ni que me amaran nunca jamás. La desesperanza de ese dolor fue la puerta para que entrara mi luto y, cuando empecé realmente a vivirlo, me asombró encontrar una pequeña parte de mí que quería vivir y ver qué me reservaba el futuro".

La desesperanza es una respuesta al dolor que parece inextricable. Puede colarse tras años de trabajo de recuperación, en un mal día, después de una decepción, como complemento de una recaída u oculta en una conversación hiriente. Suena como "No puedo hacer esto", "Ya no quiero hacer esto", "A estas alturas debería sentirme mejor" y "Esto no se acaba nunca".

Actualmente, en su trabajo como doula de la muerte (una persona que apoya a quienes están a punto de fallecer y sus seres queridos), Vanessa está en contacto con la enfermedad y el sufrimiento verdaderos, finales e inextricables. Cuando alguien está muriendo, la gente suele decirle "No desistas, no pierdas la esperanza". Pero, a veces, reconocer que se acerca el final de la vida es lo opuesto a la desesperanza. La muerte es una verdad que compartimos todos y aceptar su inevitabilidad no tiene que ser lo mismo que "desistir". Puede ser una libertad y un lugar donde surge el sentimiento verdadero. Las personas que padecen una enfermedad terminal y se están preparando para su muerte a veces sienten terror por lo desconocido. Pero el terror, la desesperanza y la desesperación son apenas parte de la experiencia. Por lo general, también hay ternura, reverencia por la vida y un amor implacable que quieren asegurarse de comunicarles a las personas más cercanas.

Cuando tocamos el fondo de la desesperanza, tenemos la impresión de que nada va a cambiar. De hecho, el cambio viene independientemente de que lo generemos de forma consciente o no. El tiempo no se detiene con nuestro dolor y el cambio es inevitable. La desesperanza es una indicación de que estamos entrando en nuestros lugares más oscuros y tememos quedarnos allí.

Si la desesperanza te visita en tu proceso de recuperación, pídele a alguien en quien confíes que se siente a tu lado mientras pasas por ese sentimiento. Si persiste y se trasforma en una amenaza continua para tu salud física o mental, puedes pedir más refuerzos: programas de internamiento o ambulatorios, grupos de recuperación, madrinas, compañeras solidarias, terapeutas profesionales, seres queridos, etc. Respetar la desesperanza significa permitirla, pero también pasar por ella. Sentimos, descansamos y mañana volvemos a intentarlo.

Línea de Prevención del Suicidio y Crisis:
Llama o envía un mensaje de texto al 988

El valor de actuar

La recuperación de cualquier tipo es sinónimo de querer cambiar. La recuperación sexual es sinónimo de empoderamiento, placer, conexión e intimidad. Debemos tomar la decisión de explorar e identificar opciones, de ser conscientes de nuestras elecciones. A medida que obtengas conciencia y expandas tu capacidad de satisfacer tus propias necesidades, puedes empezar a ampliar tu capacidad de actuar intencionalmente, en vez de reaccionar instintivamente. Aumentas tu poder personal a medida que aumentas tu capacidad de producir cambios en tu propia vida y, conforme te conectas con otras personas que están en un camino similar, puedes contribuir más con tu comunidad y con la colectividad.

En nuestra sociedad, *poder* por lo general ha significado *poder sobre*: la capacidad de dominar y controlar a los demás. Históricamente, ese poder se ha impuesto mediante la violencia. Los estadounidenses actuales han heredado una comprensión del poder forjado en el colonialismo, la esclavitud, el control patriarcal de las mujeres, el robo de la tierra y las guerras genocidas contra los pueblos indígenas. El control democrático estadounidense del gobierno, aunque pareciera muy diferente del derecho divino de los reyes, estaba reservado a una pequeña cantidad de hombres blancos, muchos de los cuales fueron esclavistas. El poder de "la gente" estaba reservado a una cantidad pequeña de gente.

Las mujeres, las personas no binarias y las personas con género expansivo conocen bien los efectos de este tipo de poder. Además de las barreras estructurales que enfrentamos, los desequilibrios de poder suelen reflejarse en las familias y exhibirse en la violencia de la pareja íntima. Cualquier persona es capaz de intimidar a quienes tienen menos poder que ella e imponer su voluntad en otros sin su consentimiento. Todos vivimos en un conjunto complejo y dinámico de sistemas (lugares de trabajo, instituciones educativas, instituciones religiosas, instituciones de salud física y mental, sistemas legales criminales y civiles, etc.) que afectan e influyen en nuestra experiencia de las jerarquías de poder.

Al mismo tiempo que el *poder sobre* busca dominar y controlar, siempre ha habido personas que quieren construir una forma diferente de poder, algo que muchos ahora llaman el *poder con*. Se trata de un poder colectivo y personal, basado en la mutualidad, empatía, cuidado y respeto. Nos pide asumir la responsabilidad de nuestras propias acciones. Nos pide acercarnos a los demás con curiosidad y buscar conexión. Crear poder con otros significa que desarrollemos la capacidad de cambiar nuestra vida juntos, por causa de los demás y no a pesar de los demás. Este tipo de poder es el amor en acción.

Cuando te dedicas a tu propia recuperación de la adicción y el trauma, inicialmente podrías sentir que haces una gran parte del trabajo sola, pero la verdad es que te acompañan millones de personas que están tratando de mejorar, tal como tú. Lo mismo ocurre cuando te comprometes con tu bienestar sexual. Debido a que la sexualidad es una parte tan esencial de lo que somos como seres humanos (incluidas las veces en que no somos sexualmente activas o no sentimos deseo), tu curiosidad y el cuidado de tu yo sexual pueden conectarte a algo mayor que tú.

Se requiere mucho valor, pero puedes asumir la responsabilidad de dónde estás ahora. Puedes actuar de acuerdo con tus valores. Puedes reparar los daños cuando sea apropiado y aprender a responder conscientemente a medida que haya nuevas situaciones sexuales. Puedes reconocer que tal vez necesites más educación sexual y buscar la información que necesitas. Puedes identificar que tienes algunas opciones acerca de cómo se desarrolle tu vida sexual y que puedes asumirlas. Puedes aceptar tu poder de responder de manera diferente a los eventos sobre los que tal vez no tengas control.

La ruta del crecimiento, la espiral ascendente, es un camino que siempre requiere de elecciones renovadas. Crecemos en nuestra capacidad de elegir la recuperación y de elegir una ruta consciente de empoderamiento propio. Nunca es fácil ni rápida. Dar un paso a la vez y permitir que otras personas apoyen estos pasos de crecimiento genera su propia recompensa con una sensación de bienestar y con la esperanza creciente en la posibilidad de expansión.

CAPÍTULO 9

Elegir el poder personal

¿A qué le he tenido miedo? A preguntar o hablar porque creía que eso podría significar dolor o muerte. Pero todos sufrimos de muchas formas diferentes, todo el tiempo, y el dolor cambiará o terminará... Y empecé a reconocer una fuente de poder en mi interior que proviene de saber que, aunque es deseable no temer, aprender a poner el miedo en perspectiva me fortalece profundamente. Mis silencios no me han protegido. Tu silencio no te protegerá.

Audre Lorde, *Sister Outsider: Essays and Speeches*

QUIENES ESTAMOS en recuperación limitamos nuestro uso del poder personal de muchas formas, pero hay tres comunes: al vivir castigándonos constantemente por nuestra conducta destructiva del pasado, al asumir la culpa o la responsabilidad indebida del abuso que soportamos, y al identificarnos con nuestra vergüenza más que con nuestra curiosidad o placer.

Cuando eliges hacer cambios en estas áreas, posibilitas mayor empoderamiento, presencia y conexión. La sexualidad puede volverse creativa, una fuente de energía e interés, en vez de un lugar de miedo o adormecimiento. Es donde te sientes empoderada para elegir y conectarte. Donde tu poder personal se cultiva y tu placer es bienvenido. Requiere tiempo, pero estos cambios son posibles. Tendrás que desarrollar tu autocompasión.

Culpa, vergüenza y autocompasión

La culpa puede tener una función positiva: es una señal de que nos importan los sentimientos de los demás, de que entendemos nuestros propios valores y de que nuestra conducta necesita corregir su curso. Experimentamos culpa cuando sentimos que hemos infringido nuestros propios valores, cuando sentimos que hemos hecho algo que va contra quienes pensamos que somos o que deberíamos ser. La culpa también acompaña sentimientos de arrepentimiento y remordimiento por algo que hemos hecho. Con frecuencia, nos sentimos culpables por algo que le hemos hecho a otra persona. Cuando lastimamos a alguien, la culpa nos dice que quisiéramos no haberlo hecho.

Una vez que nos disculpamos, si es posible y no genera un daño mayor, y asumimos la responsabilidad de nuestra conducta, la culpa debe empezar a desvanecerse. Nuestra capacidad de sentir remordimiento de nuestras acciones es crucial para las relaciones humanas. También puede brotar cuando nos recuerdan el daño que hemos causado en el pasado. Sentir culpa por algo que hicimos en el pasado es una parte normal del ser humano social. Es una señal de que queremos asumir la responsabilidad de nuestros actos.

No obstante, cuando nos sentimos culpables de forma constante y abrumadora, podríamos tener dificultades de vivir en el presente porque estamos presas a algo no resuelto que lamentamos haber hecho en el pasado. Es muy común que la culpa relacionada con los temas sexuales sea una carga enorme para las mujeres en recuperación. Una característica de la cultura de la violación es que las mujeres interiorizamos la culpa de experiencias que no causamos. Esto es especialmente válido para las sobrevivientes de agresiones sexuales que conocían al agresor y forman parte de la comunidad o la familia de la persona que les hizo daño.

Quienes viven con adicciones tienen otra carga. Las mujeres, las personas no binarias y las personas con género expansivo que tienen adicciones son más estigmatizadas que los hombres. Es común interiorizar ese estigma y, en consecuencia, sentir vergüenza de ser adictas y vergüenza por los eventos sexuales que ocurrieron en esa época.

La culpa persistente, que se vuelve una carga cada vez más pesada conforme pasa el tiempo, es una experiencia dolorosa y agotadora. Para muchas personas, este tipo de culpa deja de ser "Lamento lo que hice" para transformarse en algo más abarcador:

"Me avergüenza lo que soy". Si la culpa se refiere a lo que hicimos, la vergüenza tiene que ver con quienes creemos que somos. La vergüenza puede volverse una característica dominante y constante de nuestra vida emocional.

La vergüenza invade todos los niveles de nuestra experiencia, incluidas nuestras familias, nuestras comunidades y nuestra sociedad en general. La vergüenza es una consecuencia de eventos personales, como que alguien en quien confías te diga que hay algo malo contigo. También es una característica del prejuicio sistémico, que se manifiesta en gran escala y en pequeños detalles, en prácticamente todas las escuelas, lugares de culto, lugares de trabajo, comunidades, ciudades, condados, etc.

En un país que se ha desarrollado a partir de la creencia de que la piel blanca hace que alguien sea superior, los niños de color absorben experiencias vergonzosas y crecen soportando la influencia limitante y restrictiva de la vergüenza. Los niños queer y trans absorben la vergüenza de sus entornos. Las personas con cuerpos más grandes, las personas discapacitadas, las personas neurodivergentes, las personas pobres y muchas más lidiamos con la forma en que la vergüenza de la cultura estadounidense se vuelve parte de nuestra identidad.

Políticamente, una respuesta a la vergüenza distribuida por nuestra cultura suele enmarcarse como "orgullo", porque el orgullo se siente como lo opuesto a la vergüenza. Y es una experiencia hermosa estar entre personas que se sienten orgullosas de ser quienes son. Pero el orgullo no siempre se siente como la respuesta apropiada para las sobrevivientes de trauma o quienes viven con adicciones.

Por ejemplo, muchas sobrevivientes de abuso sexual en la infancia tienen una relación compleja con sentirse orgullosas de quienes son. Como Ash suele decirles a sus clientes de la orientación: "Hay días en que me enorgullezco de haber llegado hasta aquí, de elegir vivir y quiero que todo el mundo sepa que he sobrevivido a todo tipo de adversidades. Otros días, solo quiero ser normal y no pensar en nada de eso". A veces, Ash no quiere que se le defina solo por las cosas a las que ha sobrevivido.

La vergüenza es una característica cruel y escurridiza del trauma restante, el abuso y la adicción. Podemos saber que no queríamos que nos lastimaran, ni lastimar a nadie, y aun así, en nuestra esencia, sentimos que no somos buenas. Este sentimiento es tan terrible y tan pesado que mantenemos nuestra vergüenza en secreto. No queremos que nadie sepa lo malas que somos. Y, a veces, hay otra distorsión: sentimos que se supone que podamos superar la vergüenza de forma simple y rápida. Por eso, cuando la vergüenza persiste, nos avergonzamos de nuestra vergüenza, es decir, nos avergüenza no haber podido mejorar más rápido.

Por mucho que la vergüenza se sienta sólida e implacable, con el tiempo puedes disolverla. Si aún estás lejos del orgullo de ser quien eres debido a la vergüenza y culpa que cargas, la forma de aligerarlas es trabajar en tu autocompasión. La autocompasión es una práctica continua y una parte crucial de tu recuperación. Al avanzar en la espiral ascendente de la recuperación y la sanación, enriqueceremos nuestra comprensión de ella.

Ya empezaste el trabajo de enfrentar tu vergüenza al mirar tu pasado y decirte la verdad sobre tu vida sexual hasta ahora. Ahora te pedimos que desarrolles activamente un fuerte sentido de autocompasión. La autocompasión y el cultivo del placer y la intimidad van de la mano.

La vergüenza drena tu poder; la autocompasión lo restaura

Los sentimientos de vergüenza pueden dispararse a partir de experiencias internas o externas. La recuperación continua apunta al empoderamiento, a la capacidad de sentir tu poder personal y tomar medidas. Sanar tu vergüenza es esencial para tu empoderamiento.

La vergüenza te inmobiliza y drena tu poder. Podrías sentir que no tienes energía, esperanza ni sentido de la posibilidad de movimiento. De esta forma, la vergüenza se transforma en un círculo vicioso. Cuanto más avergonzada te sientes, menos capacidad tienes de poner en práctica tu iniciativa. No sales al mundo y, por lo tanto, tienes menos experiencias positivas y afirmativas.

Analizar cuidadosamente la fuente de la vergüenza en tu vida es un paso importante para volverte más compasiva contigo misma. Sin duda, sentirás que no tienes control sobre muchas cosas. Podrías haber interiorizado la vergüenza sobre muchos aspectos tuyos, como tu género, raza, etnia u origen cultural, el lugar donde creciste, cómo luce tu cuerpo, y tu orientación sexual.

Algunas cosas tuyas pueden cambiar y otras no. La vergüenza no conoce la diferencia. Va a aparecer para lastimarte sobre partes tuyas que son completamente inmutables. ¡Pero la variedad que todas personificamos es lo que le da a la vida su riqueza y complejidad! Si entras en contacto con tu yo observador interno y sabio, sabrás que no necesitas avergonzarte de ninguna parte tuya. El problema está en los prejuicios del mundo que te rodea.

Reducir la influencia de tus experiencias vergonzosas es un proceso de largo plazo. No hay una cura fácil ni una solución rápida. Realizar ese tipo de cambio requiere tiempo. Ten paciencia contigo misma a medida que pasas por este proceso.

Recuerda que la vergüenza existía antes de que tú nacieras y que aprendiste sobre ella antes de hablar. Los padres que al cambiar los pañales les quitan a los bebés la mano de sus propios genitales envían un mensaje claro: "Es malo tocarte". Los niños tienden a simplificar mensajes como estos y pronto aprenden: "Soy malo". Quitarte el dominio que tiene la vergüenza sobre ti no es algo que se logra de la noche a la mañana. La autocompasión que desarrolles te ayudará cada vez que vuelva a aparecer la vergüenza.

EJERCICIO

Trabajar con *debería*

Una de las formas que la vergüenza emplea para agotar nuestro poder es reprendernos constantemente. En tu interior, puedes empezar a escuchar la voz de la vergüenza cada vez que oigas la palabra *debería*.

Sin duda, hay algunos *debería* en nuestra vida que son útiles y no tienen por qué hacernos sentir vergüenza. Por ejemplo: "Si quiero recoger a los niños a tiempo, debería salir en cinco minutos". O, "Hoy me estoy sintiendo sola; debería ver mi lista de personas a las que puedo llamar y ver quién puede acompañarme". Otro caso: "Fue demasiado estresante ponerle ese límite a mi pareja. Debería ponerle atención a mi cuerpo y apoyarme".

Pero la mayoría de nosotras no usa *debería* de esa forma. Lo usamos para decirnos que estamos equivocadas, que estamos rotas, que nos falta algo. Mira si alguna de estas afirmaciones te resulta familiar:

- Hace años que ocurrió mi trauma. Ya debería haberlo superado.
- Mi agresión sexual no fue realmente violenta, así que no debería tener tantos problemas con el sexo.
- Debería tener más éxito.
- Debería ser más fuerte, más inteligente y más asertiva en situaciones sociales.
- Mi pareja debería encontrar a una persona menos lastimada que yo.
- No debería haber [consumido esa droga o tenido esa conducta], así que todo lo que me pasó es mi culpa.
- Debería querer más/menos sexo.

Haz tu propia lista de afirmaciones vergonzosas usando *debería*, de tres a cinco frases. Luego, devuélvete y anota una respuesta a cada una desde la perspectiva de tu yo observador. Recuerda que esta es la parte tuya que te ama incondicionalmente, que te anima y que realmente quiere que te sientas bien, feliz, conectada con tu sexualidad y segura. Por ejemplo, en respuesta a la primera afirmación "Hace años que ocurrió mi trauma; ya debería haberlo superado", el yo observador podría sugerir:

> Es comprensible que me frustre y pierda la paciencia cuando experimento síntomas. Sanar el trauma puede ser algo impredecible y puedo reconocer cuando necesito apoyo adicional. Cuando experimento síntomas, puedo usar mis recursos para apoyarme. Me comprometo a cuidarme en cualquier circunstancia.

Este diálogo empieza como un ejercicio de escritura (consulta en el *Cuaderno de trabajo de Despierta tu sexualidad* más oportunidades de practicar) y, con el tiempo, puede volverse algo que hagas automáticamente cuando identifiques la voz de la vergüenza en tu interior. En vez de permitir que la vergüenza te intimide, puedes reafirmar con gentileza tu dignidad y valor inherente, identificar recursos que puedan respaldarte en tus sentimientos, y cuidarte intencionalmente, sin importar nada más.

La vida después de un trauma sexual

A pesar de las diversas formas en las que podemos compartimentar, distanciarnos, ignorar o reprimir nuestros sentimientos sexuales, nuestra sexualidad no existe aislada del resto de nosotras. Si nos han lastimado sexualmente, nos veremos afectadas. La experiencia de cada persona que pasa por un trauma sexual es única. Al mismo tiempo, hay algunos patrones que se pueden reconocer en la forma en que puede ocurrir el trauma sexual y en las formas de ayudar a las sobrevivientes a recuperarse de él.

Los investigadores y las personas que crean las leyes y la política dividen el trauma sexual primero por edad: el punto de referencia son los dieciocho años; antes se considera abuso sexual en la infancia (CSA, por sus siglas en inglés) y después agresión sexual (SA, por sus siglas en inglés). Las leyes estatales difieren en su definición de violación, SA, CSA, acoso sexual y otros delitos sexuales, como la exhibición obscena o el estupro. En muchos estados, la SA y el CSA abarcan múltiples actos y, por eso, son los términos que usaremos en adelante. La principal razón para usar SA en vez de otros términos es ofrecerles a las sobrevivientes un término general que no define exactamente la naturaleza de su experiencia y abre espacio para que la historia de cada persona surja según su elección, a su propio tiempo.

Además de respetar la elección de cada persona para nombrar su experiencia, nos gustaría evitar reforzar una jerarquía de términos estricta ("este ataque fue peor que ese"), aunque así lo haga el sistema legal criminal. Una violación sexual puede ocurrir a la distancia o muy cerca, en línea o en persona, y puede ser confusa, en especial si ocurre con alguien que te atraía, mientras estabas drogada, durante algo a lo que originalmente consentiste o si te cuesta recordarlo claramente.

Puede ser tentador comparar tu experiencia con la de otras personas, o medir la intensidad de tu sufrimiento después de un trauma sexual. En vez de tratar de decidir "que tan mala" fue tu experiencia según las experiencias imaginadas o las reales de otras personas, te recomendamos que uses tus sentimientos presentes como guía. Como escribió Roxane Gay en *Not That Bad: Dispatches from Rape Culture*, "Finalmente, reconcilié mi propio pasado lo suficiente para darme cuenta de que lo que había soportado era tan terrible, y que lo que cualquiera haya sufrido es tan terrible"[1].

Independientemente de cuál haya sido tu experiencia, lo importante es que seas honesta contigo con respecto a cómo estás, cómo te ha afectado y cómo quieres sentirlo en tu cuerpo, en tus relaciones y en tu sexualidad. El trabajo de recuperación es diferente para cada persona.

Agresión sexual en una cultura de violación

La agresión sexual (SA) es una posibilidad que siempre está presente en la vida de las mujeres. La mayoría de las mujeres somos demasiado conscientes de ello y, en cierta medida, limita nuestra vida cotidiana. A la mayoría de quienes se identifican como mujeres les preocupa su seguridad física y hay lugares a los que no van solas, momentos en los que no salen y situaciones que evitan. Pocas mujeres pueden protegerse de forma tan completa que sean capaces de rechazar o ignorar totalmente los riesgos relacionados con su género.

Las estadísticas varían según la fuente, pero entre una de cada seis y una de cada cuatro mujeres experimentan SA durante su vida. Si nos fijamos solo en las mujeres trans, la cifra se dispara al 50-66 %[2]. Aunque, actualmente, no hay estadísticas sobre la prevalencia de la SA entre personas no binarias, quienes se identifican con la sigla general LGBTQ+ corren un mayor riesgo de sufrir violencia que las mujeres cisgénero heterosexuales. Esta es una cantidad de violencia abrumadora.

Cultura de la violación es un término que usamos para referirnos a las fuerzas sociales que normalizan este nivel de violencia y permiten que continúe. Incluye desde un beso repentino, inesperado y no deseado en una película, presentado como un "malentendido", hasta las leyes que promulgamos acerca de la violencia sexual.

Hasta la segunda parte de la década de los 70, en los Estados Unidos no era crimen que un hombre forzara a su esposa a tener relaciones coitales con él. La violación marital solo se reconoció como un crimen en los cincuenta estados hasta 1993. Según el National Resource Center on Domestic Violence, cerca de la tercera parte de las mujeres encuestadas, más de una década después, aún informan que tienen "sexo no deseado" con su pareja[3].

Actualmente, las "leyes de protección en caso de violaciones" están diseñadas para proteger a las víctimas de SA de preguntas sobre su conducta sexual anterior pero, ¿por qué son necesarias? Existen porque, durante la mayor parte del siglo veinte, las cortes penales permitían que un hombre acusado de violación se defendiera señalando "la reputación no casta" o "la conducta que implicaba falta de castidad" de la mujer[4]. En otras palabras, "ella lo pidió" y "se lo mereció" eran defensas legales viables hasta hace muy poco. No es de sorprender que esta lógica sexista aún tenga tanto poder en nuestro mundo social.

Los historiadores establecen conexiones explícitas entre la legislación actual sobre la violencia sexual y la historia de nuestro país de esclavitud y guerra colonial contra los pueblos indígenas. Las formas en que las víctimas de color de agresión sexual han sido lastimadas por los poderosos mensajes racistas y sexistas de la cultura de la violación son complejas y duraderas. Además, durante siglos, estos mensajes se han codificado en la legislación. La violencia sexual contra mujeres esclavizadas no solo era común sino que no era crimen en la mayoría de los estados donde la esclavitud era legal. La restricción de la autoridad tribal y la imposición del gobierno colonial garantizaban que no hubiera ninguna responsabilidad por la violencia contra las mujeres nativas. Aunque no hay duda de que las mujeres blancas han sufrido bajo las leyes patriarcales, también han sido cómplices de los daños causados a las mujeres de color desde hace siglos.

Los cambios positivos que están ocurriendo como resultado de esfuerzos organizados son reales, pero también son bastante recientes. El derecho masculino de usar la violencia contra los cuerpos de las mujeres se ha repetido y reforzado durante cientos de años. Sería casi imposible *no* interiorizar los mensajes de la cultura de la violación como fuente de vergüenza.

Las mujeres que luchan contra esta opresión tienen que empezar por sentir que merecen tomar las decisiones sobre su propio cuerpo y vida. Tenemos que unirnos y apoyarnos en esta creencia y tenemos que tomar medidas. Por eso tu integridad y autocompasión son tan necesarias. La integridad y la autocompasión constituyen el primer paso de tu participación en un cambio más amplio para todas.

Si experimentaste SA cuando bebías o consumías drogas, probablemente te culpas aún más que si no hubieras estado drogada. Es importante que recuerdes que ninguna circunstancia justifica la SA. Nada que tenga que ver contigo, como la ropa que llevabas, cuánto habías bebido o lo que "no hiciste para evitarlo", tiene que ver con la SA. La violación de tus límites sexuales es responsabilidad de la persona que cometió la violación.

Miles de personas llevan décadas trabajando para darle la vuelta a la cultura de la violación y algunos cambios están ocurriendo. En campus universitarios de todos los Estados Unidos, las administraciones han adoptado políticas que exigen el "consentimiento afirmativo". Una política de consentimiento afirmativo requiere que las personas involucradas en un acto sexual den y reciban consentimiento verbal. Sí es sí. La ausencia de un Sí en realidad es un No.

El consentimiento afirmativo lleva la noción de que "No es No" más allá y desafía a los jóvenes a comunicar su interés e intención de participar en el contacto sexual directamente entre sí. Aún está por verse hasta dónde estas políticas protegerán a las personas contra la SA, pero las conversaciones sobre lo que constituye SA y la importancia del consentimiento para todos los involucrados en una interacción sexual son un movimiento en la dirección correcta.

Abuso sexual en la infancia

Muchas personas que experimentan SA también son sobrevivientes de CSA. El abuso sexual en la infancia no se limita a los actos específicos de tocamiento y penetración. Ocurre como una continuidad, desde la invasión de la privacidad sexual hasta comentarios no deseados sobre tu cuerpo, que te besaran de formas que te hacían sentir incómoda, que te tocaran sin que quisieras y que te presionaran a tener un contacto sexual que no querías. Tal vez te hayan maltratado sexualmente de varias formas que inicialmente no identificaste como abuso sexual. Sin embargo, esos casos pueden afectar enormemente tus experiencias y sentimientos sexuales actuales.

Ash tenía recuerdos específicos del CSA cometido por su padrastro, pero también sospechaba que, en otras ocasiones, podría haber habido otros hombres involucrados. Al principio, se forzaba a recordar detalles pero, en última instancia, tuvo que aceptar que no podía recuperar algunas de las cosas que le habían sucedido. Una persona no necesita tener recuerdos explícitos del abuso sexual en la infancia para tener dificultades con la sexualidad en su vida adulta.

Identificar algunos patrones familiares de tu infancia podría ayudar a respaldarte en tu intento de desarrollar la autocompasión. Cada uno de los siguientes patrones también pueden aumentar la vulnerabilidad de los niños al CSA de parte de un adolescente o adulto externo a la familia.

Piensa en el lugar y en la forma en que creciste y mira si podría aplicarse alguna de las circunstancias siguientes:

1. **La sexualidad se reprimía por completo.** Los miembros de la familia/los responsables del cuidado expresaban muy poco o nada el afecto y raramente existía contacto físico, además de que se aplicaba estrictamente la regla de no hablar de la sexualidad. Los niños en este entorno aprenden sobre el sexo completamente con sus compañeros, en la escuela o mediante otras fuentes externas y, con frecuencia, su sexualidad es un tema que los avergüenza mucho.

2. **La sexualidad solo se expresaba cuando uno de los padres u otro adulto responsable del cuidado estaba ebrio o drogado.** Para las personas que crecieron con esta dinámica, la sexualidad podría parecer humillante y fuera de control, algo a evitar por completo o sobre lo que siempre se debe tener un control estricto. También podrían repetir el patrón y expresar sentimientos sexuales solo cuando beben o consumen drogas.

3. **La sexualidad estaba aunada a la violencia.** La única vez que los niños veían a sus padres en actitudes sexuales era después de una discusión o una pelea. La asociación entre la sexualidad y la violencia puede ser difícil de resolver como adultos en recuperación. Es común que la sexualidad se asocie al consumo de drogas y la violencia.

4. **Los límites sexuales no se respetaban.** Las necesidades de límites cambiantes de los niños no se respetaban. Los responsables del cuidado podrían haberlos tocado sin consentimiento, hecho comentarios no deseados y sido agresivos acerca de su propio "derecho" de actuar sexualmente delante de los niños. Puede ser difícil identificar y establecer límites posteriormente porque no se respetaban en la infancia.

Brindarle atención amorosa a tu trauma

Es posible sanar. Las mujeres en recuperación lidian con los efectos de la SA y la CSA de diversas formas. Muchas sobrevivientes de trauma sexual encuentran útiles los procesos grupales y la terapia individual. El trabajo grupal con otras sobrevivientes te permite conocer e identificarte con otras personas que han pasado por experiencias similares. Podrás sentir en un nivel más profundo que no estás sola, que no son cosas de tu cabeza y que otras personas comparten tus reacciones y sentimientos.

Los grupos sobre trauma sexual por lo general están a cargo de terapeutas con licencia, habilidades y experiencia en el trabajo con personas con traumas. Algunos grupos están a cargo de facilitadores capacitados que no son terapeutas y en otros grupos las compañeras comparten las tareas de facilitación. Los grupos son de diferente tamaño y duración y en formato en línea o en persona. Establecer vínculos con otras personas que han tenido experiencias similares es un modo de afirmación. Soltarse del aislamiento, el secretismo y la vergüenza es liberador.

La terapia individual en caso de trauma es particularmente adecuada para comprender tus relaciones actuales, para explorar el efecto que tienen en ellas la SA o el CSA y para hacer en tu vida los cambios que estás preparada para hacer. Los centros de atención de crisis en caso de violaciones y los programas de tratamiento para mujeres pueden tener referencias de terapeutas con experiencia de trabajo con sobrevivientes de trauma y el cuidado necesario para mantener los límites.

Durante la recuperación continua, tienes la oportunidad de ver tus experiencias pasadas que obstaculizan tu propio despertar y expansión. Aunque se necesita mucho valor para enfrentar y atender el dolor sin depender de las sustancias o las conductas que lo han anestesiado, siempre vale la pena el esfuerzo.

Tus derechos y responsabilidades sexuales

Las sobrevivientes de trauma sexual suelen gravitar hacia uno de los dos extremos. Podrían aislarse, retraerse y evitar el sexo o volverse sexualmente activas de una forma autodestructiva.

Las sobrevivientes de CSA experimentan formas adultas de contacto sexual a temprana edad y podrían aprender muy poco acerca de la conducta sexualmente apropiada. Incluso muy jóvenes podrían actuar de forma sexual con otros niños. Muchas sobrevivientes de CSA indican haber sentido incertidumbre en la adolescencia sobre el avance apropiado del contacto sexual en las citas, lo que les generó la reputación de ser sexualmente promiscuas. También es común que las mujeres que sufrieron abuso sexual en la infancia posteriormente experimenten abuso de parte de otra figura de autoridad.

La experiencia de la violación de nuestros límites sexuales puede volverse un motivo para empezar a irrespetar activamente los límites sexuales de los demás. Esto comienza como una forma de recuperar el control. Lamentablemente, en vez de devolvernos el equilibrio, puede generar conducta sexual fuera de control. Las sobrevivientes de SA en su vida adulta podrían expresar sentimientos sexuales en momentos en que no son apropiados o bienvenidos.

Por otro lado, la falta de deseo sexual también es una queja común de las sobrevivientes de trauma sexual, junto con otros problemas relacionados con la excitación. Muchas mujeres en cierto momento dejan de sentir la excitación sexual, otras se desconectan o disocian de su cuerpo y no logran sentir y algunas más experimentan recuerdos vívidos o imágenes repentinas de las situaciones de abuso. Todas estas experiencias interfieren con el placer sexual y podrían hacer que el sexo sea doloroso y les provoque ansiedad.

Con frecuencia, las repercusiones del trauma sexual son graves. Además de la posibilidad de lesiones, las sobrevivientes más adelante podrían tener dificultades para lograr la lubricación y el orgasmo, tener coito doloroso y espasmos vaginales o vaginismo. Sobrevivientes de todos los géneros podrían descubrir que hay partes de su cuerpo anestesiadas o intocables. Estos y otros síntomas son la forma del cuerpo de indicar que el sexo no es seguro. Los recuerdos del trauma sexual en tu cuerpo pueden anteponerse a tus deseos emocionales, lo que dificulta en gran medida que te involucres en cualquier tipo de sexo.

Las sobrevivientes de trauma sexual suelen aprender a anteponer las necesidades sexuales de los demás a las suyas. Aprendieron que sus propios sentimientos y necesidades no eran importantes y que, para mantener el amor de otra persona, o la seguridad para no sufrir otra violación, tenían que soportar contacto sexual que no querían. En la adultez, muchas sobrevivientes les asignan una enorme importancia a la experiencia de su pareja y no entran en contacto con sus propias necesidades y deseos.

No es raro que las sobrevivientes de trauma sexual identifiquen su propio placer con agradar a su pareja. Incluso en el caso de quienes se comprometen profundamente con el placer de su pareja, como sucede en el sexo kink o con intercambio de poder, es importante poder equilibrar nuestro enfoque y aprender a disfrutar nuestra propia experiencia durante la conexión sexual.

Las sobrevivientes de trauma sexual podrían haber estado condicionadas por las experiencias sexuales negativas a asociar el sexo con la impotencia, el asco, el dolor, el enojo, la pérdida del control, la vergüenza, la culpa e incluso el odio y la rabia. Por lo tanto, suele ser extremadamente difícil que las sobrevivientes experimenten la sexualidad con un sentido profundo de libertad. La seguridad sexual podría no sentirse posible, o la propia seguridad podría no sentirse sexual.

Los desafíos sexuales derivados del trauma sexual no desaparecen solos. No obstante, la sanación puede ocurrir y las sobrevivientes pueden hacer cambios positivos en su sexualidad. Las sobrevivientes pueden salir de los patrones antiguos contraproducentes que refuerzan experiencias sexuales insatisfactorias y experimentar la vida sexual que quieren. Una actividad para respaldar este proceso es identificar un conjunto de derechos y responsabilidades sexuales.

EJERCICIO

Tus derechos y responsabilidades sexuales

Solo tú puedes crear tu lista de derechos y responsabilidades sexuales. Recomendamos que escribas dos listas que puedas poner lado a lado.

Algunos de tus derechos podrían incluir el derecho de decir Sí, el derecho de decir No, el derecho de sentirte segura, el derecho de tener sexo más seguro, el derecho de experimentar, el derecho de elegir a tu pareja sexual o a múltiples parejas, el derecho de hablar de sexo y el derecho de tener límites.

Tus responsabilidades podrían incluir estar segura de escuchar a tu pareja cuando dice Sí o No, iniciar conversaciones acerca de sexo más seguro y tomar las decisiones en conjunto, escuchar tu propio cuerpo y no obligarte a ir más allá de lo que sientes correcto y comunicarte con tu pareja acerca de tus deseos y miedos con relación al sexo.

Repasa tu lista de derechos sexuales y anota cada uno que en este momento no forma parte de tu vida sexual. Pregúntate por qué no sientes que tienes ese derecho. Explora por qué podrías tener miedo de tener ese derecho o qué otra forma de resistencia podrías tener. Visualiza que tienes ese derecho y mira qué tendrías que hacer para crearlo para ti.

Haz lo mismo con las responsabilidades. ¿Tienes miedo de iniciar las conversaciones acerca del sexo que podrías necesitar tener con una pareja nueva o establecida? Si es así, ¿puedes encontrar una forma de aumentar tu seguridad en esas conversaciones? Hablamos más de este tema en el capítulo 11.

Cuando Michelle creó su lista de derechos y responsabilidades, se sintió abrumada por la culpa y el miedo. Se dio cuenta de cuántas veces había tenido sexo con su esposo, Chris, sin querer, ya fuera por obligación o para evitar un conflicto cuando estaba ebria y era difícil enfrentarlo. Pensaba que era la persona más sexual de su matrimonio pero, en su sobriedad, se dio cuenta de que con frecuencia pensaba en el sexo como una forma de mantenerlo feliz y de distraerlo del consumo de alcohol de ella. Como pareja, no se concentraban en el placer de Michelle y ella quería hablar con Chris al respecto, sin herir su orgullo.

Debido a que Michelle había estado practicando la autocompasión, pudo recordarse que lo que había hecho en el pasado era lo que pensaba que era mejor en ese momento, y que ahora estaba preparada para elegir cosas diferentes. Aún temía la resistencia de su marido si le decía que quería hacer las cosas de otro modo. Pensaba que, en general, él había obtenido más de lo que quería y le preocupaba que se enojara con ella cuando empezaran a hablar de su derecho a decir no.

Por eso, la sorprendió que, al mencionar el tema en la terapia de pareja, él pareció aliviado de que finalmente fueran a hablar al respecto. La terapeuta guió la conversación gentilmente y Michelle pudo expresar cierta insatisfacción con sus hábitos sexuales. Aún tras muchos meses de sobriedad del alcohol, Michelle había sentido que este era un tema demasiado difícil de tocar. Chris asintió conforme ella describía su dificultad para volver a conectarse sexualmente después de tanto tiempo evitándose.

"A veces simplemente me siento tan aliviada de que él quiera tener sexo conmigo que le sigo la corriente, aunque no esté excitada físicamente", dijo Michelle con lágrimas en los ojos. "Me siento culpable. Me siento estúpida. Quiero lo mejor para mí, para él, para los dos. Solíamos meternos a la cama con tanta pasión el uno por el otro".

Chris se manifestó: "Nunca quiero obligarte a hacer algo que realmente no quieres. Cuando pienso en la agresión que sufriste, me siento asqueado con el tipo que te lastimó y jamás quiero hacer nada que te lastime". Pudieron mirarse a los ojos. Esto fue algo que Michelle no sabía que necesitaba escuchar, pero sintió un enorme alivio y tranquilidad al oír que su esposo pensaba en los límites de ella de esta forma.

Con el paso del tiempo y con cuidado, Michelle y Chris empezaron a hablar de lo temerosos que habían estado sobre su conexión sexual. Ambos habían experimentado el rechazo, el miedo de acercarse a su pareja con deseo y el sentimiento de estar atascados en hábitos antiguos. Cuando pudieron expresar en voz alta estos sentimientos honestos, pudieron empezar a crear nuevas formas de comunicarse, apoyarse y explorar nuevos modos de conectarse sexualmente.

Incluso si el trauma sexual ha afectado poderosamente tu capacidad de experimentar placer sexual, la sanación que tienes a tu disposición es igual de poderosa. Recuperar tu sexualidad de un pasado abusivo es posible. Tienes el derecho de disfrutar tu sexualidad singular.

Más allá del propio castigo

Quienes estamos en recuperación con frecuencia experimentamos culpa y vergüenza por eventos que no estaban bajo nuestro control, como la CSA y el SA. También sentimos culpa y vergüenza por conductas que sentimos que elegimos o podíamos haber evitado. Muchas de nuestras experiencias en la vida serán una mezcla confusa de factores que estaban bajo nuestro control y factores que no lo estaban. Esto puede resultarnos difícil de procesar cuando se trata de experiencias sexuales.

La mayoría de la gente que experimenta CSA y SA no ve a sus agresores asumir la responsabilidad ni enfrentar las consecuencias reales. Las pocas personas que usan el sistema legal criminal podrían enfrentar una serie de eventos dolorosos y traumatizantes al reconocer el daño que les causaron. Esta falta de responsabilidad comunitaria nos deja a muchas de nosotras sin resolución y, a menudo, dirigimos el dolor hacia adentro. Ante la ausencia de justicia, es probable que nos castiguemos nosotras.

Castigarnos no es lo mismo que hacer las pases con el abuso que experimentamos. Debemos salir de ese autocastigo constante, incluso si no nos han perdonado todas las cosas de las que somos responsables, incluso si quisiéramos contar otra historia sobre el pasado, en la que hayamos tenido el control siempre, a sabiendas en lo más hondo de nuestro ser que no era así. Nadie está en control de todo lo que le pasa todo el tiempo.

La forma en que caracterizamos nuestra propia conducta es importante para nuestra recuperación continua. Asumir nuestra responsabilidad es diferente de castigarnos constantemente. En los siguientes dos escenarios, considera cómo la autocompasión posibilita la superación, incluso de la experiencia de culpa y vergüenza intensas.

Obsesionarse por el pasado

Después del trabajo inicial de estar sobria de sustancias psicotrópicas y de incorporar prácticas regulares para ayudarse a mantener esa sobriedad, Nova empezó a concentrarse en su sexualidad. Al principio, eligió abstenerse del contacto sexual con parejas, de modo que pudiera volver a conectarse con su propio cuerpo y deseos. Rápidamente, notó que su sobriedad del alcohol, la cocaína y las anfetaminas le había abierto la puerta al trastorno alimenticio y volvió su atención a su relación con la comida.

El primer paso hacia el cambio siempre es dejar de vivir en constante vergüenza, pero a veces lo olvidamos. Para Nova, cuanto más saludable se sentía físicamente, mayor la tristeza y vergüenza que sentía del sexo que había tenido cuando estaba ebria y drogada. Nunca antes se había sentido avergonzada de su cuerpo o su conducta sexual, pero ahora sentía que se había lastimado y no sabía cómo perdonarse por ello. No quería que nadie más se sintiera avergonzado de sus propias elecciones sexuales, así que, al principio, no compartió sus sentimientos con nadie.

Nova pensó en su conducta pasada y vio que había participado en actividades sexuales que no quería o que no estaba en capacidad de consentir. Estando drogada había hecho cosas que no hubiera hecho estando sobria. Se obsesionó con esos incidentes y, sin darse cuenta, se empezó a castigar internamente por ellos.

Mientras se abstenía de las relaciones sexuales, empezó a ver *todas* sus experiencias sexuales del pasado bajo una luz negativa. Sentía que *nunca* había sido sexualmente auténtica y solo había estado actuando para el entretenimiento de otras personas. Temía haber perdido su propia sexualidad en las exigencias de la gente que trataba de complacer. Se decía cosas horribles porque se consideraba "imprudente y estúpida". No tenía esperanzas de recuperar su propio deseo sexual.

La llamada de atención llegó un día que Nova escuchó la conversación de algunas bailarinas en el camerino del club donde trabajaba.

"Una de ellas estaba ayudando a otra a bloquear a un cliente en el teléfono", recuerda Nova. "Era muy claro que la dificultad de bloquearlo no provenía solo porque era una fuente de ingresos, sino también porque se había apegado emocionalmente. Su amiga le recordaba que él se había pasado de la raya y era necesario ponerle un límite". A Nova le quedó claro que la "línea" había sido algo sexual. No preguntó, pero era obvio que la situación había sido confusa, incómoda y difícil. Nova dijo que algo "hizo clic" acerca del enorme peso que las mujeres cargamos sobre la sexualidad, en especial bajo las presiones de un trabajo en entretenimiento adulto.

"Empecé a decirme que todo lo que había hecho y todo lo que me había pasado era parte de mi historia y que, a partir de ese momento, tenía que hacer elecciones distintas sobre cómo quería vivir. Me perdoné por colocarme en situaciones confusas y, a veces, peligrosas.

Me di cuenta de que aún me encantaba mi parte intrépida, aventurera y ansiosa por probar nuevas experiencias". Se dijo que no había problema si no quería volver a tener sexo nunca más. Se dijo que no había problema si quería intentar ser sexual con mujeres. Se dijo que era libre de hacer nuevas elecciones sexuales en cualquier momento y que no tenía que temer perderse en alguien más porque podía cuidar y disfrutar su cuerpo. Nova empezó a perdonarse y superar el autocastigo al reconocer que, independientemente de lo que eligiera hacer después con su cuerpo, era capaz de cuidarse.

La "mala" madre

Las madres con trastornos de consumo de drogas son especialmente estigmatizadas por una sociedad que coloca el bienestar de los niños casi exclusivamente en las manos de las mujeres. Abrirse al placer y la conexión sexual puede ser mucho más difícil para las madres que no sienten que merecen dedicar tiempo y espacio para ello.

Al principio de la recuperación, la culpa que sienten los padres por la forma en que cuidaban a sus hijos cuando bebían o se drogaban activamente los lleva a negar que su conducta haya afectado de alguna forma su parentalidad. Hemos escuchado a mujeres que dicen: "Mi bebida no afectó a mis bebés; estaban muy pequeños para entender", "Yo hacía todo lo que hace una buena madre y nunca me drogué delante de ellos", "Mi hija era mi prioridad; la cuidaba como lo haría cualquier madre".

Inevitablemente, los niños se ven afectados por las conductas descontroladas de sus padres, sin importar cuánto los padres traten de ser "perfectos" cuando son conscientes de que los niños los están viendo.

En la recuperación continua, estos mismos padres tienen la posibilidad de ver honestamente los efectos de su parentalidad. El empoderamiento acerca de la parentalidad se traduce en superar la culpa y la vergüenza y asumir la responsabilidad de lo que ocurrió en el pasado, así como de lo que está ocurriendo ahora. Las mujeres que no resuelven su culpa y vergüenza suelen compensarlo en exceso en la recuperación y se esfuerzan por ser madres perfectas.

Solo hay un problema: para ser una madre perfecta, debes tener hijos perfectos. Tus hijos estarán sometidos a una presión enorme por portarse bien y tener solo sentimientos positivos, de modo que eso le dé una buena imagen a tu parentalidad. No se les permitirá ser humanos, expresar toda la gama de sentimientos y comportamientos.

Esta es una situación en la que tanto los padres como los hijos salen perdiendo. Los niños siempre van a fallar porque, como seres humanos que son, nunca podrán ser perfectos. Los padres, que también van a fallar en su intento de ser perfectos, se mantienen en la espiral descendente de culpa y fracaso.

Durante su proceso de recuperación, Michelle se vio atrapada en esta espiral. Uno de sus niños empezó a presentar algunas conductas conflictivas cuando entró a primer grado y ella no podía sacarse de la mente la sospecha de que era resultado directo de sus problemas con el alcohol. "Si hubiera estado más presente cuando era pequeño, o hubiera sido más capaz de ayudarlo a entender qué sentía o a enseñarle a salir adelante", se decía, "no creo que se portaría tan mal ahora".

Para romper este patrón, Michelle primero tuvo que aceptarse y perdonarse por la calidad de su parentalidad cuando bebía. Le costó aceptar que su pasado no era lo que elegiría ahora, pero también vio cómo su dificultad por perdonarse le impedía seguir adelante y volverse el tipo de madre que quería ser.

Muchas mujeres criadas en familias con desafíos como trastornos de consumo de drogas y traumas se sienten inadecuadas para el trabajo de la parentalidad tal y como ellas quisieran. Para algunas, clases de parentalidad o el respaldo de un terapeuta o trabajador social pueden ser una ayuda indispensable. Michelle se apoyó fuertemente en su madrina y su grupo de mujeres para obtener ayuda y consejos mientras trabajaba en su culpa y vergüenza acerca de la parentalidad. Ella y Chris empezaron a hablar de forma más abierta acerca de sus esperanzas y metas para su familia, así como de la forma de equilibrar las necesidades y los deseos de cada uno con lo que era mejor para todos.

Chris con frecuencia le recordaba a Michelle que una buena madre también es aquella que se cuida. Ella pudo concentrarse en su recuperación, lo que incluyó hacer ejercicio, comer bien, dormir lo suficiente, pasar tiempo a solas y salir con sus amigas a actividades sobrias, en parte porque él era un padre dedicado y participativo.

Para quienes no tenemos pareja, desarrollar una red de cuido es aún más importante. Ser madre sola es muy estresante para la mayoría de las mujeres y crear una comunidad de personas responsables y confiables que puedan compartir la carga debería ser una prioridad para quienes están en recuperación.

Así como Michelle, tal vez puedas integrarte a un grupo que sea un lugar seguro para comentar cómo convergen los temas de la recuperación y la parentalidad, un lugar donde puedas expresar tus inquietudes y sentimientos acerca de tu responsabilidad como madre.

Ser una madre responsable también significa asumir cierta responsabilidad del proceso de recuperación de tus hijos. Si son adultos, esto podría no ser realista. Pero, si aún viven contigo, puedes considerar brindarles información apropiada para su edad acerca de los problemas del consumo de drogas o el trauma y la forma en que las han afectado a ti y a la familia.

Los niños podrían necesitar asistir a un grupo de orientación o participar en terapia individual o familiar. Aunque parezca extraño, a los niños podría costarles ajustarse a la sobriedad de los padres y podrían resentir tus intentos de recuperar el rol parental. Podrían estar muy molestos por lo que perciben como el abandono y descuido anteriores de los padres y podrían necesitar un lugar seguro para trabajar con estos sentimientos.

Después de un tiempo en recuperación, podrías descubrir que uno o más de tus hijos han sido víctimas de CSA. Un alto porcentaje de niños abusados sexualmente provienen de familias con problemas de consumo de drogas y es fundamental que no estés en negación sobre esa posibilidad con tus hijos.

Si descubres evidencia de abuso sexual en tus hijos, debes identificar al abusador y garantizar que ya no tenga acceso a ellos. Esto podría ser especialmente difícil si el abusador es un miembro de la familia; pero es esencial que tus hijos sepan que los protegerás y que pondrás sus necesidades en primer lugar. Aunque no eras capaz de protegerlos en el pasado, puedes protegerlos ahora.

Necesitas asumir una postura activa a nombre de ellos para que puedan empezar el proceso de sanación juntos.

La recuperación continua es un momento de cambios más profundos. A medida que se van soltando las capas de la culpa y la vergüenza y que desarrollas una mayor autocompasión, puedes conectarte más con tus deseos actuales. Tu capacidad de saber cómo te sientes está directamente relacionada con tu capacidad de experimentar conscientemente las sensaciones de tu cuerpo. Cuando estás involucrada en las sensaciones de tu cuerpo, escuchas cómo este responde a tus entornos externo e interno. Una parte de cultivar la autocompasión es entrar en sintonía con tus sensaciones, sin prejuicios.

Puedes crear un sentido de dignidad sexual personal al empoderarte para actuar según tu sexualidad, sin violar ni ejercer coerción en los demás, además de asumir la responsabilidad de tu yo sexual y tu recuperación. El hecho de trabajar con los problemas que han evitado tu empoderamiento y responsabilidad (como la vergüenza) te permitirá experimentar la intimidad contigo misma y con quienes amas. Al crecer en la autocompasión, también crecerá tu capacidad de sentir placer.

PARTE

4

Despertar a la intimidad

Experimentar una verdadera intimidad es uno de los aspectos más emocionantes de ser humanos y un acto de esperanza. A medida que vamos sanando, mejora nuestra capacidad de experimentar el tipo de confianza que genera equidad, mutualidad y reciprocidad entre las personas. La intimidad es una forma de conexión que profundiza y enriquece nuestra vida. Es algo que podemos sentir con nosotras mismas y en las relaciones con los demás. Desarrollar estas dinámicas entre tú y los demás es una tarea para toda la vida.

Existe una interrelación entre despertar a la intimidad y despertar a tu sexualidad. Ambas son dimensiones del proceso continuo de la recuperación. En la recuperación, empezamos a entender lo que tanto hemos anhelado y lo que realmente queremos en nuestra vida. Este siguiente nivel del despertar plantea un interesante desafío para todas nosotras, independientemente de dónde estemos en este camino.

CAPÍTULO 10

Desarrollar la intimidad contigo misma

No temas mirar en cada esquina, debajo de las alfombras y dentro los armarios para encontrar las partes tuyas que habías perdido y se habían barrido y escondido en un rincón. Están esperando el bálsamo medicinal de tu atención amorosa y paciente. No abandones a tu corazón, en cualquier circunstancia. Mantén tu calor.

Pixie Lighthorse, *The Wound Makes the Medicine: Elemental Remediations for Transforming Heartache*

¿QUÉ ES LA INTIMIDAD? Una forma simple de pensar en ella es como una conexión profunda, honesta, segura y confiable que le aporta alegría y satisfacción a nuestra vida. Conforme avanzamos para crear una verdadera intimidad en nuestras relaciones, resulta claro que la intimidad con nosotras mismas es nuestra base para tener intimidad con otras personas.

Nuestra búsqueda de formas de autocuidado y amor propio más saludables puede ser agotadora e interminable, en parte porque las fuerzas del mercado que lucran con nuestros intentos se han apropiado de estos ideales. Aunque podría beneficiarnos la inversión en terapia, programas de recuperación, libros, clases, membresías de gimnasios y otras formas de autocuidado, en última instancia, la intimidad con nosotras mismas es algo que debemos descubrir en nuestro interior.

La mayoría de nosotras tenemos tan poca experiencia de intimidad que el propio mundo es incomprensible o está rodeado de miedo y desconfianza. A veces la usamos como un eufemismo del sexo. Decimos: "Tengo una relación íntima con alguien" y la sociedad lo entiende como "tenemos sexo". Pero no es lo mismo. Ni se le acerca.

Así como sucede con la sexualidad, la intimidad es compleja. Hay diferentes formas de experimentarla y expresarla. La intimidad emocional implica compartir nuestros sentimientos; la intimidad intelectual implica compartir nuestros pensamientos; la intimidad física implica compartir nuestro cuerpo, no siempre de formas sexuales.

Vivimos en una sociedad que confunde y mezcla el amor, el sexo y la intimidad. Es muy común que cuando buscamos uno de ellos, encontremos otro. Cuando buscas intimidad, podrías terminar en un encuentro sexual, pero el hecho de que sea sexual no lo vuelve íntimo. Por otra parte, podrías tener gran intimidad con alguien con quien no eres sexual.

El amor también es una palabra enorme que abarca varias formas de relaciones: familiares, románticas, de amistad, etc. Podemos sentir amor por alguien sin experimentar intimidad con la persona. Las parejas también pueden ser fluidas, a veces con una gran conexión sexual y a veces no, aunque permanezcan el amor y la intimidad. Un miembro de la pareja podría sentir una enorme intimidad sin conexión sexual, mientras que el otro necesite el sexo para sentir proximidad. Y así por el estilo. Por eso, una parte muy importante de tu recuperación es conocerte, estar en sintonía con tus propios sentimientos, necesidades y deseos, y desarrollar una relación íntima contigo misma.

La gente que está en recuperación de adicciones y conductas fuera de control también debe luchar contra los efectos dañinos del proceso adictivo. La adicción evita la intimidad; incluso puede destruir la posibilidad de intimidad. Una relación adictiva con algo o con alguien es una relación desequilibrada. El objeto de la adicción (alcohol, drogas, restricción de alimentos, una persona, gastos, y tantos otros) se vuelve el punto focal de la vida. En esencia, se vuelve la única cosa en la que confiamos y que nos importa. Incluso si el objeto del amor es un ser humano, como sucede con las relaciones desequilibradas o la conducta sexual fuera de control, la objetificación de esa persona imposibilita la intimidad.

La adicción interfiere con la capacidad de experimentar una conexión profunda con los demás. Nuestras percepciones se distorsionan, nuestra conducta se vuelve defensiva, nuestros sentimientos se alteran. En la recuperación, aprendemos a reconocer estos procesos en sus etapas iniciales y cambiamos nuestra dirección. Conocernos con este nivel de profundidad significa asumir la responsabilidad no solo de nuestra conducta, sino también de los pensamientos y los sentimientos que nos llevan a ella.

El hecho de desarrollar intimidad contigo misma no significa ser narcisista, ni obsesionarte interminablemente contigo y con tus propios deseos y necesidades. No significa que tengas que concentrarte en ti misma y excluir a los demás. Significa saber quién eres, entrar en contacto con tus sentimientos a medida que se manifiestan y tener curiosidad por tu forma de reaccionar a los eventos y las situaciones. Significa comprometerte con tu propia vida sexual, independientemente de que compartas o no una conexión física con otra persona. Puede significar sexo contigo misma, explorar tus fantasías y aprender sobre lo que te excita. La intimidad contigo misma es la práctica de ser tu mejor amiga, tu pareja, tu amante y tu guía sabia.

Conocerte incluye conocer tus sentimientos, tu cuerpo, tu mente, tu espíritu y tu sexualidad. En última instancia, no se trata de capas separadas: todas están conectadas, se sobreponen y entrelazan. A medida que asciendas en la espiral de la recuperación y sanes, descubrirás mejor quién eres ahora y en quién te estás convirtiendo.

Conoce tus sentimientos

Los sentimientos son inevitables. Son una fuente de información valiosa acerca de quiénes somos y lo que estamos experimentando. No tienes que juzgarlos, negarlos ni hacer nada al respecto; basta sentirlos y observarlos. Puedes decidir cómo actuar después de pasar tiempo con tus sentimientos.

Después del trauma o mientras está atrapada en la adicción, por lo general, la gente se acostumbra a exagerar sus sentimientos sin ser realmente consciente de ellos, y esa exageración con frecuencia tiene una cualidad compulsiva. Pero, a medida que te permites simplemente sentir tus sentimientos, ya sean de tristeza, enojo, alegría o pérdida, disminuirá tu necesidad de actuar de forma impulsiva a partir de ellos. El simple hecho de estar con tus sentimientos, de notarlos y permitirles que existan en tu interior puede liberarte para que puedas elegir cómo expresarlos.

Podrías haber comprimido tus sentimientos en un único sentimiento dominante. Los más comunes después de la adicción y el trauma son el enojo, el dolor, el miedo, la ansiedad, la vergüenza y el adormecimiento. Este estado podría haberse transformado en tu forma de ser constante. Podrías haber perdido tu capacidad de sentir una amplia gama de sentimientos o de distinguir entre ellos.

Pregúntate cuál sentimiento dominante experimentas. ¿Estás enojada o lastimada? ¿Decepcionada, tal vez frustrada? ¿Temerosa? Si experimentas un conjunto más complejo de sentimientos, sigue nombrándolos. Tus sentimientos podrían incluir irritación, regocijo, angustia, aborrecimiento, aflicción, satisfacción, terror, intolerancia, emoción, etc. Sí, es posible que haya algunos sentimientos positivos mezclados.

Aunque mucha gente prefiere pensar en los sentimientos en términos de buenos y malos, hay cientos de palabras que describen los diferentes sentimientos, matices de sentimientos, niveles de sentimientos. Algunos sentimientos son complejos en sí, como la nostalgia, que es una experiencia agridulce de afecto por una época pasada. A veces, tenemos varios sentimientos a la vez y todos piden atención y expresión. Por ejemplo, cuando nace un bebé, puede presentarse una mezcla estimulante de alegría, asombro, ansiedad y, a veces, luto por la vida tal como era. Todo a la vez.

Es posible encontrar en línea incontables listas de sentimientos, incluidas algunas con códigos de color y bastante matizadas. Si te cuesta identificar tus sentimientos, este es un buen lugar para empezar. Puedes buscar "rueda de los sentimientos", "rueda de las emociones" o "lista de sentimientos" y ver qué te refleja mejor.

No es posible controlar nuestros sentimientos al punto de evitar los que nos resultan "malos" o incómodos. Los sentimientos no funcionan como un grifo: no podemos abrir el lado tibio y mantener cerrado el lado frío. Cuando estemos listas para descongelar y experimentar nuestros sentimientos, sentiremos lo agradable y lo desagradable. Con tiempo, práctica y cuidado, incluso los sentimientos incómodos se vuelven una oportunidad de autoconocimiento e intimidad contigo misma. A medida que desarrollamos habilidades para apoyarnos y tolerancia hacia nuestros sentimientos intensos, aumenta nuestra capacidad de conexión con nuestra propia vida y con otras personas.

Mucha gente en recuperación tiene los sentimientos de toda una vida guardados, no expresados y enterrados debajo del estado de ánimo del día. Es común reprimir los sentimientos importantes como el dolor o la rabia, porque tememos que su intensidad y su fuerza nos abrumen o nos sepulten. Muchas de nuestras familias nos ofrecieron mensajes directos e indirectos para que no identificáramos y expresáramos los sentimientos. Por suerte, las habilidades para identificar, experimentar y elegir cómo expresar los sentimientos se pueden desarrollar en cualquier momento.

En la recuperación, el acceso a los sentimientos puede ser más inmediato. Sin el efecto adormecedor de la adicción o la conducta compulsiva, los sentimientos no expresados podrían aflorar de golpe. Si te agobias con facilidad, tal vez necesites elegir una guía (como un terapeuta) u otro elemento de contención seguro (como un grupo de proceso) para que te ayuden a aumentar la tolerancia a los sentimientos incómodos. Como las olas, los sentimientos vienen y van. Con el tiempo, los sentimientos pueden ser menos asustadores y enseñarnos acerca de nosotras mismas. Podemos recibir de brazos abiertos nuevos sentimientos en nuestra vida como una experiencia preciosa.

Es muy valioso conectarnos con los sentimientos antiguos para disiparlos. Cuando permites que los sentimientos antiguos se disuelvan, lo que sientes en el momento presente tiene que ver con lo que ocurre hoy. Al leer este libro y realizar los ejercicios, es probable que hayas empezado a soltar algunos sentimientos más antiguos. Abrirles espacio a nuevas experiencias emocionales es una parte clave del despertar de tu sexualidad.

Conoce tu cuerpo

Cuando te desconectas y separas de tu cuerpo, te pierdes una fuente valiosa de autoconocimiento y autocomprensión. Tu cuerpo es un tesoro de conocimiento sobre ti misma. Lo que siente tu cuerpo y la forma en que lo siente puede revelarte en gran medida qué te pasa. Con frecuencia, los sentimientos que no expresas emocionalmente encuentran una forma de manifestarse a través de tu cuerpo. Los dolores de cabeza, de estómago, de espalda, la tensión muscular, la hipertensión y los trastornos respiratorios podrían ser señales de un sentimiento fuerte que necesita que le pongas atención.

Debido a que solemos expresar nuestra sexualidad con nuestro cuerpo, conocerlo antecede a un conocimiento completo de quiénes somos como seres humanos expresivos. En los capítulos anteriores, aprendiste la importancia de aceptar tu cuerpo. Mediante la práctica de la intimidad contigo misma, poco a poco desarrollas la conciencia de tus propias respuestas sexuales separadas de las de tu pareja. En la recuperación continua, empiezas a reivindicar las necesidades de tu cuerpo con relación a las necesidades de los demás.

Ahora, puedes partir de tu conocimiento de tu cuerpo y sus respuestas y empezar a explorar algunas áreas de tu sexualidad que podrían haber estado latentes. Podrías disfrutar actividades no sexuales, como bailar o caminar al aire libre, que hacen que tu cuerpo se sienta bien. Podrías expandir tu capacidad de tocar a otras personas y tocarte a ti con una mayor variedad de técnicas y abordajes, y podrías volverte más flexible en tus conductas y respuestas sexuales.

La idea de que el cuerpo y las emociones están íntimamente conectados no es nueva, pero hoy somos aún más conscientes de la sutil interacción entre ambos. Independientemente de que te sientas feliz, triste, temerosa, animada, agotada, frustrada, molesta o indulgente, tu cuerpo contiene el sentimiento. Tus sentimientos no expresados son una carga para tu cuerpo. Un enfoque posible es pensar que los sentimientos se deben metabolizar, como los alimentos. Lo que sea nutritivo se aprovechará, y lo que no alimente debe desecharse a través del cuerpo. Exhalamos, lloramos, reímos, nos sacudimos, dormimos, sudamos y excretamos. Los sentimientos pueden afectar y ser afectados por todos estos procesos.

Brindarle a nuestro cuerpo atención amorosa es un camino importante para identificar nuestros sentimientos. Con frecuencia, el dolor es la única forma que tiene nuestro cuerpo para decirnos que algo anda mal. En vez de aceptar a la fuerza el dolor e ignorar las señales que nuestro cuerpo nos ofrece, la recuperación sexual nos pide que desaceleremos, escuchemos y le demos a nuestro cuerpo lo que necesita. Aunque la respiración, la comida, el agua y el techo son necesidades humanas básicas para mantenernos vivas, tenemos otras necesidades que también se deben satisfacer para que prosperemos. Entre ellas, se incluyen el movimiento, el toque de conexión y el tiempo que pasamos en espacios naturales.

Movimiento

La actividad física intensa y alegre, como el baile, o la actividad física lenta y suave, como el yoga, pueden liberar las emociones de formas sorprendentes. Una mujer nos relató: "cada vez que hacía una postura de yoga particular, me ponía profundamente triste y empezaba a llorar. Hasta hoy, no sé por qué esa postura generaba esa respuesta, pero me sirvió para liberar la tristeza y atraer mi atención para trabajar al respecto".

El movimiento en patrones, rítmico y repetitivo es esencial para procesar las emociones. El movimiento que funciona para ti es propio de tu cuerpo. Uno de los más accesibles para la mayoría de las personas es caminar. Incluso una caminata breve de diez minutos puede ayudarte a ser tú misma otra vez. También puedes lanzar una pelota contra la pared, mecer tu cuerpo de un lado al otro o darte palmaditas suaves de la cabeza a los pies. Si disfrutas de sensaciones físicas más intensas, puedes levantar pesas, practicar artes marciales o asistir a una clase de ejercicios. Participar en una práctica de movimiento no tiene la meta de ejercitarte, aunque este puede ser un beneficio adicional. Se trata del movimiento *per se*. Mover el cuerpo estimula el movimiento de los sentimientos.

Toque de conexión

Para quienes están trabajando en la recuperación sexual y tienen pareja, el toque podría ser algo en lo que se le pida participar a la otra persona. Sin embargo, el toque de conexión no necesita ocurrir solo con parejas sexuales y románticas. Investigaciones recientes sugieren que la falta regular de toque de conexión tiene un impacto emocional y psicológico negativo importante. Si no tienes cerca de ti a personas con las que te sientas segura para abrazar, acurrucarte, agarrar o incluso sentarte al lado, es hora de buscarlas.

Si te resulta posible financieramente, un masaje, una sesión de digitopuntura u otras técnicas de trabajo corporal también pueden ayudar. En la mayoría de las ciudades, existen comunidades especiales para acurrucarse, donde puedes asistir a reuniones con personas que practican el consentimiento, mantienen límites y se ofrecen toques de apoyo las unas a las otras. A veces, pensamos que necesitamos sexo cuando lo que buscamos en realidad es un toque de conexión.

Le coautore Vanessa ha trabajado durante más de veinticinco años en diversas áreas para adultos, incluido el sexo en persona. Recuerda a un cliente con una vida muy ocupada, un trabajo importante y muchas personas a su alrededor diariamente. No parecía sediento de contacto con la gente, pero no tenía relaciones íntimas. "Siempre sentí que la parte más importante del tiempo que compartíamos eran los diez minutos y resto en que lo abrazaba después del sexo", recuerda Vanessa. "Así que una vez quise probar algo diferente. Le pedí que se acostara boca abajo y después de masajearlo un poco, me acosté sobre él, cubriendo la mayor parte de su cuerpo con el mío. Le puse todo mi peso, apoyé la cabeza en la parte superior de su espalda, mis brazos sobre sus brazos y mis piernas sobre las suyas. Cayó en un sueño profundo casi de inmediato. Cuando se despertó, algunos minutos después, estaba asombrado. Me dijo que no tenía idea de cuánto necesitaba eso".

No siempre podemos percibir nuestra propia necesidad de contacto de la misma forma que sentimos nuestra necesidad de comida y agua, pero es una necesidad. El lenguaje que usamos lo revela: "hambre de piel" y "sed de contacto" son dos formas de describir a una persona a la que le falta toque de conexión regular.

Aunque mucha gente está sedienta de contacto, otra prefiere estar sin él. Para los padres de niños pequeños, las parejas de personas que piden contacto físico constante y quienes simplemente prefieren evitarlo, puede ser difícil iniciar el toque sin sentirse agotados. Algo importante es que el toque de conexión es reparador y te alimenta, no requiere que gastes energía considerable. A veces, el toque de conexión es mutuo, y a veces lo recibes a través de un profesional o de la atención de una persona que te cuida. No necesita durar periodos largos para que sea útil: incluso un abrazo realmente solidario hace una enorme diferencia. Parte de la intimidad contigo misma es identificar tus propias necesidades de contacto. ¿Necesitas más toques de conexión y apoyo de otras personas? ¿Sabes cómo ofrecértelos a ti misma?

Cuando no tienes la opción del toque de conexión con otra persona, puedes brindarte un poco del toque que necesitas. Empieza abrazándote, envuélvete en tus propios brazos y sostén firme. Respira profundo tres veces antes de soltarte.

Tiempo en la naturaleza

Tu cuerpo no está separado del mundo natural; sino forma parte de él. Algunas personas tienen un contacto constante con el espacio natural que las rodea: viven o trabajan en lugares donde las plantas, los animales, la tierra, el cielo y las estaciones son parte de la vida cotidiana. Sin embargo, cada vez más seres humanos viven en las ciudades, donde es difícil tener contacto regular con la naturaleza. En la mayoría de las ciudades, existe cierto espacio verde para el público en forma de parques, senderos, veredas o áreas de juegos. No necesitas la enorme amplitud alucinante de las montañas; apenas debes priorizar regularmente acercar tu cuerpo al mundo natural. Puedes detenerte y mirar una hormiga en su paso por una banca. Puedes quitarte los zapatos y poner los pies sobre el césped. Puedes oler el aroma de la tierra después de llover. Eleva la vista al cielo por la noche y busca la luna.

Como parte de su proceso de recuperación del trauma sexual, una mujer nos contó que "adoptó seriamente" la herbología. Un conjunto de remedios herbales recomendados por un herbolario de su ciudad la había ayudado con su insomnio, falta de apetito y dolores musculares mientras dejaba el alcohol. Despertó su curiosidad acerca de cómo los seres humanos habían usado las plantas durante miles de años en todo el mundo para curar dolencias comunes y se interesó por estudiar el arte de la medicina botánica que formaba parte de su propia herencia. "Mi abuela nunca me enseñó lo que sabía", nos contó. "Pero encontré a una curandera de una región similar de México y la escuché decir los nombres de plantas que no había oído desde que estaba pequeña. Siento que me he involucrado en algo antiguo y sagrado, ¡además de divertido! Cada vez que salgo a caminar, saludo a las plantas como si saludara a viejas amigas".

Conoce tu mente

Familiarizarte con tu pensamiento puede ser muy emocionante, además de concientizarte sobre un diálogo interno difícil. Así como entras en sintonía con tu cuerpo, probablemente también escuches a tu mente. La recuperación continua te invita a investigar cómo funciona tu mente, qué dispara un proceso de pensamiento, cómo resuelves problemas, qué te impide pensar claramente en un asunto, etc. Explorar tus capacidades intelectuales podría ser una experiencia nueva. O tal vez, como Tamara, que obtuvo un doctorado y se volvió profesora universitaria, el mundo de la mente es tu refugio seguro. Independientemente de cuál sea tu experiencia, conocer tu propia mente es un recurso importante de la intimidad contigo misma.

El alcohol y la mayoría de la sustancias que alteran el estado de ánimo pueden dificultar pensar claramente. Si te estás recuperando de una adicción, es probable que pienses con mayor claridad a medida que reduzcas o suspendas tu consumo. Conforme avance tu recuperación, podrías descubrir que aumentó tu capacidad de concentrarte y estás menos olvidadiza y más presente en tus propios pensamientos.

El trauma también altera nuestro pensamiento. Muchas sobrevivientes de trauma no son conscientes de la forma tan negativa en que se hablan a sí mismas. Hablarte con gentileza mentalmente podría ser una experiencia nueva o incómoda, pero la práctica es valiosa.

Recuperar tu pensamiento puede ser una de las experiencias más satisfactorias de la recuperación. Podrías asumir nuevos desafíos intelectuales, volver a estudiar o aprender nuevas habilidades como una forma de honrar tu mente y sus capacidades. Estás leyendo este libro y procesando la información, ¡ese es un logro importante!

Comprender la capacidad de tu mente y la conciencia de cómo funciona forma parte de tu ruta hacia una mayor intimidad contigo misma. Recuerda que la autocompasión debe ser la guía. Tú eres quién decide cuáles de tus pensamientos son los mejores indicadores de quién eres, y no necesitas identificarte con pensamientos no deseados o que te hagan daño. Si descubres que tu mente constantemente te critica a ti o a otras personas, te muestra posibilidades futuras asustadoras o se estanca repasando eventos pasados dolorosos, tal vez necesites más apoyo. La ansiedad, la depresión y los síntomas como los pensamientos invasivos pueden agobiar la mente. Si los sentimientos son demasiado poderosos y generan sentimientos abrumadores, es hora de buscar ayuda.

A medida que recuperes tu pensamiento, también empezarás a aclarar tus pensamientos sobre el sexo. Podrías empezar a ver cómo tu pensamiento sexual afecta tus elecciones. Podrías observar cuándo imaginas el futuro y haces supuestos acerca de posibles interacciones sexuales.

Una noche, Michelle le dijo a su grupo: "Anoche, por fin me dieron ganas de tener sexo. Pero me dije 'Estoy segura de que Chris no quiere, así que ¿para qué intentarlo?'. Y, de repente, me di cuenta de que toda la situación estaba en mi cabeza. No tenía idea de qué sentía Chris". Así como Michelle, en la recuperación continua, cada vez te volverás más consciente de tus pensamientos y supuestos sexuales y de la forma en que afectan tus acciones.

Esta capacidad de notar nuestros propios pensamientos es un aspecto básico de la conciencia plena. Ya practicaste entrar en sintonía con las sensaciones de tu cuerpo, que es otra práctica de la conciencia plena. En su libro *Better Sex Through Mindfulness: How Women Can Cultivate Desire*, la Dra. Lori Brotto escribe que "todas las habilidades practicadas en la conciencia plena (notar las sensaciones corporales, ser consciente de la respiración, observar los sonidos y los pensamientos) se pueden aplicar directamente a la actividad sexual"[1]. La investigación de la Dra. Brotto muestra que las prácticas de la conciencia plena pueden mejorar la experiencia de las mujeres del deseo y el placer sexual e, incluso, reducir la experiencia del dolor en el sexo, reducir la ansiedad sobre el poco deseo sexual y mejorar el bienestar general. Tus esfuerzos por ser más consciente de tu cuerpo y tu mente están vinculados directamente a tu capacidad de disfrutar de tus sentimientos sexuales.

Por ser una mujer en recuperación de la adicción a los opioides y aún convivir con el dolor crónico, Tamara se sentía motivada a buscar nuevos métodos para manejar el malestar de su cuerpo. Su seguro cubría a un especialista en dolor que la ayudó a hacer la transición a analgésicos no opioides, y ese médico le recomendó que considerara la meditación de la conciencia plena como apoyo complementario.

Tamara puso a trabajar su poderoso intelecto, investigó la eficacia de la meditación de la conciencia plena y leyó libros y artículos escritos por profesionales y neurocientíficos. Ya había asistido a una conferencia en su universidad sobre la neurociencia actual de la adicción y pudo hablar con un investigador del departamento de psicología para pedirle recomendaciones sobre estudios acerca de la meditación de la conciencia plena y el dolor crónico.

Cuando Tamara descubrió que se había demostrado que la conciencia plena reducía considerablemente el dolor crónico en entornos experimentales y clínicos, quedó fascinada. Empezó una práctica bajo la tutela de un profesional en meditación de conciencia plena. Agregar esta pieza a su repertorio de recuperación le abrió la puerta a un nivel completamente nuevo de autoconciencia y alegría en su vida. Tamara aún lidiaba con su dolor crónico y la discapacidad de su accidente automovilístico, pero empezó a sentirse más viva en su cuerpo y sus sentidos, más conectada con el funcionamiento de su mente y más interesada en lo que la vida le presentaría en el futuro. Un regalo específico de su práctica fue la forma en que la ayudó a reaprender a respirar lento y hondo.

La mente no está separada del cuerpo. Los procesos corporales afectan nuestra forma de pensar y respirar es un proceso que tiene efectos directos e inmediatos. Podrías descubrir que has estado aguantando la respiración sin darte cuenta. Esto puede manifestarse como hiperventilación, desmayos, dolores en el pecho y dolores de cabeza. Podrías hacerlo como respuesta a las ansiedades arraigadas en el pasado o en el futuro. A medida que aprendas a vivir en el presente, te volverás consciente de tus patrones respiratorios. Si te sientes ansiosa o deprimida, hacer una pausa para respirar lentamente es una buena forma de devolverte al presente.

Para mantenerte en el presente necesitas práctica y atención, pero el resultado es muy satisfactorio. Cuanto más lo intentes, mayor será tu capacidad de lograrlo. Al principio, tal vez solo puedas estar presente solo uno o dos segundos, luego uno o dos minutos. Muy pronto, empezarás a notar cada vez que te pierdas en un sueño del pasado o el futuro, y podrás devolverte con gentileza al presente, a lo que está ocurriendo aquí y ahora. Este es el despertar de una nueva autoconciencia.

Conoce tu espíritu

Una parte fundamental de conocerte es conocer a tu yo espiritual, investigar esa parte de quién eres que te conecta a algo más grande. Independientemente de que pienses en este aspecto misterioso como Dios o Diosa, un Poder Superior, la conciencia, impulsos eléctricos en el cerebro, un alma reencarnada, la conexión de la vida en la Tierra o algo más, tú eres quién lo decide. Aquí usamos el término *espíritu* porque captura una idea, pero está claro que esa idea podría no corresponder a tus creencias. Si *espíritu* no te suena bien, imagina apenas los hechos: cada una de nosotras siempre forma parte de algo mayor a nosotras mismas, y estamos vivas ahora por las generaciones de personas que han vivido antes de nosotras.

Las personas encuentran su camino a la interconexión de formas infinitas. Podrías encontrar el tuyo en la naturaleza, en la meditación o en la oración. Podrías sacar tiempo para una lectura devocional o para el silencio. Podrías probar terapia con medicina psicodélica con un guía experimentado, o practicar saborear tu café en la mañana. No importa la forma que adopte tu práctica, te recomendamos que saques tiempo para encontrar esos momentos en los que puedes sentir la vitalidad de la vida dentro de ti y a tu alrededor.

Puede ser difícil respetar tus necesidades espirituales en una sociedad que parece tan concentrada en lo material, lo externo y lo urgente. Conocerte espiritualmente no es apenas saber en qué crees; también incluye reconocer y validar tus anhelos separando tiempo en tu vida ajetreada para satisfacer esas necesidades. Al buscar la plenitud, la armonía y la conexión contigo misma, con otras personas y con el mundo, sabrás quién eres. Desarrollarás una comprensión más profunda de lo que significa para ti que estés viva en este cuerpo, durante el tiempo que tengas.

La sensación de éxtasis, que tendemos a conectar con el placer físico, ha sido considerada por muchos ancestros una fusión con lo divino; el verdadero cielo en la tierra. En la recuperación continua, aprenderás a honrar la parte sexual de ti misma como un aspecto integral e irreemplazable de la sacralidad de tu ser.

Conoce tu sexualidad

Para algunas personas, la identidad sexual es algo claro y fijo: están seguras sobre quién las atrae y qué disfrutan y qué no les gusta, y pueden mencionar las razones por las que podrían querer tener sexo. Para muchas otras, la identidad sexual no es tan predecible ni definida. Si aún estás aprendiendo sobre tu yo sexual, ten paciencia. A medida que pase el tiempo y tus necesidades cambien, tu identidad sexual reflejará este cambio.

Conocer tu sexualidad no significa definirte con una etiqueta que nunca más vas a revisar. Conocer tu sexualidad significa ponerles atención y ser consciente de tus sentimientos, permitirte tener fantasías y deseos que te sorprendan y escuchar lo que te dice tu cuerpo. Podrías experimentar cambios en los tipos de conducta sexual que disfrutas y los tipos de personas que te atraen, incluso sentirte atraída por otro género.

Aunque nuestra sociedad nos socializa para que seamos exclusivamente heterosexuales durante toda la vida, la realidad de la identidad sexual humana es un espectro complejo y diverso. Eres libre para explorar tu identidad sexual sin tener que categorizarte en una definición rígida que podría no adecuarse a tu experiencia o tus sentimientos. Al mismo tiempo, para algunas personas, tener etiquetas es algo que se siente importante y seguro: valida su experiencia y las ayuda a sentirse conectadas a una comunidad.

Los investigadores del sexo han probado varias formas de ayudar a las personas a definir y describir su sexualidad, entre ellas, la Escala de Kinsey para la identidad sexual, la Autoevaluación de la orientación sexual y la Cuadrícula de orientación sexual de Klein. A medida que cada vez más personas hablan sobre su experiencia compleja de la sexualidad y el género, más términos, etiquetas y posibilidades creamos. Independientemente de cómo te identifiques (hetero, gay, lesbiana, bisexual, queer, pansexual, asexual o cualquier otra orientación), mereces usar los términos con los que te sientas bien.

La orientación sexual, es decir, hacia quién te sientes atraída, es solo una faceta de tu identidad sexual. Para mucha gente, la atracción sexual y la atracción romántica están vinculadas, es decir que las personas hacia las que se sienten atraídas sexualmente son las mismas con las que les gustaría tener una relación romántica. No obstante, no sucede así con todo el mundo. Para algunas personas, sus atracciones sexuales son distintas de sus atracciones románticas o relacionales. Algunas personas son poliamorosas o no monógamas como parte de su identidad, y otras podrían asumir relaciones no monógamas sin adoptar una etiqueta de identidad. Mucha gente tiene relaciones de pareja que son emocionalmente íntimas solo con una persona pero permiten la no monogamia sexual como parte de la relación. Algunas personas se identifican con el sexo kink o el BDSM y encuentran la satisfacción sexual o relacional (o ambas) en forma de juegos sexuales fuera de las normas sociales. Realmente, las posibilidades son infinitas.

La sexualidad también es distinta del género. Tu comprensión de tu género podría cambiar con el paso del tiempo y la experiencia. Tal vez siempre has conocido tu género y te sientes cómoda con él o tal vez no lo hayas expresado por completo. Para Ash, asumirse como persona no binaria fue difícil y liberador a la vez. Sintió que le presentaba al mundo una versión suya más honesta y completa pero, debido a que a mucha gente que conocía le costaba entender qué significaba el género "no binario" o usar fácilmente los pronombres elle/le, fue difícil decidir cómo lidiar con la incomprensión y la malgenerización constantes, así como con las preguntas que surgieran. El mundo en torno de Ash estaba construido para un género binario: hombre, mujer y punto. Esto hacía que Ash sintiera como si su verdadero yo no fuera válido o querido, excepto en el espacio de la comunidad queer donde las personas no binarias se pueden reunir con mayor seguridad.

Aunque la sexualidad y el género son distintos, no existen por completo de forma independiente. Las preguntas sobre el género también se pueden entrelazar con nuestra sexualidad. Una mujer trans nos contó que su atracción hacia las mujeres le había dificultado aún más comprender su identidad de género cuando era joven. "Los chicos me molestaban por ser gay", comentó, "pero yo no era un chico gay. Yo era una chica a la que le gustaban las chicas, pero aún vivía mi vida como chico. Durante mucho tiempo, fue algo demasiado difícil de entender para la mayoría de la gente que conocía, incluso para mí misma".

Nadie sabe realmente cómo se desarrolla cualquier identidad sexual particular. Los únicos hechos que tenemos claros son que todas las identidades sexuales son válidas, que pueden ser complejas, y que pueden cambiar y desarrollarse con el paso del tiempo. Independientemente de que te sientas segura o no, y de que esta conversación sea nueva para ti o ya tengas experiencia con ella, dedicar algún tiempo a hacerte las siguientes preguntas es un ejercicio valioso para conocer tu sexualidad con mayor profundidad.

EJERCICIO

Mi sexualidad: pasado, presente y futuro

Puedes responder estas preguntas tres veces: una vez, pensando en tu versión del pasado, antes de involucrarte en el proceso de recuperación; otra, pensando en la persona que eres hoy; y otra pensando en tu futuro ideal, es decir, dónde te gustaría estar. Estos tres conjuntos de respuestas te darán cierta idea de cómo tu identidad sexual se ha desarrollado y en qué dirección quieres avanzar. Empieza donde estás hoy.

- **Fantasías:** ¿Sobre quién y sobre qué son tus fantasías? ¿Tienes fantasías sobre actos particulares con personas particulares? Si actualmente no tienes fantasías, ¿las tenías antes? ¿Puedes recordar cuándo o por qué dejaste de tenerlas? Si nunca las has tenido, ¿qué se siente probar? ¿Hay libros, películas, programas, música u otros medios que alimenten tus fantasías?
- **Erotismo:** ¿Qué te resulta erótico? ¿Hay cuerpos particulares que te parecen más eróticos que otros? ¿Hay características físicas particulares que te resultan eróticas? ¿Puedes sentirte

erótica estando sola? ¿Te sientes erótica cuando estás en medio de la naturaleza, bailando, comiendo algo delicioso o... ? ¿Te excitan los sentimientos de peligro, humillación, degradación, dominación o control? ¿Hay olores, sabores, texturas o sonidos particulares que te resultan eróticos?

- **Apegos emocionales:** ¿Dónde están tus apegos emocionales más fuertes? ¿Estás apegada de la misma forma a personas de diferentes géneros o tus apegos más fuertes tienden a ser con un género determinado? ¿Con quién tienes vínculos y conexiones emocionales? ¿Con quién te gustaría tener una conexión?
- **Conducta sexual:** ¿Cuál es tu experiencia sexual? ¿Con quién has tenido actividad sexual? ¿Tu experiencia sexual es congruente con lo que te resulta erótico? ¿Hay experiencias sexuales que quieres tener por primera vez o repetir? ¿Cuáles son tus hábitos y patrones en torno de la masturbación?

Ahora, vuelve a responder las preguntas. Esta vez, trata de recrear las experiencias que tuviste antes de empezar la recuperación y mira cómo tu identidad sexual ha cambiado con la recuperación. Luego, vuelve a responder las preguntas pensando en el futuro. ¿Qué te gustaría explorar? ¿Cómo te gustaría desarrollarte sexualmente?

Puede ser difícil enfrentar el impacto del trauma sexual en nuestra capacidad de sentir placer, deseo, intimidad y conexión. Tal vez hubo un momento pasado en el que te sentías más curiosa, libre y segura con el sexo. O solo muy pocas veces en las que te sentiste "inocente", en especial si experimentaste CSA. Responder estas preguntas puede revelar lugares donde tu yo sexual ha estado bloqueado, oculto o temeroso. Recuerda que el autoconocimiento no tiene que ponerse en práctica de inmediato. Puedes seguir siendo gentil contigo misma y hacer cambios con los que te sientas segura.

Cuando Nova hizo este ejercicio, le sorprendió darse cuenta de que principalmente tenía fantasías con mujeres, aunque la mayoría de su experiencia sexual era con hombres. Sus principales apegos emocionales también eran sobre todo con mujeres queer y personas no binarias. Decidió en el futuro ponerles más atención a sus deseos sexuales y ser más abierta a nuevas experiencias eróticas y hacerles honor a sus conexiones emocionales.

Este ejercicio también puede alertarte sobre áreas de la sexualidad de las que tengas curiosidad pero necesitas más educación. Encontrar buena información acerca de la sexualidad puede parecer abrumador. Puedes empezar con la lista de recursos al final de este libro y ver adónde te llevan tus exploraciones.

EJERCICIO

Masturbación consciente

Conocer tu sexualidad y saber cómo se ve y cómo se siente tu cuerpo durante la excitación sexual van de la mano. En el capítulo 4, viste tus genitales en el espejo. Ahora, puedes explorar las respuestas sexuales de tu cuerpo con una curiosidad aún más gentil.

Empieza preparándote bien: ponte tan cómoda como puedas, en un momento y en un lugar en que puedas tener privacidad. Coloca un espejo de modo que puedas ver cómo cambian tus genitales con la excitación. Recomendamos que uses un lubricante, del tipo que funcione con tu cuerpo. Si tienes limitaciones físicas que te impiden alcanzar tus genitales con la mano, usa cualquier dispositivo de asistencia que tengas. Si estás acostumbrada a masturbarte con un vibrador, puedes tenerlo a mano.

Empieza con toques suaves y muévete lentamente. En la vulva, muévete de los labios exteriores a los interiores. Nota si el color de tu piel cambia con la excitación; nota cualquier cambio con el aumento del flujo sanguíneo en tus genitales. Podrías notar un aumento en la lubricación. Muchas mujeres pueden ver cómo su clítoris aumenta y se pone erecto, luego se retrae y oculta. Para otras, el cambio visible no es tan pronunciado, pero las sensaciones suelen cambiar cuando el clítoris se llena de sangre.

Cuando Tamara empezó este ejercicio, pensó que sería fácil. Durante muchos años, se había masturbado hasta alcanzar el orgasmo (incluso múltiples orgasmos) y sabía cómo estimularse. Pero, cuando empezó a tocarse con la conciencia exigida por este ejercicio, se sorprendió de ver que había muchos aspectos de darse placer que había estado ignorando.

Siempre se había concentrado en llegar a la liberación orgásmica lo más rápido posible. Debido a su dolor de espalda, a menudo contenía su cuerpo rígidamente durante el orgasmo, con miedo de hacerse daño. Ahora Tamara empezó a disfrutar la sensualidad de su piel, tocando y acariciando sus senos, su estómago, sus cadenas, incitando su propio cuerpo como si fuera el de una amante. Al mismo tiempo, descubrió que otras áreas, además de la cabeza de su clítoris, también eran sensibles y les dio atención. Se masajeó suavemente el borde de su orificio vaginal, pasando la mano con delicadeza por su vello púbico.

Después de varios meses, logró conocer sus respuestas de una forma que la sorprendía. Sintió una profunda compasión y gratitud por la forma en que su cuerpo sentía placer, a pesar de todo lo que había pasado.

A diferencia de Tamara, que llegó a este ejercicio con experiencia y autoconciencia, Miyu nunca había tenido un orgasmo. Hasta hacía poco, no sabía que podía obtener cualquier sensación placentera de su conexión con su cuerpo, mucho menos de sus genitales. Aunque Miyu se había podido recuperar de la anorexia y las autolesiones, no había encontrado una forma de abrir su cuerpo al placer sexual.

Cuando la educadora sexual de Miyu le informó que la masturbación era la mejor forma para que las mujeres preorgásmicas aprendieran a tener un orgasmo, se asustó. Había aprendido a mirar su cuerpo en el espejo, e incluso a aceptar lo que veía. Había aprendido a ver e incluso a tocarse los genitales. Pero esos parecían ejercicios clínicos. Esto era mucho más amenazador. Empezaba a sentirse incómoda por el tiempo que pasaba con su propio cuerpo.

Como Miyu, tal vez necesites lidiar con los sentimientos de repulsión acerca de la masturbación antes de pasar a una sexualidad más satisfactoria que incluya el orgasmo. Tal vez necesites trabajar en sentimientos antiguos de culpa y vergüenza. Si, al igual que Tamara, te has sentido conectada con tu cuerpo sexual en el pasado y no te incomoda la idea de la masturbación, reducir el ritmo de tu exploración y experimentar con nuevas sensaciones podría abrir niveles más profundos de conexión con tu sexualidad en el presente.

El trauma, las conductas compulsivas, la dependencia de sustancias y el estrés de empezar la recuperación afectan cómo nuestro cuerpo responde a los estímulos, incluso nuestras formas familiares de masturbarnos. Por ejemplo, una mujer que hizo este ejercicio se dio cuenta de que, durante años, se masturbaba con un vibrador muy fuerte porque pensaba que tenía dificultades para alcanzar el orgasmo debido a que su clítoris "no era tan sensible". Cuando se dio tiempo para excitarse más lentamente y se tocó otras partes del cuerpo con las manos, buscó mucho menos estímulo directo en el clítoris de lo que esperaba. Había desarrollado sus hábitos de masturbación cuando consumía cocaína y, años después, su cuerpo tenía necesidades diferentes. Cuando bajó la velocidad y le dio tiempo a su cuerpo para entrar en calor, tuvo orgasmos poderosos con un vibrador menor intenso.

Saber cómo alcanzar el orgasmo por tu cuenta significa que puedes asumir la responsabilidad de tu propio placer. Cuando tus parejas ya no tienen que adivinar qué se te antoja ni tienen toda la responsabilidad de satisfacerte sexualmente, también se sienten más libres para experimentar y responden mejor. Cuando sabes lo que te excita y lo que te produce el orgasmo, puedes empezar a comunicárselo claramente a tus parejas.

La intimidad contigo misma está arraigada en el autoconocimiento. Conocer tu cuerpo, tu mente, tu espíritu y tu sexualidad, especialmente cuando puedes ver lo que encuentras a través del lente de la autocompasión, abre espacio para la plenitud sexual. Puedes elegir seguir esta ruta por tu cuenta o desde una relación de pareja preexistente. Entrarás en una nueva fase de tu vida en la que desarrolles tus relaciones con una base más sólida. El próximo capítulo se enfocará en cómo puedes aportar tus nuevas habilidades a las relaciones con otras personas.

CAPÍTULO 11

Crear conexiones más profundas con los demás

Si recordáramos siempre que el amor es lo que el amor hace, no usaríamos la palabra de una forma que devalúe ni degrade su significado. Cuando somos amorosas, expresamos de forma abierta y honesta el cuidado, el afecto, la responsabilidad, el respeto, el compromiso y la confianza.

bell hooks, *All About Love: New Visions*

EL SEXO ESPECTACULAR puede ocurrir en una amplia variedad de circunstancias; con o sin intimidad, con alguien que apenas conoces o que conoces muy bien, de forma espontánea o después de una planificación cuidadosa. No obstante, una *relación* sexual espectacular te nutre, te sostiene, te da placer y fomenta tu crecimiento. Se requieren habilidades para mantenerla. La primera de ellas es la amistad.

A quienes ya tienen pareja, este capítulo les ofrecerá herramientas para crear mayor intimidad en sus relaciones actuales. Para quienes buscan nuevas relaciones románticas y sexuales, este capítulo sentará las bases para crear conexiones honestas que puedan prosperar con el paso del tiempo y con atención. A quienes en este momento no buscan parejas sexuales, este capítulo les afirmará la importancia de cultivar la intimidad en la amistad.

Conocer tu sexualidad singular en el presente es la acción más importante que puedes realizar en la jornada hacia la intimidad con otras personas. Si durante tus exploraciones hasta ahora has determinado que quieres evitar compartir tu yo sexual con una pareja por cualquier motivo, este capítulo igual puede aplicarse a tu vida. Desarrollar múltiples formas de conexiones significativas, como el amor que sentimos por los amigos, puede ser esencial para la recuperación sexual, incluso para las personas que están en el espectro de la asexualidad o se abstienen del sexo en pareja por cualquier otra razón.

Amistades enriquecedoras

¿Conoces a alguien que cada vez que tiene pareja desaparece? O tal vez tú eres esa persona y te resulta difícil mantener tus amistades cuando tienes una nueva pareja. Mucha gente se concentra en sus relaciones sexuales en detrimento de sus amistades.

No es fácil sacar tiempo para enriquecer y sostener nuestras amistades, pero es esencial para nuestro sostén y enriquecimiento. Tener a alguien que te ha conocido y apoyado a lo largo del tiempo, independientemente de la frecuencia con que se vean, te ayuda a recordar la realidad de tus experiencias, la continuidad de tu vida y tu valor y presencia en la vida de otra persona. Mantener las amistades también forma parte de tu yo independiente y puede ayudar a impedir que te pierdas en alguien nuevo.

Aunque algunas amistades podrían incluir la atracción sexual e incluso ser relaciones sexuales, esta conversación se refiere a amistades que no incluyan la sexualidad como una de sus características. Al mismo tiempo, es importante resaltar que las cualidades que desarrollamos y profundizamos en la amistad son las mismas que pueden volver nuestras relaciones sexuales de largo plazo significativas: honestidad, vulnerabilidad, apoyo, diversión, curiosidad, compromiso, mutualidad y poder compartido.

Respeto, mutualidad y compasión

Existen infinitas formas de amistad. Algunas amistades podrían tener diferencias de poder inherentes, como las mentorías, las amistades con una diferencia de edad considerable, las amistades entre personas que tienen situaciones financieras muy distintas o amistades formadas dentro de jerarquías laborales.

Cuando el poder es desigual, es común que la persona con menos poder aprenda más sobre la otra que lo contrario. En nuestra sociedad, los pobres saben más acerca de la clase media que, por su parte, estudia a los ricos; las personas de color saben más sobre la gente blanca, las mujeres sabemos más acerca de los hombres, las personas transgénero saben más sobre la gente cisgénero, etc. Para desarrollar verdadera intimidad, los amigos tienen que ser conscientes y trabajar en los sentimientos que pueden surgir acerca de las desigualdades sociales y las diferencias de poder que podrían existir entre ellos.

La falta de equidad social entre hombres, mujeres y personas no binarias y con género expansivo puede dificultar la amistad. Sin embargo, muchas de nosotras nos esforzamos por crear amistades enriquecedoras y con una profunda conexión. Esto significa lidiar con nuestras diferencias con curiosidad, compasión y atención.

En las relaciones mutuas, experimentamos un interés recíproco en dar y recibir. Tenemos el deseo mutuo de crear y mantener la relación. A ambas personas nos parece importante la amistad y la valoramos de forma similar. En una amistad mutua, expresamos grados similares de vulnerabilidad y capacidad de confiar. Ambas ponemos energía en estar juntas y escucharnos y apoyarnos. No existe una amplia disparidad entre cuánto trabaja cada una para mantener la relación.

En una amistad cercana, actuamos como espejo de la otra persona. Si te veo haciendo algo, puedo preguntarme sin prejuicios: "¿También hago eso? ¿Es lo que quiero hacer?". Nuestra empatía aumenta a medida que nos vemos reflejadas en la otra persona.

Por otra parte, también aprendemos sobre nosotras mismas al ver las reacciones que estimula nuestra conducta. Una amistad íntima puede ayudarte a reconocer si su respuesta no fue provocada por nada que hayas hecho sino por algo completamente distinto y separado de ti. Además, esta misma persona podría ser capaz de ayudarte a entender cómo algo que dijiste o hiciste tuvo un impacto negativo. El reflejo de una amistad íntima nos permite conocernos mejor.

En la amistad, puedes permitirte que otra persona te vea y te escuche y realmente verla y escucharla a ella. Puedes permitirte recibir la influencia de alguien más e influenciar a esa persona. Estás dispuesta a actuar sobre alguien y a que actúen sobre ti. Puedes compartir tus pensamientos, sentimientos, deseos y necesidades internos con las personas cercanas. De esta forma, tu vida interior y tu vida exterior se encuentran y se vuelven una, lo cual es una experiencia esencial para tu recuperación.

Las recompensas de la amistad que perdura con el tiempo son inmensas. Nuestras amistades nos ven cambiar y crecer, y pueden brindarnos una comprensión que solo ocurre tras años de conexión. Las amistades duraderas han estado con nosotras en numerosos altibajos, como problemas familiares, cambios de empleo, enfermedades, logros. Pueden brindarnos intimidad continua en un momento en que las relaciones sexuales podrían ser difíciles de sostener.

Dentro de cualquier amistad particular, habrá oscilación en el patrón de proximidad, momentos en la vida en que la cercanía sea mayor y otros en los que aumente la distancia. Sin embargo, mantenerte conectada con las amistades a pesar del tiempo y la distancia puede brindarte vínculos fuertes y duraderos que te sostengan durante las pruebas más difíciles.

Algunas amistades queridas no pueden soportar los cambios que implica la recuperación. Si tus amistades cercanas están experimentando su propia adicción o síntomas de trauma no abordados, tu recuperación podría alterar el status quo. Podrías tener que hacer elecciones difíciles acerca del tiempo y los esfuerzos que inviertes en amistades que no pueden respaldar tu proceso de recuperación o que te acompañaban en la conducta adictiva. Recuerda que has cambiado, así que los demás también pueden hacerlo, e incluso si necesitas crear límites en el presente, siempre puedes reconsiderarlos si tus amistades entran en su propio proceso de recuperación.

Las habilidades emocionales, como los límites, la resolución de conflictos y la comunicación honesta, que también desarrollas en tus amistades son lo que sostendrán tus relaciones románticas y sexuales.

Salir con personas nuevas

Al principio de una relación, puede ser abrumador hablar sobre la sexualidad, al punto de que mucha gente simplemente no lo hace. Si sales con alguien en tu etapa de sobriedad, podrías descubrir que dependías del alcohol u otras sustancias para pasar de un coqueteo a una experiencia sexual. Ahora te toca hacerlo sola, y puede ser difícil saber por dónde empezar.

Quienes usan aplicaciones para las citas enfrentan un conjunto de preguntas desconcertantes cada vez que empiezan a hablar con alguien nuevo. Aunque debido a las aplicaciones para las citas ahora es más común que la gente comente abiertamente lo que le gusta y lo que no le gusta, así como las metas de la relación, aún no superamos la cultura de bochorno, vergüenza e inequidad asociados a la sexualidad.

Encuestas masivas nos muestran que la brecha del placer es real. Si consideramos solo los orgasmos (¡apenas una forma de medir el placer!), encuestas recientes indican que apenas el 57 % de las mujeres que tienen sexo con hombres alcanzan el orgasmo la mayoría de las veces o siempre que tienen sexo con una pareja, mientras que el 95 % de ellas afirma que su pareja masculina tiene orgasmos la mayoría o todas las veces[1]. La diferencia en los orgasmos es aún más notable entre quienes tienen relaciones por primera vez. Cuando la Dra. Laurie Mintz realizó una encuesta anónima entre sus estudiantes de una gran universidad para su libro *Becoming Cliterate: Why Orgasm Equality Matters—and How to Get It*, descubrió que el 55 % de los hombres versus solo el 4 % de las mujeres indicaban que habían llegado al orgasmo durante el sexo casual[2].

La mayoría de los educadores e investigadores de la sexualidad concuerdan en que una de las principales razones por las que existe una brecha en el placer de las mujeres que tienen sexo con hombres es que vivimos en una cultura que enfatiza en exceso el coito vaginal con penetración y subestima... todo lo demás. Muchas personas consideran que cualquier acto sexual que no sea el sexo con pene en la vagina es una forma de sexo menos "real". Lamentablemente, esta ignorancia cultural sobre la importancia de la estimulación clitoriana, que la mayoría de las personas con vulvas requieren para alcanzar un orgasmo, tiene profundas consecuencias para el placer de las mujeres cuando su pareja es un hombre.

El sexo oral, el masaje en la vulva, los toques con los dedos o juguetes, el uso de un vibrador en el clítoris: cualquiera de estos actos aumenta la probabilidad de un orgasmo pero solo la persona dueña de la vulva sabe con seguridad qué funciona. Algunas mujeres prefieren la penetración anal a la vaginal, si es que hay penetración del todo. Es normal necesitar cerca de veinte minutos de atención sexual para alcanzar un nivel de excitación que vuelva la penetración vaginal realmente placentera.

La brecha del placer no tiene que existir, y lo sabemos porque las mujeres que tienen sexo con mujeres raramente indican brechas en su placer. Actualmente no contamos con datos confiables sobre el placer de las personas trans, no binarias y con género expansivo, pero tenemos décadas de anécdotas personales, literatura queer, películas y medios queer, y cuentas de redes sociales que son testimonio de las formas infinitas en que las personas queer y trans encuentran el placer en su cuerpo. En otras palabras, la brecha del placer parece existir principalmente en las relaciones del tipo heterosexual.

En las primeras etapas de una nueva relación, tu pareja y tú establecen hábitos con respecto a la conexión sexual y tú puedes asumir la responsabilidad de crear hábitos que fomenten el placer y la comunicación abierta. Tu pareja participa plenamente en la creación de esos hábitos.

¿Qué tan cómoda te sientes con la idea de hablar con alguien nuevo acerca de tu salud sexual? ¿Sabes qué prefieres cuando se trata de usar barreras para las ITS? Si evitar un embarazo es un tema importante, ¿cuál es el plan? ¿Cómo responde cuando pides un tipo de toque o actividad sexual particular? ¿Qué tan curiosa es con respecto a tu cuerpo y tu placer? Ser honesta contigo misma desde el principio acerca de estas interacciones es esencial para reconocer los patrones que tu relación sexual podría desarrollar.

Una de las primeras conversaciones que debes tener con una nueva pareja es sobre tus prácticas de salud sexual y si tienes alguna preferencia sexual fuerte.

Estos son algunos consejos prácticos para conversar sobre el sexo con alguien nuevo.

1. Empieza la conversación antes de que se besen, se toquen o vayan a la cama.
2. Siéntate en un lugar donde haya cierto espacio entre ustedes, como una mesa.
3. Deja que tu pareja elija tener la conversación ahora o en otro momento. Algunas formas útiles de iniciar la conversación podrían ser:
   - "Me gustaría que habláramos sobre salud sexual; ¿este es un buen momento?"
   - "Me gusta hablar de sexo antes de que ocurra; ¿qué piensas?"
   - "¡Me encanta ver hacia dónde va esto! ¿Podemos hablar primero sobre algunas cosas, como nuestras prácticas de sexo más seguro y las preferencias sexuales?"

4. Empieza con lo básico: comparte tu situación con respecto a las ITS y las pruebas. Comparte tus preferencias de práctica de sexo más seguro. Comparte si tienes otras parejas y si usas métodos de sexo más seguro con ellas, de modo que tu nueva pareja esté al tanto de su nivel de riesgo y pueda tomar decisiones informadas.

   Si sabes que tienes preferencias sexuales fuertes (por ejemplo, que disfrutas el BDSM y quieres una pareja que pueda participar) habla un poco de ti. Luego, pregúntale si hay algo más que quiera saber. Pídele que te cuente un poco sobre los mismos temas.

5. Independientemente del resultado, sé gentil contigo misma. Recuerda que el sexo no se arruina si hay comunicación abierta. En cualquier momento, puedes posponer la conversación para otra ocasión. No tienes que contarle todas tus historias de trauma sexual a alguien nuevo. Lo que sí tienes que hacer es medir qué tan a gusto se siente la persona con las conversaciones sobre temas sexuales y su capacidad de escuchar y respetar los límites.

6. Mantén la puerta abierta. La meta es el placer sexual sin miedo. Tal vez tengas que negociar límites acerca de ciertas actividades sexuales o hablar del tipo de comunicación sexual que ambas personas prefieren. Siempre es preferible la comunicación continua.

Enamorarse

Podrías sentirte impulsada a conectarte de forma más emocional y sexual con otra persona mediante la experiencia de enamorarte. El sentimiento de enamorarse de alguien puede hacerte sentir muy vulnerable. Podrías idealizar a tu pareja potencial y ver en ella a alguien que pueda satisfacer todas tus necesidades, que tenga las cualidades que quieres y que pueda amarte como siempre has querido que te amen.

Enamorarte puede sentirse como un anhelo de fundirte con tu ser amado para alcanzar la unidad en cuerpo y espíritu. Estas experiencias brindan una conexión emocional y sexual elevada. Con esta persona, te sientes revitalizada, emocionada, eufórica, en la cima del mundo.

Una vez que estableces una mayor conexión sexual y emocional con alguien, empiezas a darte cuenta de quién es esa persona en realidad. En este momento, por lo general, la imagen idealizada empieza a desvanecerse y la persona real se vuelve más clara para ti.

Es el momento de una decisión más madura. Pregúntate: "¿Esta es una persona con la que quiero mantener una conexión? ¿Esta es una persona con la que quiero desarrollar una relación?". Si puedes responder que Sí honestamente, puedes empezar a asumir ciertos riesgos emocionales calculados. Así es como desarrollas el tipo de relación amorosa íntima que te sostendrá y enriquecerá, profundizando la relación en las etapas de la evolución.

El dilema de las citas de Arati

Después de salir con una nueva persona durante algunos meses, Arati solía descubrir que no podía vivir sin los sentimientos eufóricos que tenía en la fase de idealización del enamoramiento. Cuando esta fase empezaba a desvanecerse, ella empezaba a alejarse de la relación. Se decía que "era obvio que la relación no tenía futuro" porque sus sentimientos habían empezado a cambiar.

En vez de elegir desarrollar una relación sexual íntima, empezaba a buscar a otra persona para enamorarse, a sabiendas de que también abandonaría esa relación cuando la euforia inicial se transformara en la atención y la toma de decisiones que exigía una conexión auténtica. Durante años, Arati salía con gente diferente y pasaba de una relación a otra atrás de los momentos mágicos; en una búsqueda adictiva de la euforia de estar enamorada. Nunca hubo tiempo para desarrollar una intimidad real. Solía repetirse que, cuando llegara la persona correcta, ella se daría cuenta de inmediato y que ni ella ni su hijo merecían quedarse con alguien que no la mantuviera feliz.

La pareja más reciente de Arati había terminado la relación antes de que ella saliera huyendo, lo que había sido una experiencia extraña. Se dio cuenta de que no había podido mostrarse plenamente en la relación por sus conductas fuera de control con el alcohol y los medicamentos estimulantes. Lamentaba no haber cuidado más la relación y la vio como una oportunidad perdida de profundizar la intimidad.

Durante algún tiempo, trató de convencer a su expareja de que volvieran a intentarlo. Esta persona le respondió que no veía qué podría ser diferente entre ellas y de forma gentil pero firme le dijo que No. Arati se sintió herida y molesta y argumentó que su sobriedad lo había cambiado todo. Luego, en terapia, Arati pudo aceptar que su expareja había tomado una decisión y que la cosa más amorosa que ella podía hacer era respetar ese límite, permitirse hacer el luto y cuidarse bien.

Lo más importante es que se dio cuenta de que, después de todo, su sobriedad no había cambiado las cosas. Su deseo de la euforia de una nueva relación había estado presente en toda su vida. Su dificultad de confiar en alguien y permitir que una nueva relación creciera todavía estaba allí.

Ahora que se concentraba en su sobriedad y en su propio placer, Arati se sentía mejor preparada para volver a salir con alguien. Aún le preocupaba cómo sería y cómo se sentiría desarrollar una intimidad más profunda con alguien más. La asustaba imaginarse siendo abierta, honesta, vulnerable y comprometida con alguien de forma continua, pero era un temor que quería enfrentar.

Miyu y Jake

Miyu llevaba casi una década de recuperación de su trastorno alimenticio y tres años de abstenerse de autolesionarse cuando empezó a tener citas de nuevo. A los veinticuatro años, sentía que estaba atrasada con respecto a las chicas de su edad y la aterrorizaba la intimidad sexual. La terapeuta de Miyu la refirió a un grupo en línea y gratuito de educación sobre sexualidad femenina, que se reunía semanalmente. En el grupo, Miyu aprendió acerca de la anatomía básica, el impacto de la imagen corporal en la autoconfianza sexual, la comunicación del consentimiento y muchos otros temas que nunca había oído comentar en la escuela o en su casa. En su grupo, pudo procesar sus sentimientos sobre salir con alguien nuevo.

Casi inmediatamente después de las primeras citas, Miyu empezó a perderse en la intensidad de enamorarse de Jake. Lo puso en el centro de su vida. Dejó de hacer planes con sus amigos a menos que estuviera segura de que Jake no estaba disponible. La regañaban en el trabajo por estar todo el tiempo enviándole mensajes a Jake en su horario laboral. Se sentía extremadamente feliz cuando estaba con él y terrible cuando estaban separados. A veces discutían y Miyu entraba en pánico. Pasaba toda la noche hablando con él para asegurarse de que no estuviera molesto con ella.

La identidad esencial de Miyu pasó a ser la Novia de Jake. La forma en que se sentía con respecto a sí misma era un reflejo del sentimiento de Jake por ella. En este proceso, sacrificó la verdadera intimidad a cambio del cuidado y colocó las necesidades de otra persona en un lugar primordial, a menudo excluyendo las suyas. Jake disfrutaba la compañía de Miyu, en parte porque ella era extremadamente atenta a sus necesidades y deseos. No obstante, pronto fue perdiendo el interés por ella. Miyu había hecho todo lo que se le ocurría que haría una novia ideal, pero la relación terminó después de algunos meses. Quedó destruida. Asqueada y acometida por la tristeza, Miyu volvió a algunos hábitos de sus trastornos alimenticios.

Esto la despertó. "No sé cómo amar a alguien sin desaparecer", les dijo a sus compañeras del grupo semanal. Ellas la consolaron y le ofrecieron apoyo.

"Mereces a alguien que esté tan interesado en ti como tú en él".

"Eres espectacular y vas a encontrar a alguien que también lo vea".

"¡No te desaparezcas! Te extrañamos!".

"Superaste un miedo enorme para salir con él. Ya sé que no funcionó, pero igual estoy muy orgullosa de ti".

Con la ayuda de su grupo, su terapeuta y los años del trabajo de recuperación que había realizado, Miyu se ocupó de su tristeza después de la ruptura y volvió a sus hábitos más saludables. Sabía que volvería a intentar salir con alguien cuando se sintiera más fuerte y ahora se sentía más paciente para dejar que el amor creciera con el paso del tiempo.

El riesgo de la intimidad sexual

Aprender a sentirte cómoda en una nueva relación sexual puede tardar. Sin duda, te exigirá que asumas riesgos emocionales y, de forma inevitable, habrá obstáculos en el camino.

Podrías verte atascada en una relación con una pareja sexual que no pueda coincidir contigo en una relación respetuosa, mutua y compasiva. Podrías depositar tu confianza en alguien que, eventualmente, te decepcione. Si has desarrollado un sentido de intimidad fuerte y arraigado contigo misma y con amigos que te apoyen, estas situaciones no serán tan devastadoras.

Estas son algunas preguntas que puedes hacerte para determinar si tus relaciones sexuales tienen capacidad de desarrollar intimidad:

- ¿Tenemos un sentido de respeto mutuo?
- ¿Tenemos una comprensión mutua sobre el nivel de profundidad emocional que queremos en nuestra relación?
- ¿Qué pasa cuando tenemos un conflicto? ¿Lo abordamos de forma segura y compasiva? ¿Asumimos que la otra persona tiene buenas intenciones?

- ¿Siento que me ve y me comprende? ¿Me indica que siente que la ven y la comprenden?
- ¿Apoyamos el crecimiento de la otra persona?
- ¿Somos honestas entre nosotras?
- ¿Nos ayudamos a lograr nuestras metas?
- ¿Me siento segura de ser tal y como soy con esta persona?

Toma en cuenta que si no eres monógama, podrías tener diferentes respuestas a estas preguntas con respecto a diferentes parejas. Tal vez has identificado a una pareja con la que no buscas una intimidad más profunda, pero aún disfrutas y te resulta satisfactoria tu conexión sexual y/o romántica con ella. No hay reglas que indiquen que cada persona tiene que lograr el nivel más alto de intimidad posible para ser una fuerza positiva en tu vida.

Si decides que tu pareja sexual actual es alguien con quien te gustaría tener mayor intimidad, tienes que asumir que se trata de un proceso que lleva tiempo. Algunas personas se meten de cara en relaciones sexuales con la esperanza de que la intimidad vendrá después, mientras que otras evitan tener intimidad y sexo con la misma persona. Por lo general, es necesario cierto esfuerzo para estar en la misma página que tu pareja.

Para desarrollar una relación sexual íntima poco a poco, tendrás que aprender a asumir riesgos calculados. Eso significa asumir un riesgo sexual o emocional que sea apropiado para la vulnerabilidad que te haga sentir en esa etapa de la relación. Empieza con pequeños riesgos que, si no funcionan, no tengan grandes consecuencias. Esto es diferente para cada una, pero podría incluir compartir una fantasía con la persona y ver cómo responde, exteriorizar con calma un descuerdo con ella sobre un asunto banal y notar su reacción, hacerle saber que algo que alguien más dijo o hizo te resultó incómodo y comentarlo con ella, o compartir un programa, libro o película favoritos con ella.

No se trata de hacer cálculos y estrategias; sino de notar las oportunidades de ser honesta, reconocer que hay cierto riesgo involucrado y hacerlo de cualquier forma. Sigue atenta para asegurarte de que seas honesta contigo misma, tanto emocional como sexualmente.

Sabrás que estás en problemas si empiezas a ocultarle a tu pareja tus sentimientos, incluidos tus sentimientos sexuales. Es esencial que seas capaz de expresar tus sentimientos y de confiar en tu pareja para honrarlos en vez de denigrarlos. Pregúntate si la relación aún se siente respetuosa, mutua y compasiva; si tu pareja y tú dan y reciben en niveles similares; y si la relación se ha desequilibrado en algún área.

Mira tu nivel de confianza. ¿Está creciendo? ¿O te estás distanciando y aislando? Si la relación se sigue desarrollando y profundizando, puedes asumir riesgos emocionales mayores que requieran más vulnerabilidad. Repetimos: solo tú sabes cuáles riesgos son mayores que otros pero, para muchas personas, pedir ayuda cuando enfrentan dificultades es un riesgo emocional más grande. Otros riesgos incluyen pasar tiempo con los amigos o las familias de la otra persona, buscar tener una conversación sobre cómo aumentar el placer sexual juntas, y compartir más de tu historia con la adicción o el trauma y los esfuerzos que estás haciendo para sanar y crecer.

Si aumentas tu nivel de vulnerabilidad, tu pareja debería ser capaz de responder con mayor vulnerabilidad de su parte. Pon atención a los desequilibrios. Lo ideal es que tomes medidas confiables para cuidarse entre ustedes después de ponerse vulnerables. Por su parte, esto aumenta el nivel de intimidad que vas a sentir.

Relaciones sexuales íntimas

Estar dentro de una relación íntima es como estar dentro de una casa cálida cuyas paredes se expanden para adaptarse a tu crecimiento. Dentro de esta relación, eres libre de expresar tu vulnerabilidad, de experimentar que realmente te vean y escuchen, y de desarrollar la empatía para comprender y responder. Tu pareja y tú actúan como espejos y reflejan el estado de ánimo, los pensamientos y las acciones de la otra persona. Una relación íntima puede permitirte verte de una forma completamente nueva.

La intimidad ocurre en un nivel profundo. Estás dejando que otra persona entre en un lugar especial; estás permitiendo que te vean y te conozcan. Lograr la intimidad emocional con alguien con quien tienes sexo puede ser una experiencia asustadora. De la misma forma, puede ser asustador el camino opuesto: tener sexo con alguien con quien ya tienes intimidad emocional. Si puedes, nota si el miedo te está haciendo actuar de formas que violan tus propios valores o integridad.

Si la intimidad te da miedo o te hace sentirte amenazada, como Arati descubrió que le pasaba a ella, podrías responder aislándote o creando barreras entre tú y tu pareja sexual. Podrías distanciarte sexualmente, evitando compartir profundamente tu ser interior. O podrías permitirte compartir de forma íntima cuando tienes sexo, pero evitar la vulnerabilidad en tu vida cotidiana.

Podrías sentir un cierto nivel de intimidad cómoda en tus relaciones sexuales, pero entrar en pánico cuando la relación empieza a crecer y profundizarse. Nota si te sientes forzada a probar la fortaleza de la relación, a desafiar a tu pareja sin necesidad. O, como Miyu, podrías sobrecargar la relación y obsesionarte con la aprobación de tu pareja, en vez de aproximarte a ella.

Si abusaron sexualmente de ti cuando eras niña, podría resultarte particularmente difícil mantener la intimidad en las relaciones sexuales. Tendrás que darte tiempo para recuperar la capacidad de confianza y proximidad que aún reside en tu interior, y para recordar que, en la espiral ascendente de la recuperación y la sanación, aún volverás a algunos de los mismos temas de vez en cuando.

Se dice que las personas con trastornos de consumo de drogas tienen serios problemas para expresar la intimidad. Cuando consideras el impacto del género y el miedo a la intimidad que las mujeres, las personas no binarias y las personas con género expansivo podrían tener, descubres que, en realidad, se trata de un miedo justificado al abuso emocional, físico y sexual. Sabemos que las mujeres y las chicas con antecedentes que incluyen consumo de drogas fuera de control tienen una mayor probabilidad de experimentar violencia, abuso y violación de parte de las personas más próximas, como sus amigos, parejas y familiares. De hecho, es bastante racional que las mujeres con problemas de consumo de drogas y/o experiencias traumáticas anteriores teman la intimidad; muchas han vivido en situaciones en las que sus límites fueron violados por quienes les decían "Te amo".

Los desafíos personales que enfrentas para crear una relación íntima y amorosa no son insuperables. Por favor, sigue siendo gentil contigo misma mientras abordas la complejidad de acercarte a otra persona. Al aprender más acerca de tus propias tendencias, puedes volver tu atención a las partes tuyas que aún piden sanación y apoyo.

Es importante recordar que quienes tienen un historial de trauma y adicción suelen tener relaciones que también tienen cualidades adictivas. La intimidad es mutua, respetuosa y compasiva, pero la obsesión, la pérdida de ti misma en la otra persona, y otras formas de intensidad romántica apasionada puede confundirse fácilmente con la intimidad.

El siguiente cuadro podría ayudarte a ver las diferencias entre una relación íntima y una adictiva. Si ahora estás en una relación, considera cuál columna describe mejor tu conexión. Si no estás en una relación, piensa en tu relación más reciente o una relación significativa de tu pasado.

Una característica de muchas relaciones adictivas que las vuelve difíciles de abandonar es su pasión. La intensidad del sentimiento que puede acompañar una relación adictiva suele confundirse con

Contraste entre relaciones íntimas y relaciones adictivas

Esta es una descripción de las cualidades de una relación íntima amorosa y una relación adictiva.

Relación íntima	Relación adictiva
Mutualidad (compartida, equilibrada)	Poder sobre la otra persona (conducta controladora)
Elección	Pérdida de la elección
Libertad	Obligación
Honestidad, apertura	Evitar la verdad, mentiras
Deseo de compartir las necesidades y los sentimientos	Regla de no hablar al respecto, en especial si las cosas no están funcionando.
La relación es capaz de incluir crecimiento y cambio.	La relación siempre es la misma.
Quiero estar ahí.	Tengo que estar aquí.
Empiezo conmigo (yo).	Empiezo contigo.
Puedo decir "Quiero" y "Siento"	Tú me haces sentir...
Activa, no pasiva	Reactiva
Me cuido. Soy la única responsable de descubrir qué necesito y de comunicártelo.	Tú sabrás lo que me conviene y te encargarás de resolverlo.
La relación lidia con la realidad.	La relación se basa en autoengaños/fantasías.
La relación lidia con las cosas tal y como son.	La relación lidia con las cosas mediante la negación y la evasión.
Me interesa realmente tu crecimiento personal/espiritual, incluso si te aleja de mí.	Tu crecimiento espiritual no interesa.
El amor siempre es un acto de amor propio.	El amor es querer que alguien esté conmigo a toda costa.

Fuente: Adaptación del texto de las páginas 180-181 de Leaving the Enchanted Forest, de Stephanie Covington y Liana Beckett. Copyright © 1988 de Stephanie Covington y Liana Beckett. Reimpreso con permiso de HarperCollins Publishers.

el amor. Y, a veces, esa pasión y el deseo de estar juntas puede dejar de ser una experiencia adictiva y transformarse en una relación enriquecedora e íntima, pero ambas personas deben asumir la responsabilidad y realizar el trabajo emocional necesario para que así sea.

A Vanessa le gusta llamar las relaciones íntimas de "amor sin drama" y comenta sobre su pareja actual: "no tenemos ese tipo de sexo de reconciliación desesperadamente ardiente porque no tenemos las peleas horribles y desesperadamente solitarias. A veces extraño ese tipo de sexo, pero no extraño el sufrimiento. El deseo sexual es diferente de esto. Se mueve más lentamente, surge desde un lugar más profundo de mi cuerpo. El amor sin drama requiere una acción intencional hacia la conexión sexual. La diferencia es que esa creatividad sexual es como un hermoso campo de juegos donde puedes divertirte con seguridad".

Si el deseo sexual y la pasión parecían más fáciles de acceder en el pasado, no estás sola. Las relaciones sexuales íntimas crean una conexión sexual a partir de una base de seguridad, no de la confusión o el miedo, y puede requerir tiempo construirla o ajustarse a ella. Muchas personas asocian los sentimientos sexuales con estrés, y nuestro cuerpo responde de manera poderosa a esas asociaciones.

¡Puede ser útil recordar que hay más tipos de intimidad sexual de los que cualquiera de nosotras puede imaginar! Una vez, podrías hacer el amor lentamente, con sensualidad y mirándose a los ojos; y otra vez, podrías tener sexo lascivo, escandaloso y desordenado. ¡Así como cualquier otra opción de una lista infinita! La clave es que confíes en que la otra persona llegará con la intención de crear placer juntas y que tú también tengas esa intención. ¿El resultado? El disfrute que puedes obtener de esa exploración.

CAPÍTULO 12

La jornada continua de la recuperación sexual

Como cultura, con frecuencia confundimos o tenemos una idea limitada de lo que es el placer. Quiero expandir la idea de lo que es el placer y destacar la herramienta y la guía que puede ser. El placer no siempre es algo que nos hace felices de principio a fin. Si vemos el placer de una forma más expansiva, también puede significar contentamiento, satisfacción, calma silenciosa, la prisa feroz del movimiento interno hacia la coherencia, o la lucha externa contra un adversario o desafío.... Cuando nos comprometemos con la sanación, nos comprometemos con el crecimiento, nos comprometemos con la conexión y nos comprometemos con el placer, puede haber un cierto tipo de placer en cualquier cosa que hagamos.

Jamila Dawson, *With Pleasure: Managing Trauma Triggers for More Vibrant Sex and Relationships*, en coautoría con August McLaughlin

LA RECUPERACIÓN tiene que ver con la expansión. Se trata de despertar a todo lo que es posible en la vida. Se trata de integrar tu vida interior y tu vida exterior, de modo que lo que está ocurriendo internamente (tus valores, tus creencias y tus sentimientos) esté representado en tu vida externa, en tus acciones con otras personas en el mundo. Si tus vidas interna y externa son constantes, coherentes y congruentes, experimentas la integridad. Para muchas personas, esta integridad es la base de su espiritualidad.

Recuerda que usamos la palabra *espiritualidad* de la manera más libre posible, referida a cualquier forma en que te conectes con algo mayor que tú. Cuando hablamos del placer, el sexo y las relaciones, podemos olvidar fácilmente que nuestros sentimientos más íntimos, personales e intensos son realmente parte del mundo más grande que nos rodea. No solo estamos conectadas con todos los que han vivido, amado, experimentado el dolor, luchado con la adicción o sobrevivido al trauma antes de nosotras, sino también estamos conectadas a miles de personas que experimentan algo similar en su vida, en este momento.

Tu sexualidad es singular y, al mismo tiempo, forma parte d lo que te conecta con el mundo, la gente, el medio ambiente y fuerzas sociales que te rodean. Imaginada de esta forma, la lidad es inextricable de la energía de estar vivas.

A veces sentimos (y con razón) que nos han entrenado para renunciar a nuestra sexualidad para ser más espirituales. Las religiones patriarcales dictan que nuestra sexualidad debe estar controlada por códigos morales estrictos y, con frecuencia, reservada solo para la procreación. Pero, ¿qué pasa si partimos de la creencia de que la sexualidad y la espiritualidad están interconectadas? Ambas tienen que ver con la fuerza vital que reside dentro de nosotras. Tienen una capacidad enorme de enriquecer nuestra vida.

Tú decides cómo expresas tu sexualidad. Si eliges compartir tu yo sexual con otra persona, ambas son responsables de lo que crean juntas. La sexualidad es una fuerza creativa y tú decides el tipo de energía, relación o experiencia que quieres poner en el mundo con tu atención concentrada en el momento presente. Este capítulo continúa nuestra conversación sobre la intimidad, el amor y las conexiones más profundas, con la meta de abrirte nuevas direcciones en tu camino continuo.

El desafío de la seguridad

Una de las experiencias humanas más profundas es tener intimidad con otro ser humano. Conocer y que te conozcan, ver y que te vean, entender y que te entiendan: esto es la intimidad con otra persona. Se requiere mucho esfuerzo para crear intimidad contigo misma y la intimidad con alguien más exige aún más cuidado. La seguridad emocional es la base de la intimidad y muchas de nosotras luchamos para encontrarla, desarrollarla o sentirla.

Un desafío enorme es vivir en una sociedad que no brinda un entorno que conduzca a la intimidad. Nadie puede ignorar las situaciones de la vida real en las que vivimos y de las cuales surgen nuestras relaciones. Un ejemplo es cuántas relaciones se ven afectadas por las dificultades financieras: alguna personas se sienten atrapadas a una pareja porque no pueden darse el lujo de irse, mientras que otras terminan debido a asuntos de dinero.

Los desafíos a la seguridad y la intimidad surgen según quién esté involucrado en la relación, dónde y cuándo. El género, la orientación sexual, la edad, la discapacidad y tantas partes más de quienes somos afectan nuestras relaciones y nuestra forma de crear intimidad con los demás.

En su introducción a *Disability Intimacy: Essays on Love, Care, and Desire*, la activista por los derechos de las personas con discapacidad, Alice Wong, nos recordaba que la mayor parte del discurso en torno de la intimidad y la discapacidad es decepcionantemente simplista, o incluso ofensivo. Alice Wong usó una silla de ruedas desde niña, así que conocía bien el estigma y la desinformación estadounidenses acerca de los deseos de las personas con discapacidad. Escribió: "No todo el mundo necesita romance o sexo pero, personalmente, yo quiero el menú completo de la intimidad. Quiero experimentar cada pedazo empalagoso, suculento, dulce, crujiente, correoso, picante y ácido llenando mi cuerpo de calidez y placer"[1].

Los desafíos de las relaciones íntimas provienen tanto de afuera como de adentro. Esto significa que la intimidad la crean quienes quieren realizar el trabajo externo y el interno. Wong identificó la ternura como un tema entre las historias de *Disability Intimacy*, una cualidad que la mayoría de las relaciones necesitan en mayor grado. Pero la ternura es algo que expresamos con más facilidad cuando nos sentimos seguras, y la seguridad debe construirse mediante acciones deliberadas de cuidado. Si esto te parece cíclico, circular, recuerda la espiral ascendente. Volvemos al trabajo de cuidar nuestras relaciones una y otra vez.

Nuestra sanación empieza con nosotras mismas, pero realmente solo puede alcanzar su plenitud mediante la conexión con otra(s) persona(s). Si ocurrió un trauma en una relación, en última instancia, necesitamos sentir una conexión segura con otras personas para sanar. Podemos sentirnos de luto al final de nuestra relación con alguien que nos hizo daño, pero, ¿cómo aprendemos a confiar de nuevo?

Debemos enfrentar los desafíos específicos que surgen para cada una de nosotras. Al comprender nuestros desafíos, vemos lo que podemos hacer para comunicarnos con honestidad, escuchar sinceramente y transitar hacia una comprensión y conexión más profundas con las personas presentes en nuestra vida en este momento.

Para quienes tienen a un hombre como pareja

Las relaciones que tienen más apoyo social no son inmunes a las dificultades en términos de la seguridad. Nuestra cultura respalda las relaciones heterosexuales y, aun así, las mujeres que se identifican como primordialmente heterosexuales suelen tener problemas para crear seguridad emocional, ternura e intimidad con los hombres que eligen como sus compañeros. Buena parte de ello está directamente relacionado con las diferencias de género en la socialización de la infancia y después de ella en los Estados Unidos.

Las instrucciones para "ser hombre" incluyen esta regla: No expresar sentimientos de confusión, debilidad, miedo, vulnerabilidad, ternura, compasión y sensualidad. Por eso, es lógico que tantos hombres tengan dificultades para sentirse cómodos con la intimidad.

Muchos hombres desarrollan poderosos sistemas de negación que les permiten bloquear los sentimientos no deseados y que son, exactamente, los que las mujeres extrañan en sus compañeros. Las cualidades que se estimula a los hombres estadounidenses a incorporar, como la agresión, la competencia, la independencia, el control y la firmeza, tienen un valor limitado a la hora de formar y mantener relaciones íntimas. A medida que las mujeres reconocen los límites de su propia socialización, las relaciones con los hombres pueden volverse más problemáticas y menos satisfactorias.

En palabras de una mujer en recuperación que quedó viuda recientemente: "Todo el mundo siempre hacía hincapié en lo bien que nos llevábamos. Nunca peleábamos. Pero el motivo por el que nos llevábamos tan bien era que yo hacía todo lo que él quería, como 'una buena esposita'. Ahora, siento que tengo la oportunidad de volver a ser yo".

La socialización de los hombres en el área de la conducta sexual explícita crea otro tipo de problema. A los hombres se les socializa para que asuman el mando sexualmente, sean agresivos, tomen la iniciativa y asuman el riesgo de que los rechacen. Podrían esforzarse mucho por aprender a tener un buen desempeño sexual y pueden sentir que tienen la responsabilidad de que haya sexo. Esta motivación orientada a las metas del coito con penetración, la eyaculación y el orgasmo, además de la falta de atención al sexo de cualquier otro tipo, puede hacer que las mujeres sientan que no son prioridad, se enojen y se frustren. La proliferación de chistes y memes acerca del desconocimiento de los hombres de dónde está el clítoris resulta divertido para muchas mujeres porque hace alusión a la brecha en el placer masculino y el femenino.

¡Claro que un escenario positivo también es posible! A medida que las mujeres se esfuerzan por ser capaces de pedir lo que quieren sexualmente, podrían descubrir que los hombres con los que salen se excitan con esa mayor asertividad. Algunos hombres experimentan un profundo alivio cuando se permiten recibir atención sexual que no les exija un "buen desempeño" y tienen verdadera curiosidad por el cuerpo y el placer de las mujeres. Si sales con hombres, podrías descubrir que, así como tú, muchos de ellos también se están esforzando por cambiar y crecer sexualmente.

Después de tanto trabajo para romper con nuestra conducta sexual sin autenticidad y experimentar quiénes somos en realidad, no queremos volver a desempeñar un papel sexual que no elegimos. Es posible conectarnos con hombres que están listos para explorar una forma más creativa, singular y no tradicional de conexión sexual. Podría ser todo un desafío, pero ellos quieren encontrarte tanto como tú quieres encontrarlos a ellos.

Conforme Michelle continuó en terapia, empezó a hablar más de Chris y, específicamente, de todas las formas en que no era perfecto. Ella quería que fuera más comunicativo y compartiera sus sentimientos, pero él parecía resistirse. Se alegraba de que Michelle mantuviera la sobriedad del alcohol y las pastillas, pero lo confundían un poco los cambios en su relación. En la terapia de pareja, trataban de abordar los nuevos problemas a medida que surgían.

Aunque Chris ama a Michelle y se ha quedado a su lado durante años muy difíciles por el descontrol con la bebida y el inicio de la recuperación, la inestabilidad emocional anterior de ella y el hecho de que le exigiera poco emocionalmente funcionaba bastante bien para él. El caos de la vida de ella contrastaba con la confiabilidad y seguridad de él. Esta dinámica lo hacía sentirse poderoso y en control.

No obstante, en la recuperación, Michelle quiere a un compañero más flexible, espontáneo y generoso. Es un ajuste importante y le exige a Chris más de lo que se imaginaba en un principio. No había planeado hacer terapia individual, pero la terapeuta de pareja sugirió que podría necesitar más apoyo del que estaba recibiendo.

Michelle está empezando a conocerse como persona sexual por derecho propio y tiene algunas necesidades y deseos sexuales por su cuenta. Quiere que la abracen y la toquen; quiere afecto sin sexo. También quiere que Chris se concentre en el placer sexual de ella y que disfrute haciéndolo. Quiere ser creativa sexualmente, sin la presión de que la erección o la falta de erección de él los afecte tanto a los dos.

Chris tendrá que dar un paso al frente para adoptar una nueva forma de crear intimidad sexual y emocional en el matrimonio. Este podría ser un gran desafío, pero él ha demostrado antes su valor ante los enormes cambios de Michelle. Michelle tendrá que recordar ser paciente con el ritmo de los cambios de Chris. Cada vez que esté tratando de forma obsesiva de hacer que Chris cambie, puede volver a concentrarse en su propio cuerpo y placer.

Para quienes tienen a una mujer, una persona no binaria o una persona con género expansivo como pareja

Aunque algunas relaciones queer lidian con problemas similares a los de las relaciones heterosexuales, en especial cuando se trata de trastornos de consumo de drogas y conductas adictivas, muchas también enfrentan desafíos muy diferentes. Las investigaciones indican que las mujeres lesbianas no reclaman primordialmente de problemas de pareja en términos de la comunicación, la ternura o el desempeño sexual. Los principales problemas parecen derivarse de vivir en una cultura que no respalda la identidad lesbiana, así como de los índices considerablemente más altos de pobreza entre las personas LGBTQ+.

Los enormes sesgos de la sociedad estadounidense hacia la heterosexualidad y su correspondiente negatividad hacia las identidades gay, lesbiana, bisexual y queer de otro tipo siguen siendo bastante fuertes. A eso se les suman los sesgos culturales contra las relaciones poliamorosas y otros tipos de subculturas sexuales no monógamas, incluidas las comunidades kink y leather, así como cualquier otra sexualidad considerada no normativa. Ahora, piensa en las diversas formas en que podemos sentir y expresar el género, especialmente las expresiones trans, no binarias y con género expansivo. En el caso de la gente queer, se cruzan muchos estigmas que afectan la salud de la relación.

Lo primero y lo más importante es ser honesta contigo misma y reducir al máximo la vergüenza sobre tus deseos, preferencias, cuerpo, orientación o identidad. Recuerda con gentileza que la variedad sexual es la cosa más normal del mundo. Las relaciones queer pueden prosperar en comunidades más seguras. El trabajo de intimidad podría requerir abordar el estigma interiorizado o procesar el dolor de personas y sistemas opresores. Los ejemplos de alegría, sexo y amor queer son importantes para la experiencia colectiva.

Para todas las personas

Mucha gente usa sustancias psicotrópicas o conductas adictivas como mediadoras entre la conducta o el deseo sexual y la autoaceptación. Sin esos hábitos que nos anestesian, nos encontraremos directamente con nuestras historias sexuales pasadas y nuestros deseos sexuales actuales. Estos encuentros pueden ser profundamente difíciles. Algunas personas podrían haber adormecido sus sentimientos sexuales porque les temen; otras podrían haber sido capaces de manifestar su sexualidad solo cuando estaban drogadas o ebrias.

Independientemente de la pareja o el estilo de la relación, necesitas tener un lugar seguro donde explores tus sentimientos y necesidades sexuales. La terapia individual y los grupos para mujeres y personas no binarias que están investigando su sexualidad pueden ser particularmente útiles en este momento.

Cuando busques a un grupo de apoyo o terapeuta, asegúrate de sondear el terreno primero para descubrir si tu ser integral será bienvenido. ¿Te interesa un grupo solo para mujeres? ¿Se trata de un grupo que incluye a personas no binarias, trans y otros miembros queer? ¿En el sitio web del profesional se menciona su capacidad o experiencia en el trabajo con personas LGBTQ+? ¿Hay algún terapeuta sexual capacitado disponible? ¿Todos los estilos de amor y las configuraciones de relaciones son bienvenidas en esta reunión? ¿Este es un espacio que incluye a todos los cuerpos y discapacidades? Incluso si no tienes una identidad marginalizada específica, podrías buscar estas señales para garantizar que estás ingresando a un espacio más inclusivo.

Amor y compromiso conscientes

Joyce tenía cuarenta y tantos años cuando empezó la terapia con la coautora Stephanie. Llevaba dos años en recuperación del trastorno de consumo de alcohol, así como su esposo Howard. Tenían veinte años de casados y dos hijos saliendo de la adolescencia. Durante los últimos diez años de matrimonio, Joyce y Howard no habían tenido sexo.

La primera vez que Stephanie conoció a Joyce, parecía agobiada. Estaba vestida de forma impecable, pero sus hombros pesaban. Estaba lista para hablar y su historia salió atropelladamente de su boca. "Mi esposo tiene un problema de erección; hace diez años que no tenemos sexo. Estoy en recuperación y estoy viviendo mi vida plenamente. Pero me falta esto y no sé si quiero seguir casada a sabiendas de que nunca más voy a tener sexo". Ya no se tocaban; eran amigos distantes que vivían en la misma casa pero no tenían conexión.

Stephanie no estaba segura de cómo podría ayudar. Incluso si la disfunción eréctil de Howard no era un problema médico, los miedos y la ansiedad por su desempeño después de tanto tiempo debían ser considerables. Stephanie decidió no apuntar al desempeño sexual sino al desarrollo de la confianza. Esperaba ayudar a la pareja a desarrollar un sentimiento de proximidad e intimidad.

Periódicamente, Joyce le contaba a Howard cómo le iba en la terapia. Él quería proteger su propia historia sexual y se sentía amenazado por el hecho de que su esposa estuviera en terapia. Muchas veces, la criticaba diciendo: "Nadie tiene por qué meterse en nuestra vida sexual". No era un participante activo ni intencional en el proceso.

En cierto momento, Stephanie le pidió a Joyce que hiciera una lista de todas las actividades sensuales que quería experimentar con su esposo. Luego, le pidió que las pusiera en orden según lo que sería más fácil de pedir. Cada actividad debía mantenerse limitada: la intención no era ir más allá. Por ejemplo, si le frotaba la espalda, debía limitarse a tocarle apenas la espalda. Además, solo podría brindarse una retroalimentación positiva.

Luego, llegó el momento de probar la lista con Howard. Joyce empezó con lo menos difícil y le pidió que le frotara la espalda. La respuesta inicial de Howard fue. "Esto es ridículo, ¿qué tiene de genial esto?". Joyce le respondió: "Es algo que realmente quiero hacer". Así que él le frotó la espalda, ella dijo que le había gustado y él refunfuñó ligeramente.

La semana siguiente, le volvió a pedir que le frotara la espalda, pero esta vez con aceite corporal. Esta vez, cuando ella dijo que le había gustado, él respondió "Pues, de verdad que se siente mejor". Stephanie se entusiasmó. Fue la primera pista de que Howard tenía sensaciones en su cuerpo y podía admitir ante Joyce que, de alguna forma, se había sentido mejor tocarle el cuerpo con aceite. Así que Howard *sí* sentía y era posible acceder a lo que sentía con mayor facilidad de lo que Stephanie había pensado inicialmente.

Varias semanas después, Joyce se duchó con Howard. Duró apenas un minuto, pero lo hicieron. Luego, algunas semanas más tarde, tomaron un baño juntos y, en cierto momento, disfrutaron de un baño de burbujas con música y velas. En todos esos meses, Howard nunca tuvo una erección. Pero, a medida que realizaban las actividades de la lista, empezó a ocurrir algo más importante: tenían momentos más espontáneos de conexión, fuera de los ejercicios.

A veces, mientras veían televisión, él la tomaba de la mano. Cuando se acostaban, él se le acercaba. Al despedirse por las mañanas, el beso y el abrazo tenían una calidad distinta. Joyce empezó a sentirse diferente acerca de Howard, más conectada. A veces, la conmovían las expresiones espontáneas de afecto de su marido. La calidad de su conexión había empezado a mejorar.

Aunque sus actividades se concentraban en lo externo, en realidad estaban trabajando en un cambio interno. Joyce se dio cuenta de que extrañaba no solo el contacto físico, sino cierto tipo de cercanía e intimidad. Y esto ahora estaba volviendo a su relación.

Lo último en la lista de Joyce era el sexo oral. Después de casi un año de crear lentamente más intimidad, le preguntó a Howard si quería intentarlo. Para sorpresa de Joyce, Howard estaba abierto a la idea e incluso un poco entusiasmado. Joyce tuvo un orgasmo y Howard quedó completamente encantado. Le generó un placer enorme proporcionarle placer a ella. Como resultado, algo cambió realmente en él. Fue un momento muy poderoso. De alguna forma, este hombre, que llevaba diez años sin actividad sexual, había llevado a su esposa a un punto de placer real y esa experiencia lo había emocionado mucho.

Poco tiempo después, Joyce dejó de hacer terapia con Stephanie. Casi seis meses después la llamó. Se reía. "No vas a creer lo que pasó. ¡Howard me acaba de llamar y me dijo que viene para casa y que hizo su propia lista de cosas que quiere experimentar conmigo!".

Tal vez Joyce y Howard volvieron a tener coito, tal vez no. La parte más motivadora de su historia es la forma en que pudieron volver a conectarse y tener una relación satisfactoria sin él.

El sexo en cualquier forma particular no es la meta definitiva de la sexualidad, pero es una faceta importante en una expresión compleja de nuestro ser integral. Para Joyce y Howard, la elección de seguir mostrándose amor abrió la puerta a un interés renovado por su conexión sexual.

En el amor consciente, eliges estar con la otra persona para desarrollar juntas una relación con el paso del tiempo. La elección es esencial para el amor consciente: El poder y la capacidad de elegir es lo que vuelve tu intimidad auténtica, y ejercer esa capacidad es esencial para tu recuperación.

El amor apasionado puede unirnos. Se trata del anhelo de unión con la otra persona, el puente que acaba con nuestra separación, un deseo de conexión. Cuando la intimidad y la expresión sexual auténtica se funden en una relación, estableces una conexión profunda. Pero podría no verse de la forma que esperas. La experiencia de enamorarte podría ser el preludio de una experiencia expansiva y que fomenta el crecimiento: la práctica continua de elegir el amor consciente.

Al elegir el amor consciente, también eliges la interdependencia madura. Te permites conectarte verdaderamente con tu pareja y depender de ella, pero conservas la autonomía de tu ser. Eliges a una pareja que valora tu recuperación y que elige involucrarse en el proceso contigo. Esta persona está en su propio proceso y ambas apoyan mutuamente el crecimiento de la otra persona.

Elegir estar juntas es asumir un compromiso. Un compromiso amoroso no tiene que ver con el tiempo que llevan juntas. Todas conocemos a parejas que se mantienen juntas por décadas, sin respeto ni mutualidad. Tampoco tiene que ver necesariamente con la monogamia o con planes futuros. Estos pueden o no ser aspectos de un compromiso y no lo definen.

Un compromiso amoroso tiene que ver con elegir estar ahí; tener intimidad, apertura y vulnerabilidad; con hacer tu mejor esfuerzo para estar disponible para la otra persona, sin dejar de cuidarte tú misma. Un compromiso amoroso te permitirá sentirte segura y protegida, a sabiendas de que la otra persona también ha elegido estar abierta, disponible y vulnerable. Un compromiso amoroso requiere elegir esto no una vez, sino una y otra y volver a hacerlo. El valor de las relaciones sexuales íntimas auténticas está en su poder de sanarnos y cambiarnos. Nos empoderan y nos hacen crecer.

Mucha gente se siente insegura sobre qué forma de compromiso es viable en su vida. Por ejemplo, podrías considerar que tu compromiso con tu trabajo es liberador y emocionante, pero un posible compromiso con una pareja es algo que te limita y restringe. Podrías anhelar votos para toda la vida que no se relacionen con tus necesidades y deseos cambiantes porque es más seguro desempeñar un papel que ser tu versión auténtica. Podrías llegar a la mediana edad deseando la estabilidad que puede brindar una relación de veinte años, preocupada acerca de los siete años promedio de los matrimonios en los Estados Unidos. Todos tenemos ciertas inquietudes sobre el amor y el compromiso y esas inquietudes podrían parecer abrumadoras.

Pero igual hay que trabajar en ello en este momento. Comprometerte significa que has prometido involucrarte en un proceso contigo misma y, si es posible, con tu pareja. La clave es estar presente para la otra persona en los cambios de sus vidas. Puedes aprender a entrar en las relaciones poco a poco, tanto emocional como físicamente.

Es posible que quienes están en una relación de larga data pierdan la intimidad pero la recuperen de otra forma. Algunas parejas que llevan juntas muchos años en una relación distante o conflictiva podrían tener que volver a iniciar su relación desde cero. Podrían tener que volver a aprender los elementos básicos de la sensualidad y la intimidad, como tomarse de la mano, sentarse lado a lado en un sofá, experimentar el placer en la piel de la otra persona. Despacio, paso a paso, los niveles de intimidad y conexión emocionales y físicos pueden profundizarse. En palabras de Ev'Yan Whitney, autora de *Sensual Self: Prompts and Practices for Getting in Touch with Your Body*: "hay una hermosa serendipia en el hecho de que, al reapropiarnos y encarnar nuestra propia sensualidad, estemos en mejor condiciones de reapropiarnos y encarnar nuestra sexualidad"[2].

El éxtasis es real

La actriz, autora y activista Gillian Anderson pidió que las mujeres enviaran, de forma anónima, sus fantasías sexuales para un libro. El resultado es *Want: Women's Fantasies in the Twenty-First Century*, una recopilación de cientos de fantasías de mujeres y personas no binarias de todo el mundo (religiosas, ateas, ricas, pobres, de clase media, casadas con hombres, casadas con mujeres, cisgénero, transgénero, solteras, cohabitantes, con y sin hijos). La diversidad de voces y la variedad de imaginaciones sexuales incluidas en *Want* son notables. Entre muchas provocaciones muy importantes, Anderson pregunta: "Si pudiéramos liberarnos de las cadenas de la vergüenza en el mundo real, ¿a cuáles alturas de placer nuevas podríamos llegar todas?"[3].

Esas "alturas de placer" son un estado del ser al que suele llamársele *éxtasis*. (¡No es coincidencia que una droga con el mismo nombre invada tu cuerpo de una sensación placentera!).

La autora y educadora Dra. Emily Nagoski les ha preguntado a cientos de personas cuál beneficio les ha proporcionado el éxtasis en su vida. De forma casi unánime, la respuesta es que les brinda conexión: con una pareja, consigo mismas y con algo mayor que ellas. Nagoski le llama a alcanzar el éxtasis "el truco mágico". Otras personas lo llaman una experiencia de "lo divino", "el universo", "el Espíritu", "el infinito", etc.

La experiencia del éxtasis sexual es una forma de mantenernos plenamente en el momento presente y valorar su expansividad. No suele suceder por accidente o sin el trabajo de la conexión real. Al ser sexuales, podemos fusionarnos con la otra persona, perder la frontera de una piel con la otra y existir en un cierto tipo de atemporalidad. A veces, el éxtasis sexual puede ser nuestra introducción a una verdadera dimensión espiritual dentro de nosotras mismas.

Tamara dejó sus orígenes cristianos cuando se asumió como lesbiana al final de su adolescencia. La ruptura con su familia, en especial con su mamá, fue difícil. Muchas décadas después, para Tamara, la espiritualidad era una fuerza de coerción en su vida y no le interesaba volver a conectarse con ella. Sin embargo, con frecuencia encontraba personas que creían que cierta forma de espiritualidad era un aspecto esencial de la recuperación. Luego, aprendió sobre la conexión entre la conciencia plena, la meditación y el dolor crónico, investigó un poco y decidió probar.

Le comentó a su terapeuta que había empezado a sentarse en silencio cada día, durante algunos minutos. "No me siento en un cojín por mi dolor de espalda", explicó. "Me siento en una silla. A veces me duermo. Pero sigo tratando apenas de encontrar un lugar silencioso interno".

Tamara leyó artículos sobre líderes espirituales negros, como el budista y activista de derechos civiles, Alvin Sykes. Dirigió su poderosa curiosidad hacia la enorme cantidad de formas en que los afroestadounidenses incorporaban la espiritualidad y descubrió a muchos que habían elegido el camino de la meditación. Esto la incentivó a adoptar la práctica de la conciencia plena.

Por puro impulso, se inscribió en un retiro de meditación para mujeres durante un fin de semana.

Y de forma inesperada, la pasó muy bien. Luego, compartió con su grupo de recuperación que cada día había meditado durante horas, a veces en silencio, a veces mientras caminaba, a veces al escuchar las enseñanzas. Tamara descubrió que, mientras meditaba, en ciertos momentos había sentido cómo la energía subía y bajaba por su cuerpo, a veces se acumulaba en un solo lugar, a veces simplemente fluía.

En el retiro ocurrió otra cosa maravillosa: Tamara había conocido a alguien por quien se sentía atraída. Durante la última cena del fin de semana, descubrió que Lucy también disfrutaba de su compañía y, al volver a casa, empezaron a pasar tiempo juntas. Su relación se fue desarrollando lentamente, con una base profunda de respeto mutuo y amistad.

Tamara se sentía alegre, por primera vez en mucho tiempo. Cuando ella y Lucy llegaron al sexo, la experiencia fue algo diferente a todo lo que había vivido. "A veces, cuando estoy con Lucy", comenta, "siento algo más grande que nuestros cuerpos físicos. No puedo controlar cuándo va a ocurrir, aunque es bastante claro cuándo no sucederá: el dolor me está atacando o el estrés del día es demasiado. Pero, cuando realmente podemos relajarnos en nuestra intimidad, a veces parece que flotamos juntas, no como dos personas separadas, y tengo esta sensación increíble de calor que nos envuelve".

Esta nueva experiencia maravillosa vino con cierto luto para Tamara, al enfrentar la realidad de que nunca había estado tan vulnerable o presente con Alisha, su exesposa. Al mismo tiempo, Tamara y Lucy, ambas en sus sesenta años, raramente tenían el tipo de sexo urgente y espontáneo que Alisha y Tamara disfrutaban cuando tenían cuarenta años.

"Estoy aprendiendo a abandonar mis expectativas", explica Tamara. "Claro que espero seguir teniendo este tipo de experiencias (tanto en el sexo como en la meditación), pero no las tengo como metas. Me encanta tocar a Lucy y que ella me toque. Mi vínculo con ella se siente especial y valioso. Y si a veces entramos en otro nivel de conciencia juntas...", sonríe, "es un regalo que recibo muy contenta".

Para Tamara, la sexualidad y la espiritualidad se volvieron un todo integrado, sin la necesidad de tener todas las respuestas.

Aceptar de brazos abiertos el placer del cambio

Al llegar a nuestra conclusión, repasemos algunas preguntas importantes acerca de la sexualidad. Mientras las respondes, recuerda si respondiste diferente mientras leías el capítulo 1.

- ¿Qué significa ser una persona sexual en nuestra sociedad?
- ¿Qué significa tener esta cosa compleja llamada sexualidad integrada en nuestra vida de forma significativa?
- ¿Cuál es tu experiencia singular del placer, y cómo la cultivas de una forma que te haga sentir feliz de estar viva?

Tal vez tengas una forma más clara y sutil de abordar estas preguntas ahora que has avanzado en tu propia espiral ascendente de la recuperación sexual. Podemos agregar nuevas preguntas, adaptadas del libro de Euphemia Russell *Slow Pleasure: Explore Your Pleasure Spectrum*:

> ¿Cómo crees que sería y se sentiría una cultura basada en el placer? ¿Cómo se vería más allá de la experiencia individual del placer? ¿Más allá de la experiencia del placer expresado con amantes y parejas? ¿Cómo una cultura basada en el placer sería interrelacional y comunal?[4].

Nuestra interconexión es innegable. Nuestra capacidad de sentir placer en medio de circunstancias caóticas, dificultades y cambios es clave para nuestra resiliencia y conexión con otras personas. La sexualidad no es algo fijo; es una parte tuya que cambiará conforme tú cambies. Aceptar de brazos abiertos el placer del cambio empieza al saber dónde hemos estado y valorar dónde estamos ahora.

Los siguientes doce mensajes se extraen de los capítulos que acabas de leer y se ofrecen aquí y como tarjetas al final de cada capítulo para que lleves contigo a medida que avanzas en tu espiral ascendente de la recuperación y la sanación.

1. Es posible que enfrentes lo que te resulta desconocido o doloroso de tu propia sexualidad y crezcas en una relación nueva y amorosa con esta parte tuya.

2. Lo que buscamos es la autoconciencia, de modo que nuestra sexualidad sea una elección plena.

3. Sin importar cuánto deseo espontáneo sientas, tu sexualidad singular puede responder al placer.

4. Puedes vivir en un estado más profundo de aceptación, incluso de gratitud, por tu cuerpo, exactamente como es en este momento.

5. Para la recuperación sexual, es esencial mirar honestamente tu pasado sexual. A veces, necesitarás una inyección de valor para ver la realidad de tu vida. A veces, necesitarás permiso para ir lentamente, descansar y recuperarte.
6. Es normal tener cierta dificultad para identificar y reivindicar los límites sexuales, porque es normal que hayas tenido una educación insuficiente o incluso incorrecta sobre tu sexualidad.
7. Es importante echarle un vistazo detallado y cuidadoso a la conducta de tu(s) pareja(s), así como a la tuya. Esto no se debe a que quieras cambiarla(s), sino a que puedas ver dónde necesitas ajustar tus propios límites y comunicación.
8. Cuando te sientas impotente, puedes buscar apoyo. Cuando te sientas poderosa, puedes ofrecerles fortaleza y apoyo a los demás y a ti misma. Los altibajos son esperados.
9. La sexualidad puede volverse creativa, una fuente de energía e interés, en vez de un lugar de miedo o adormecimiento.
10. Conforme avanzamos para crear una verdadera intimidad en nuestra vida, resulta claro que la intimidad con nosotras mismas es nuestra base para tener intimidad con otras personas.
11. Una relación sexual espectacular te nutre, te sostiene, te da placer y fomenta tu crecimiento. Se requieren habilidades para mantenerla. La primera de ellas es la amistad.
12. La recuperación continua es un proceso que da vueltas en torno a temas similares, como una espiral ascendente. El trabajo necesario es en el momento presente y, a medida que avanzamos en nuestros cambios, se abren más opciones para el placer, la conexión y la intimidad.

Mientras decides tus próximos pasos, te incentivamos a que separes algunos momentos para celebrar el esfuerzo que has puesto en el despertar de tu sexualidad. En una época de aislamiento profundo, vergüenza y la normalización del odio, la creación de conexiones amorosas con nosotras mismas y con los demás resulta aún más importante. La sexualidad puede ser una fuerza muy poderosa en nuestra vida y es nuestra responsabilidad enfrentar el pasado personal y tomar decisiones que reflejen nuestros deseos e integridad ahora.

Nuestro deseo para ti: cuando tengas una conexión sexual, contigo misma o con otras personas, que sea una fuente de alegría para ti. Disfruta la riqueza y la variedad de tu sexualidad singular conforme crezcas y cambies con el paso del tiempo. Tu sensualidad, erotismo y sexualidad pueden ser una fuerza para el bien.

Es posible que enfrentes lo que te resulta desconocido o doloroso de tu propia sexualidad y crezcas en una relación nueva y amorosa con esta parte tuya.

Lo que buscamos es la autoconciencia, de modo que nuestra sexualidad sea una elección plena.

Sin importar cuánto deseo espontáneo sientas, tu sexualidad singular puede responder al placer.

Puedes vivir en un estado más profundo de aceptación, incluso de gratitud, por tu cuerpo, exactamente como es en este momento.

Para la recuperación sexual, es esencial mirar honestamente tu pasado sexual. A veces, necesitarás una inyección de valor para ver la realidad de tu vida. A veces, necesitarás permiso para ir lentamente, descansar y recuperarte.

Es normal tener cierta dificultad para identificar y reivindicar los límites sexuales, porque es normal que hayas tenido una educación insuficiente o incluso incorrecta sobre tu sexualidad.

Es importante echarle un vistazo detallado y cuidadoso a la conducta de tu(s) pareja(s), así como a la tuya. Esto no se debe a que quieras cambiarla(s), sino a que puedas ver dónde necesitas ajustar tus propios límites y comunicación.

Cuando te sientas impotente, puedes buscar apoyo. Cuando te sientas poderosa, puedes ofrecerles fortaleza y apoyo a los demás y a ti misma. Los altibajos son esperados.

La sexualidad puede volverse creativa, una fuente de energía e interés, en vez de un lugar de miedo o adormecimiento.

Conforme avanzamos para crear una verdadera intimidad en nuestra vida, resulta claro que la intimidad con nosotras mismas es nuestra base para tener intimidad con otras personas.

Una relación sexual espectacular te nutre, te sostiene, te da placer y fomenta tu crecimiento. Se requieren habilidades para mantenerla. La primera de ellas es la amistad.

La recuperación continua es un proceso que da vueltas en torno a temas similares, como una espiral ascendente.

El trabajo necesario es en el momento presente y, a medida que avanzamos en nuestros cambios, se abren más opciones para el placer, la conexión y la intimidad.

NOTAS

CAPÍTULO 2

1. Aubrey Gordon, *"You Just Need to Lose Weight" and 19 Other Myths About Fat People* (Beacon, 2023), 50.
2. Gordon, *"You Just Need to Lose Weight"*, 9.
3. "100 Women: 'I Transitioned and Lost My Male Privilege'", BBC News, 4 de octubre de 2017, consultado el 22 de julio de 2024, https://www.bbc.com/news/av/world-41502661.

CAPÍTULO 3

1. Emily Nagoski, *Come As You Are: The Surprising New Science That Will Transform Your Sex Life* (Simon & Schuster, 2021), 42–69.
2. L. Froehle et al., "Bacterial Vaginosis and Alcohol Consumption: A Cross-Sectional Retrospective Study in Baltimore, Maryland", *Sexually Transmitted Diseases* 48, N.° 12 (diciembre de 2021): 986–90, https://journals.lww.com/stdjournal/abstract/2021/12000/bacterial_vaginosis_and_alcohol_consumption__a.15.aspx.
3. Info NMN, "Patterns of Stress and Resilience", Neurosequential Network Stress and Trauma Series, 2020, consultado en julio de 2024, https://www.youtube.com/watch?v=orwIn02h6V4&list=PLyhWK71WKiZKVixTQ3fFI-exZK29v_4iF.

CAPÍTULO 4

1. Sonya Renee Taylor, *The Body Is Not an Apology: The Power of Radical Self-Love*, 2.ª ed. (Berret-Koehler, 2021), 4.
2. Andee Tagle y Clare Marie Schneider, “Diet Culture Is Everywhere. Here’s How to Fight It”, National Public Radio, 4 de enero de 2022, consultado en julio de 2024, https://www.npr.org/2021/12/23/1067210075/what-if-the-best-diet-is-to-reject-diet-culture.
3. Carla S. Alvarado, Diane M. Cassidy, Kendal Orgera y Sarah Piepenbrink, “Polling Spotlight: Understanding the Experiences of LGBTQ+ Birthing People”, AAAMC Center for Health Justice, 27 de junio de 2022, consultado el 31 de julio de 2024, https://www.aamchealthjustice.org/news/polling/lgbtq-birth.
4. Jessi Kneeland, *Body Neutral: A Revolutionary Guide to Overcoming Body Image Issues* (Penguin, 2023), 32.

CAPÍTULO 6

1. Douglas Braun-Harvey y Michael A. Vigorito, *Treating Out of Control Sexual Behavior: Rethinking Sex Addiction* (Springer, 2016), 28.

CAPÍTULO 8

1. Elise Gould, “Gender Wage Gap Persists in 2023: Women Are Paid Roughly 22% Less Than Men on Average”, Economic Policy Institute, Blog Working Economics, 8 de marzo de 2024, consultado el 30 de septiembre de 2024, https://www.epi.org/blog/gender-wage-gap-persists-in-2023-women-are-paid-roughly-22-less-than-men-on-average.

CAPÍTULO 9

1. Roxane Gay, *Not That Bad: Dispatches from Rape Culture* (Harper Perennial, 2018), ii.
2. Office of Justice Programs, "Responding to Transgender Victims of Sexual Assault", junio de 2014, consultado el 15 de octubre de 2024, https://ovc.ojp.gov/sites/g/files/xyckuh226/files/pubs/forge/sexual_numbers.html.
3. VAWnet, "Marital Rape: New Research and Directions", febrero de 2006, consultado el 15 de octubre de 2024, https://vawnet.org/material/marital-rape-new-research-and-directions.
4. Amy Vorenberg, Jessica Durkis-Stokes y Jessica C. Brown, *Utmost Resistance: Examining Sexual Violence Law in the United States* (Carolina Academic Press, 2024), 122.

CAPÍTULO 10

1. Lori A. Brotto, *Better Sex Through Mindfulness: How Women Can Cultivate Desire* (Greystone, 2018), 237.

CAPÍTULO 11

1. Laurie Mintz, *Becoming Cliterate: Why Orgasm Matters—and How to Get It* (HarperOne, 2017), 8.
2. Mintz, *Becoming Cliterate*, 9.

CAPÍTULO 12

1. Alice Wong, *Disability Intimacy: Essays on Love, Care, and Desire* (Vintage, 2024), xix.
2. Ev'Yan Whitney, *Sensual Self: Prompts and Practices for Getting in Touch with Your Body* (Clarkson Potter, 2021), 10.
3. Gillian Anderson, *Want: Women's Fantasies in the Twenty-First Century* (Abrams, 2024), 90.
4. Euphemia Russell, *Slow Pleasure: Explore Your Pleasure Spectrum* (Hardie Grant, 2022), 212.

RECURSOS

Grupos de recuperación y terapeutas

Toma en cuenta que algunos de estos recursos son gratuitos y otros tienen una cuota de membresía u otro costo. Los incluimos aquí para ofrecerte opciones para que explores, no para recomendar ningún programa particular. Si un programa se basa en el modelo de Los Doce Pasos desarrollado por Alcohólicos Anónimos, se indicará así.

LifeRing Secular Recovery
https://lifering.org/

Reuniones seculares, anónimas y basadas en la abstinencia. En línea y presenciales. Todos los géneros. Sin costo.

The Luckiest Club
https://www.theluckiestclub.com/

Lugar compasivo sin dogmas, para recuperarse de la adicción al alcohol y prosperar en la vida. En línea. Todos los géneros, con reuniones exclusivas para mujeres, personas LGBTQIA2S+ y BIPOC (negras, indígenas y de color). Cuota de membresía mensual.

Manhattan Alternative
https://www.manhattanalternative.com/

Profesionales de salud mental especialistas en afirmación de LGBTQ+, kink, poly y trans. Directorio en línea nacional. Las tarifas de los profesionales varían.

Moderation Management
https://moderation.org/

Programa de cambio conductual y grupos de apoyo a cargo de compañeros. En línea. Todos los géneros. Sin costo.

Buscador de terapeutas Psychology Today
https://www.psychologytoday.com/us

Directorio en línea de terapeutas individuales y grupos de apoyo. El costo varía.

Sex and Love Addicts Anonymous (SLAA)
https://slaafws.org/

Portal en línea de la hermandad orientada por Los Doce Pasos y Las Doce Tradiciones (basada en el modelo de AA) para quienes desean dejar de vivir con un patrón de adicción al sexo y el amor. Reuniones en línea y presenciales. Abiertas a todos, con reuniones específicas por género disponibles. Sin costo.

SHE RECOVERS Foundation
https://sherecovers.org/

Movimiento sin fines de lucro para mujeres. Grupos, reuniones y capacitación de profesionales en línea y con facilitadores. Para mujeres y personas no binarias, con reuniones específicas para LGBTQ+, BIPOC, veteranos, madres y más. Las reuniones son gratuitas; otros costos varían según los servicios.

The Small Bow
https://www.thesmallbow.com/

Boletín informativo, podcast y reuniones de recuperación en línea. Todos los géneros. El costo varía: gratuito y suscripciones.

SMART Recovery
https://smartrecovery.org/

Enfoque basado en evidencia para superar conductas adictivas. En línea y presenciales. Todos los géneros. Sin costo.

Wombat Mental Health Services (solo para residentes de CA)
https://wombatmhs.com/

Servicio de búsqueda de terapeutas para brindar acceso equitativo a servicios de salud mental apropiados desde el punto de vista cultural, sin prejuicios y afirmativos, para las personas de comunidades que históricamente han enfrentado barreras para acceder a la atención. Todos los géneros. Telesalud. Los costos varían según el servicio y el proveedor.

Women for Sobriety
https://womenforsobriety.org/

Programa de apoyo de compañeras para las mujeres que quieren superar los trastornos de consumo de drogas. En línea y presenciales. Mujeres, personas no binarias y con género expansivo. Sin costo.

Sexualidad, cuerpos y placer

Allbodies
https://allbodies.com/

Clases de salud en línea que abordan el sexo, la salud mental, el conocimiento del cuerpo y la justicia social. Los costos varían según la clase.

OMGYES
https://www.omgyes.com/

Biblioteca en línea de videos instructivos creados a partir del mayor estudio de investigación sobre el placer femenino. Pago único para acceder a la biblioteca.

Planned Parenthood
https://www.plannedparenthood.org/learn/for-educators/digital-tools

Recursos educativos gratuitos sobre sexualidad.

Libros

Becoming Cliterate: Why Orgasm Equality Matters—and How to Get It de Laurie Mintz (HarperOne, 2017)

Better Sex Through Mindfulness: How Women Can Cultivate Desire de Lori A. Brotto (Greystone Books, 2018)

The Body Is Not an Apology: The Power of Radical Self-Love, 2.ª ed., de Sonya Renee Taylor (Berrett-Koehler, 2021)

Body Neutral: A Revolutionary Guide to Overcoming Body Image Issues de Jessi Kneeland (Penguin Random House, 2023)

Come As You Are: The Surprising New Science That Will Transform Your Sex Life de Emily Nagoski, PhD (Simon & Schuster, 2021)

Disability Intimacy: Essays on Love, Care, and Desire editado por Alice Wong (Vintage, 2024)

Pleasure Activism: The Politics of Feeling Good editado por adrienne maree brown (AK Press, 2019)

Refusing Compulsory Sexuality: A Black Asexual Lens on Our Sex-Obsessed Culture de Sherronda J. Brown (North Atlantic Books, 2022)

Sensual Self: Prompts and Practices for Getting in Touch with Your Body de Ev'Yan Whitney (Clarkson Potter, 2021)

Sex for One: The Joy of Selfloving de Betty Dodson (Harmony, 2012)

Slow Pleasure: Explore Your Pleasure Spectrum de Euphemia Russell (Hardie Grant, 2022)

Want: Women's Fantasies in the Twenty-First Century editado por Gillian Anderson (Abrams, 2024)

"You Just Need to Lose Weight" and 19 Other Myths About Fat People de Aubrey Gordon (Beacon, 2023)

Relaciones, luto y cura

Libros

All About Love: New Visions de bell hooks (William Morrow, 1999)

Decolonizing Nonviolent Communication, 2.ª ed., de Meenadchi (Co—Conspirator Press, 2023)

Emotional Labor: The Invisible Work Shaping Our Lives and How to Claim Our Power de Rose Hackman (Flatiron Books, 2023)

It's OK That You're Not OK: Meeting Grief and Loss in a Culture That Doesn't Understand de Megan Devine (Sounds True, 2017)

Not That Bad: Dispatches from Rape Culture de Roxane Gay (Harper Perennial, 2018)

Sister Outsider: Essays and Speeches de Audre Lorde (Crossing Press, 2007)

Succulent Wild Woman: Dancing with Your Wonder-full Self! Edición del 25.° aniversario de SARK (Atria Books, 2022)

With Pleasure: Managing Trauma Triggers for More Vibrant Sex and Relationships de August McLaughlin y Jamila Dawson, LMFT (Chicago Review Press, 2021)

The Wound Makes the Medicine: Elemental Remediations for Transforming Heartache de Pixie Lighthorse (Row House Publishing, 2023)

Planificación de seguridad en caso de violencia doméstica

Plan de seguridad en caso de violencia doméstica
https://www.dvccct.org/wp-content/uploads/2020/03/Domestic-Violence-Safety-Plan-DVCC-.pdf

Lista de líneas directas de ayuda en caso de escape, adaptada del ejemplo de plan de seguridad de la Connecticut Coalition Against Domestic Violence. Toma en cuenta que la Línea directa nacional sobre violencia doméstica es 800-799-7233; mensaje de texto al 88788.

AGRADECIMIENTOS

Stephanie quiere agradecerles a:

Vanessa Carlisle, mi coautore, la persona que sobresale cuando pienso en esta nueva edición. Como colega, es ejemplo de gentileza, generosidad, consideración, inteligencia, lectura, astucia, actualización, y trabajar con elle es un tesoro.

Penny Philpot. Por compartir su ingenio, sabiduría, paciencia, perspectivas y apoyo incondicional a lo largo de más de treinta y dos años. No hay suficientes palabras para expresar mi aprecio y gratitud.

La diversidad de amigos y colegas que han estimulado y apoyado mi trabajo por décadas.

Vanessa quiere agradecerles a:

En primer lugar, la Dra. Stephanie Covington probablemente no sabe cuánto ha hecho para estimular mi trabajo y, por lo tanto, a mí. Gracias por confiarme esta colaboración.

Max. Por su constante motivación con la escritura, su disposición permanente para escuchar historias difíciles antes de irse a la cama y por años de amor sin drama después del trauma.

J. Le mejor hiper-humane del mundo. Gracias por ser mi *fambly* de toda la vida, por amar tan profundamente mi trabajo y por recordarme seguir mis propios consejos y ser gentil conmigo.

Siempre hay un equipo.

Queremos agradecerle a Roy Carlisle, cuya influencia se ve reflejada en este libro de tantas formas importantes. Stephanie le agradece su trabajo como editor de desarrollo de la primera versión de *Despertar tu sexualidad* (1991) y por presentarle a su coautore, Vanessa. Vanessa le agradece a Roy ser el padre que insistió en que los libros eran una necesidad en la vida cotidiana y por presentarle a Stephanie.

Le agradecemos a Andy Lien, nuestra editora de Hazelden Publishing. Desde el principio, ha apoyado este proyecto defendiendo su publicación y brindando comentarios e ideas reflexivos en todo el proceso.

Le agradecemos a Elizabeth Gilbert, por ofrecernos tantas perspectivas, atención y su tiempo para este proyecto.

También queremos agradecerles a todos los autores, terapeutas, líderes de grupos de recuperación, investigadores y activistas que fundamentaron este libro. Gratitud especial a las mujeres y personas no binarias en recuperación que contribuyeron con su sabiduría, palabras e historias para este libro.

ACERCA DE LES AUTORES

Stephanie S. Covington, PhD, LCSW (ella/la), es una médica reconocida internacionalmente, consultora organizacional, conferencista y autora en los campos de la adicción y el trauma. La Dra. Covington es una de las directoras del Institute for Relational Development y el Center for Gender and Justice. Durante casi cuatro décadas, ha creado programas y servicios con perspectiva de género y basados en traumas para el uso en entornos públicos, privados e institucionales. Autora del primer programa de tratamiento con manual para el abordaje de trastornos de consumo de drogas, la Dra. Covington ha creado doce contenidos de tratamiento con perspectiva de género y sensible al trauma. Sus trabajos más recientes incluyen la edición del 30.° aniversario del éxito de ventas *La mujer y su práctica de los Doce Pasos* y *Hidden Healers: The Unexpected Ways Women in Prison Help Each Other Survive*.

www.stephaniecovington.com
www.centerforgenderandjustice.org

Vanessa Carlisle, PhD, MFA (elle/le), es autore, mentora y educadore sobre temas de género, sexualidad y trauma. La experiencia de vida de le Dre. Carlisle incluye más de veinticinco años de trabajo con sexo y quince años en la defensa de la comunidad de trabajo sexual. Como sobreviviente de violencia institucional y de parejas íntimas, le Dre. Carlisle ahora elabora programas que combaten el estigma y mejoran las oportunidades de sus comunidades, incluidos capacitaciones en autodefensa sensibles al trauma, coaching somático y servicios de atención en el estadio final de la vida. Junto con muchos ensayos y artículos, le Dre. Carlisle escribió la premiada novela *Take Me with You*, acerca de una trabajadora sexual queer que debe enfrentar su luto para poder construir la vida que quiere.

www.vanessacarlisle.com

TAMBIÉN DE LES AUTORES

De Stephanie S. Covington, PhD, LCSW

Becoming Trauma Informed: A Training for Staff Development

Beyond Anger and Violence+: A Program for Women and Gender-Diverse People

Beyond Trauma: A Healing Journey for Women

Beyond Violence+: A Prevention Program for Criminal Justice–Involved Women

Exploring Trauma+: Brief Intervention for Men and Gender-Diverse People con Shane S. Pugh y Roberto A. Rodríguez

Healing Trauma+: A Brief Intervention for Women and Gender-Diverse People con Eileen M. Russo

Helping Men Recover: A Program for Treating Addiction con Dan Griffin and Rick Dauer

Helping Men Recover: A Program for Treating Addiction (edición para la justicia criminal) con Dan Griffin y Rick Dauer

Helping Women Recover: A Program for Treating Addiction

Helping Women Recover: A Program for Treating Addiction (edición para la justicia criminal)

Hidden Healers: The Unexpected Ways Women in Prison Help Each Other Survive

Leaving the Enchanted Forest: The Path from Relationship Addiction to Intimacy con Liana Beckett

Moving from Trauma-Informed to Trauma-Responsive: A Training Program for Organizational Change con Sandra L. Bloom

Voices: A Program of Self-Discovery and Empowerment for Girls con Kimberley Covington y Madeline Covington

A Woman's Way Through the Twelve Steps

Guía para los facilitadores de A Woman's Way Through the Twelve Steps

Cuaderno de trabajo de A Woman's Way Through the Twelve Steps

Women and Addiction: A Gender-Responsive Approach

Women in Recovery: Understanding Addiction

A Young Man's Guide to Self-Mastery con Roberto A. Rodríguez

Publicaciones en español

La mujer y su práctica de los Doce Pasos (A Woman's Way Through the Twelve Steps)

La mujer y su práctica de los Doce Pasos: Libro de ejercicios (A Woman's Way Through the Twelve Steps Workbook)

Mujeres en recuperación: Entendiendo la adicción (Women in Recovery: Understanding Addiction)

Voces: Un programa de autodescubrimiento y empoderamiento para chicas guía del facilitador (Voices: A Program of Self-Discovery and Empowerment for Girls) con Kimberley Covington y Madeline Covington

De Vanessa Carlisle, PhD

Take Me with You

A Crack in Everything

I Was My Mother's Bridesmaid: Young Adults Talk About Thriving in a Blended Family con Erica Carlisle

PERMISOS

Los siguientes editores o autores han otorgado su permiso para usar en este libro citas (traducidas libremente al español) tomadas de trabajos con derechos de autor (en orden de aparición):

Emily Nagoski, "My Lying Vagina, and the Lying Liars Who Lie About Her", 20 de febrero de 2016, https://enagoski.medium.com/everyone-is-lying-about-the-vaginas-77038767238d.

Adrienne Rich, *On Lies, Secrets, and Silence: Selected Prose 1966–1975* (W.W. Norton, 1995), p. 189.

Judith V. Jordan, "Clarity in Connection: Empathic Knowing, Desire, and Sexuality", Wellesley Centers for Women, Wellesley College, 1986, p. 6, https://www.wcwonline.org/pdf/previews/preview_29sc.pdf.

Meenadchi, *Decolonizing Nonviolent Communication*, 2.ª ed., publicación propia de Co—Conspirator Press con el apoyo del Women's Center for Creative Work, 2021, p. 41.

SARK, autora de *Succulent Wild Woman: Dancing with Your Wonder-full Self!* Edición del 25.° aniversario, entrevista personal.

adrienne maree brown, *Pleasure Activism: The Politics of Feeling Good*, AK Press, 2019, pp. 122–123.

Jillian Weise, "Should You Send That Text", de *Cyborg Detective*, © 2019 de Jillian Weise, reimpreso con permiso de The Permissions Company, LLC a nombre de BOA Editions, Ltd., boaeditions.org.

Sue Evans, MP, LP, "Relationship History Chart", adaptado con el permiso de los herederos de Sue Evans.

Prentis Hemphill, *What It Takes to Heal: How Transforming Ourselves Can Change the World*, © 2024 de Prentis Hemphill, utilizado con permiso de Random House, una marca y división de Penguin Random House LLC, todos los derechos reservados.

Audre Lorde, "The Transformation of Silence into Language and Action", en *Sister Outsider: Essays and Speeches*, Crossing Press, 2007, p. 41.

Pixie Lighthorse, *The Wound Makes the Medicine: Elemental Remediations for Transforming Heartache*, Row House Publishing, 2023, p. 181 (de acuerdo con "fair use" y con permiso de la autora).

bell hooks, *All About Love: New Visions*, p. 14. © 2000 de Gloria Watkins. Usado con el permiso de HarperCollins Publishers.

August McLaughlin y Jamila Dawson, *With Pleasure: Managing Trauma Triggers for More Vibrant Sex and Relationships*, © Chicago Review Press, 2021, p. 176, publicado en un acuerdo con Chicago Review Press c/o Susan Schulman Literary Agency.

ACERCA DE HAZELDEN PUBLISHING

Como parte de la Hazelden Betty Ford Foundation, Hazelden Publishing ofrece recursos educativos de punta y libros inspiracionales. Nuestros trabajos impresos y digitales ayudan a guiar a las personas en tratamiento y recuperación, así como a sus seres queridos.

Los profesionales que trabajan para prevenir y tratar adicciones también encuentran en Hazelden Publishing contenidos basados en evidencias; soluciones de contenido digital y videos para el uso en escuelas, programas de tratamiento y entornos de la comunidad. También ofrecemos capacitación para la implementación de nuestros programas escolares.

Mediante sus trabajos publicados y digitales, Hazelden Publishing extiende la sanación y la esperanza a las personas, las familias y las comunidades afectadas por la adicción y los problemas relacionados con ella.

Para obtener más información sobre las publicaciones de Hazelden, llama al **800-328-9000** o visítanos en línea en **hazelden.org/bookstore.**